心神喪失者等医療観察法案の国会審議——法務委員会の質疑の全容

中 山 研 一 著

刑事法研究 第11巻

成 文 堂

まえがき

私は、最近、『心神喪失者等医療観察法の性格』と題する論文集を出版したばかりであるが（二〇〇五年三月、成文堂）、本書は、その「まえがき」にも書いた通り、ほぼ同じ時期に、この法案の衆議院および参議院における審議過程を法務委員会の議事録に基づいてかなり詳しくフォローしていたもので、「心神喪失者処遇法案の国会審議過程の分析」として「判例時報」誌に連載していたものを一冊にまとめたものである。

法案は、二〇〇二年五月に国会に上程されてから、第一五四、第一五五、第一五六国会にまたがり、衆議院・参議院の審議を経て、二〇〇三年七月に成立し、二年後の二〇〇五年七月から施行されている。法律は出来たものの、指定医療機関がまだ一ヶ所しか完成していない段階での見切り発車であったため、しばらくは動かないと思われたが、実際には、施行二ヶ月ですでに三〇件以上の申立てがあるなど、今後の動向は全く予断を許さない状況にある。そこでは問題が起きる可能性が高く、その場合には、法律の条文のほかにも、立法過程の論議を参照しなければならない必要性がとくに高いと思われる。本書は、その要望に答えるために、急いで立法過程の論議をまとめたものである。

本稿の執筆は、二〇〇二年末から始まり、二〇〇三年夏頃まで継続し、「判例時報」の連載も三回に分かれ、一八〇八号（二〇〇三年三月）から一八六〇号（二〇〇四年八月）までに収まって、本法の施行前に完結している。今回、一冊にまとめるにあたり、若干の調整をしたが、出版を急ぐという趣旨から、最小限の補正にとどめざるを得なかった。

本格的な論文とはいえないものを「刑事法研究第11巻」として上梓することには、内心忸怩たるところもあるが、この種の地味な研究の手法にもそれなりの意義があると考え、あえて異例の決断をした。

本書の出版については、長い連載原稿に貴重な紙面をさいて下さり、さらに転載を許して下さった判例時報社のご海容に感謝の意を表するとともに、論文集第10巻に引き続き、第11巻の出版を快く引き受けて下さった成文堂の阿部耕一社長および土子三男編集部長の変わらぬご好意に心からの謝意を表する次第である。

二〇〇五年一〇月

中山研一

目次

初出一覧

第一部　第一五四国会における質疑
―心神喪失者処遇法案の国会審議過程の分析（一）―（五・完）
（判例時報一八〇八号、一八一〇号、一八一一号、一八一二号、一八一三号、一八一四号、二〇〇三年）

第二部　第一五五国会における質疑
―心神喪失者処遇法案の国会審議過程の分析・続（一）―（六・完）
（判例時報一八二〇号、一八二二号、一八二三号、一八二四号、一八二五号、一八二六号、一八二九号、二〇〇三年）

第三部　第一五六国会における質疑
―心神喪失者処遇法案の国会審議過程の分析・続＝続（一）―（十・完）
（判例時報一八四七号、一八四八号、一八五〇号、一八五一号、一八五三号。一八五四号、一八五六号、一八五七号、一八五九号、一八六〇号、二〇〇四年）

第一部　第一五四回国会における質疑

はしがき

「心神喪失等の状態で重大な他害行為を行った者の医療及び観察等に関する法律案」（いわゆる「心神喪失者処遇法案」）は、第一五四回国会に上程され、その審議は二〇〇二年五月二八日の衆議院本会議から開始されたが、同年七月三〇日の衆議院法務委員会において、次期臨時国会に継続審議となった。

臨時国会では、二〇〇二年一一月二七日の法務委員会で、急遽用意された自民党の修正案の趣旨説明がなされ、二回の法務・厚生労働委員会連合審査会の後、一二月六日の法務委員会で修正案が可決。一〇日の衆議院本会議でも可決されて、参議院に送られた。一方、一二月一三日の参議院本会議では、政府案と民主党案の趣旨説明がなされ、二〇〇三年の通常国会への継続審議が決定されるという異例の経過を辿った。

こうして、法案の審議は、二〇〇三年の通常国会に継続されることになり、この段階では法案の最終的な帰趨は未だ定かではない。このままの形で成立していまうか、あるいはさらに波乱が起こるかもしれない。しかし、その先行きを問題とする前に、これまでの審議の経過を、まずは先の一五四回国会での審議の内容から、急いでフォローしておかねばならない。そうしなければ、自民党修正案が出た背景やその後の審議の方向についても、正確に理解することはできないであろう。どの問題にも共通するのは、過去の情報がすぐに散逸してしまって、忘れられ、同じことがまた論議されて一向に進まず、「継続審議」の名に値しないという状況がまた繰返されるおそれがあるという点である。

そこで、以下では、煩瑣性をいとわず、第一五四回国会における本法案の審議過程を客観的に再現し、そこに含まれていた問題点を整理し、これに最低限度必要な分析を加えておきたい。そして、その後も引き続き、臨時国会における自民党修正案をめぐる審議内容についても、同様な方法によって分析を加え、本法案の行方を最後まで追跡して行きたいと思う。(1)

（1）本法案の最大の特色は、国会審議の過程で、政府与党が抜本的とも思われる「修正案」を提示したところにある。それは、最初の政府案が入退院の要件としていた「再犯のおそれ」を削除するというもので、それが法案の基本的な性格を変更したものであるかどうかが、その後の最大の論争問題となったのである。このような「決断」が行われた背景とその意義を明らかにするためにも、修正前の第一五四国会からの審議過程をフォローしておく必要がある。

一　衆議院本会議の質疑

二〇〇二年五月二八日の衆議院本会議では、政府案と民主党案の趣旨説明が行われ、法案を法務委員会に付託することが決定された。

本会議では、政府案に対する民主党・無所属クラブの中村哲治氏の代表質問に対する森山真弓法相と坂口力厚労相の答弁がなされたが、その個々の内容は省略し、その中から総括的にいくつかの問題点を抽出して、これに必要なコメントを加えておきたい。

1．本法案と池田小学校事件との関係

たしかに、触法精神障害者の対策は、池田小学校事件の前から、すでに進んでおり、本法案と直接の因果関係はないといってよいが、坂口厚労相のいう通り、無関係ということはできず、この事件が立法を促進する方向に影響を与えたことは否定できない。

森山法相がこの関連に全く触れないのは、不公正というほかはないが、それ以上に問題なのは、法相が、政府案によって池田小学校事件の再発が防げるのかという質問に、正面から全く答えていないという点である。法相は、本法案が心神喪失等の状態ですでに重大な他害行為を行った者に対する医療と観察による再発の防止を目的とすると述べるにとどまっており、この点からすれば、池田事件の被告人のように、これまで必ずしも重大な他害行為とはいえない事件の前歴はあるが、責任能力の存否自体が争われ、この事件についても責任能力が認められるような事例とは、むしろ関連性は薄いというべきであり、この相違点を明確にしないのは、無責任ではないかという疑いがある。

したがって、結論的には、この法案によっては、池田小学校事件のようなケースは防止できないとはっきりいうべきである。(1)

2．再犯の予測

法案が、現行措置入院の要件である「自傷他害のおそれ」を越えて、「再犯のおそれ」を病院収容の要件にしたので、

再犯の予測可能性という点が最初から問題になった。

この点については、森山法相も坂口厚労相も、現代の精神医学では、再犯の予測は可能であると答弁しているが、まず、森山法相は結論のみでその根拠を示さないばかりか、現行の措置入院の要件である「自傷他害のおそれ」の判断が可能なことを理由としているかのように見える点に、事実の誤認がある。それは、「再犯のおそれ」という問題の深刻さを自覚しているとは思えない楽観的な答弁にとどまっている。また、諸外国でも、再犯の予測は行われているという理由づけも、それらの諸外国の制度が「保安処分」であることを前提とすれば、本法案もそれに対応するものであることを示す結果になっていて、逆効果を生むことになるであろう。

一方、坂口厚労相は、現代の精神医学が再犯の予測を肯定し得る根拠として、オックスフォード精神医学教科書を援用している点で、より具体的な指摘を含んでいるが、この文献についてさえ、再犯予測を肯定したものと解することには異論があるばかりでなく、肝心のわが国での「現代精神医学」の状況については全く触れるところがないのは、いかにも不可解であるというほかはない。実際には、現代の精神医学上も、「再犯の予測」の可能性については、いまだ定説はなく、むしろ否定的な見解の方が多いというのが現実ではないかと思われる。それにもかかわらず、精神科医が予測を行えるのは「当然」であるという決めつけ方は、きわめて権威的であって、責任ある答弁とは到底いえないように思われる。(2)

3．形を変えた保安処分になる懸念

この質問に対する森山法相の答弁にも、重大な問題がある。

第一は、本制度が入院による治療によって本人の社会復帰を促進することを目的とするものであるとしつつ、しかし再犯のおそれの有無は病状や治療状況によって左右されるので、あらかじめ上限を定めることは適当ではないとし、ただし入院期間が不当に長期にわたることがないようにするために、原則として六カ月ごとに、裁判所が入院継続の要否を判断するとしている点である。

たしかに、現行の措置入院制度には、期間の定めはないが、それは行政上の「医療モデル」であって、「自傷他害のおそれ」がなくなれば、一般の入院形態に変更することが予定されているからであると考えられる（それでも、上限を法定する必要性を否定できないであろう）。しかし、本法案は、とくに重大な他害行為を行った触法患者について、「再犯のおそれ」を根拠に入院治療を強制するものである以上、上限を法定することの必要性は格段に高いというべきである。裁判所の行う「司法モデル」への転換にもかかわらず、この点を素通りしてしまうことは、逆に、「再犯のおそれ」の判断の決定的な不明確性を自認することを意味しているように思

われる。

第二は、本制度が、いわゆる「保安処分」とは異なるといわれる根拠であるが、この点も、結論をいうだけで、何らの実質的な理由は示されていない。本制度による処遇は、刑罰に代わる制裁を科すものではないという理由だけでは、それが「刑罰」でないとしても、刑罰に代わる「保安処分」でもないという論証としては、決定的に不十分である。むしろ、重大な他害行為を行った心神喪失者等に対する強制的な「治療処分」こそ、「保安処分」そのものではないかという疑問を払拭することはできないはずである。

たしかに、本制度は、改正刑法草案が提起した典型的な「保安処分」とは異なり、刑事裁判所が刑罰に代えて科す「治療処分」という形式をとらずに、主として不起訴となった重大な触法患者について、裁判官と精神科医の合議体が科す「治療措置」という形式と手続を定めた点に、制度上の特色が見られる。しかし、現行の「措置入院」の要件である「自傷他害のおそれ」ではなく、明らかに「再犯のおそれ」を要件としたことによって、実質的に、医療上の「措置入院」から、司法上の「治療処分」へと転化したことは明らかな事実である。したがって、本制度が「保安処分」ではないという答弁には、原則的な疑問がつきまとうのである。(3)(4)

（1）　池田事件の被告人については、措置入院の前歴という点についても、当時の鑑定人が、むしろ責任能力を認めるべきであったと自己批判までしているという事実を見逃してはならない。さらにいえば、仮に池田事件の被告人が責任無能力であって、刑法上の責任を問い得ないと仮定したとしても、本案では、重大な他害行為を行った後の「再犯」の防止にはなり得ても、「初犯」の防止には役立たないこともはっきりさせておく必要がある。「初犯」の防止は、後述するように、精神科救急医療体制の確立と充実をおいて他にはないのである。

（2）　オックスフォード精神医学教科書の指摘については、すでに検証が行われ、坂口厚労相のような評価が一面的であることが次第に明らかになるつつあり、後述するように厚相もその予測の困難性を自認せざるを得なくなった。この「再犯の予測可能性」という点は、本法案の最大のアキレス腱であり、触法精神障害者の「身柄拘束」の根拠として、繰り返し繰り返し蒸し返されることになるのである。

なお、再犯のおそれがないという判断に対する法相と厚労相の答弁にも、微妙な問題が含まれている。この答弁は、再犯のおそれが全くないと確信できなければ本制度による処遇を行うことになるというものではないとする点で共通しているが、その二重否定の表現のもつ意味が明らかとはいえない。これを肯定文に直せば、再犯のおそれが全くないと確信できれば本制度を行わないということになり、当然のことをいっているにすぎない。質問の趣旨は、むしろ「再犯のおそれがない」という退院の判断の基準を問うているにもかかわらず、再犯のおそれが有るという判断ができるのだから無いという判断もできるはずだというにすぎず、逆に、ある程度のおそれがあれば適用できることを認めるような趣旨と解することもできる点で、不可解な答弁である。

(3)　本法案は、現行の一般的な「措置入院」に対して、重大な他害行為を行った危険な触法患者に対する特別な「措置入院」制度を定めたものであるという評価も一応可能であるが、医療モデルから司法モデルへの変更という手続的な相違とともに、ここでも決定的なのは、「自傷他害のおそれ」から「再犯のおそれ」への変更であって、ここまで来れば、もう「形を変えた保安処分」の性格をもつといわざるをえないであろう（中山「隠された保安処分ではないのか刑法から見た法案の問題点」法と民主主義、三七〇号一三頁以下、二〇〇二年）。

(4)　なお、この機会に指摘しておきたのは、国会におけるこの種の大臣の答弁が、すべてあらかじめ提出された質問項目に対して、担当部局や担当者によって準備された回答を基にしてなされるものであるという事実である。しかし、それにしては、その内容がいかにも通り一遍で、説得性には程遠いという印象を受けるのはなぜであろうかという疑問を払拭できないものがある。

二　衆議院法務委員会の質疑（1）

法案の審議を付託された衆議院法務委員会は、二〇〇二年五月三一日に第一回の法務委員会を開催したが、そこでは政府案と民主党案の提案趣旨の説明だけで終わり、六月七日に、第二回の法務委員会を開催して、この問題の審議を開始した。

当日は、自民党の塩崎恭久、後藤田正純、公明党の福島豊、漆原良夫の四氏が質問をしたが、森山真弓法相のほか、古田佑紀（法務省刑事局長）、横田尤孝（法務省保護局長）、玉井日出夫（文部科学省大臣官房審議官）、清水潔（同）、中村秀一（厚生労働省大臣官房審議官）、高原亮治（厚生労働省社会・援護局障害保健福祉部長）の各氏が政府参考人として出席している。

以下では、質疑の内容は省略し、問題点をあげて、コメントを加えておく。

1. 評決機関の問題

本法案は、現行の措置入院が知事の命令に基づいた二人の精神科医による入院判断となっているのを変更して、重大な触法精神障害者については、裁判所が、裁判官と精神科医との合議によって入退院を判断するという制度を提案しているので、この点に関して、とくに裁判官と精神科医の合議のあり方や役割分担に関する質問が出た（塩崎）。

これに対しては、それがあくまでも裁判所としての決定であるが、精神科医が専門的な知識や経験を十分生かして、裁判官と合議し、医学的にも法律的にも最も適切な判断をするものであるとし、その意見の一致した範囲で決定が下されるという答弁がなされている（古田）。

しかし、まず注意しなければならないのは、それがあくまで「裁判所としての決定」であるといわれている点であり、そこでは裁判官が主導的な役割を果たすことが制度上予定されているといわなければならない。この点は、入退院の判断が「家庭裁判所」の「決定」になぞらえて構想されたといわれることからも導かれる結論である。しかも、この判断の基準が「自傷他害のおそれ」ではなく「再犯のおそれ」であることは、従来の精神医による判断をこえる「社会的・法的」判断が裁判官に期待されていることを意味する。さらに、対象者が重大な他害行為を行った精神障害者である以上、これまでの措置入院よりも、さらに長期の入院の必要性を認める方向に判断が要請されることになることは誰の目にも明らかであろう。

そのことは、精神科医にとっても、従来の「自傷他害のおそれ」をこえた判断を迫られることになり、「治療」的な判断以上の「再犯のおそれ」の判断についても共同の責任を負担するというジレンマに立たされることになる。それをあえて辞さない精神科医のみが指定医に選ばれることになるであろう。[1]

2．新しい精神医療の体制

この問題については、今回の法案には直接の関係がないにもかかわらず、与党議員の間からも精神医療の改善策に関する質問が出たことが注目に値する。

これに対して、厚生労働省側からは、現在はまだ不十分であるが、精神科救急医療システムの整備を強化して、二四時間安心して適切な医療が受けられるようにするという努力目標が示されているが、しかしその楽観的な見通しの影に、五年ないし一〇年間に約七万人の「社会的入院」の解消を目指すという、驚くべきモデストな課題しか提起できないという動かし得ない現実があることに目を覆ってはならない。しかも、それは「条件が整えば退院可能な者は約七万人」というものであって（高原）、その実現すら一〇年ごしという遠い目標に過ぎないのである。

医療の必要のない患者を少なくとも七万人もかかえていて、退院の見込みが立たないという現実は、現在の日本の精神医療の驚くべき後進性を象徴するものであって、この状態の抜本的な改善策を遠い課題にしたままで、新しい制度を構築し、「社会復帰」の目的をいかに強調しても、画餅に帰することは自明の事実であるといわなければならない[2]。

3．指定医療機関と精神保健観察の体制

新しい指定医療機関に関する質問に対しては、医師や看護師等の手厚い配置が前提であるとし、成案はないとしつつも、医師および臨床心理技術者等による治療のひとつとして、例えば司法精神医学的治療のポイントである怒りのマネジメントや被害者に共感する心を養うなどの精神医療を行うなど、必要かつ適切な医療を行うとの答弁が行われている（高原）。

しかし、これが指定医療機関における「手厚い専門的な医療」の内容であるという答弁にも驚きを禁じえないものがある。これまでは、触法患者と一般の患者の間に、与えられるべき精神医療の内容には特別の相違はないというのが定説であったはずであるが、ここでは、刑務所の収容者や少年院収容者に対するような「怒りのマネジメント」が重大な触法精神障害者に対する特別な専門的治療の名の下に観念されているのである。これは、諸外国の「保安処分」施設をモデルにして、その処遇内容を案出した結果であって、たとえそれが「病院」という形態をとっていたとしても、対象者には「人格障害者」まで含み得るものである点が完全に無視されている。わが国にこれを移すためには、その前提自体を再考しなければならないはずである[3]。

一方、精神保健観察についても、全国の五〇カ所の「保護観察所」を中心に、病院や保健所とのネットワークを構築して、人材を養成するという答弁がなされているが、この点にも二つの問題がある。第一は、通院強制を「保護観察」という形で確保しようとする発想自体に、すでに「保安処分」制度に伴うかつての「療護観察」との連続性を見て取ることができるという点である。第二は、それが果たして有効に機能するのかという実際上の問題である。それが地域精神医療の現実から出発した積み上げの提案でない限り、形骸化するか、保安化するか、いずれかの道を辿ることになりかねないであろう。

4．地域精神医療と司法精神医療の関係

この点については、一般の地域医療と専門的な司法精神医療が「車の両輪」であるという位置づけがなされている点に最大の問題がある（高原）。前者の精神医療一般の貧困と後進性の改善こそが、後者の司法精神医療の前提であるという「正論」がなぜ認められないのであろうか。逆に、まず後者の司法精神医療に手をつけるという発想は、どこから生じるのであろうか。しかも、後者の必要性の強調にもかかわらず、その速効的な効果がないことは、本法案が「初犯の防止

には役に立たない」ことが自認されているばかりでなく、むしろ初犯の防止のためには、精神医療全体の改善とボトムアップしかないことも明確に答弁されているのである（古田）。

しかも、「専門的」といわれる司法精神医療の中身については、制度と体制だけが示されただけで、全く不明というほかはないという状況である。この司法精神医療が充実すれば、一般の精神医療が改善されるという保障はどこにも存在しないし、証明されてもいないのである。法相は、この法案によって、継続かつ適切な医療の確保が図られ、その病状の改善と同様な行為の再発の防止を図ることができ、対象者の社会復帰を促進することができると答弁しているが、この対象者だけに特別に「手厚い医療」をほどこすといっても、それが優遇措置であれば差別を持ち込むことになり、一般の精神障害者ですら困難な社会復帰が、この対象者に限って促進されるという保障もない。したがって、この制度の導入は、結局は、「継続的な医療の確保」の名の下に「長期の入院と通院強制」を確保するという「保安」（社会の安全）の目的に向かわざるを得ないことになるであろう。「車の両輪」論は、現状を糊塗する欺瞞的な論理であるといわざるを得ない[4]。

5. 保安処分との相違

この点については、本案が刑事手続とは別の手続で行うもので刑事処分でないこと、および治療も厚生労働省所管の「病院」で行うことをあげ、本案は、社会防衛処分ではなく、適切な医療を確保して本人の社会復帰を促進することが目的であるから、保安処分とは異なるという答弁がなされている（古田）。

この趣旨は、政府側によって繰り返し主張されているのであるが、それは単に保安処分との形式的な相違点をあげているに過ぎず、実質的な内容が巧みに回避されている。かつて提案された保安処分も、「治療処分」と呼ばれており、厚生省管轄の「病院」にすることも検討中とされていたのである。「療護観察」が付いていたことも上述したところであり、本案と保安処分を実質的に峻別することは不可能である。

ただし、本法案が典型的な保安処分制度の導入を意識的に回避しようとして作られたものであることは、その立案経過からも明らかである。それは、検察官による起訴・不起訴の振り分けをそのままにして、いわば家庭裁判所における「保護処分」に類するものとして案出されたものであり、その意味で、国際的に見ても類例のない独自の制度ということができよう。しかし、そのために、かえって制度の性格があいまいとなり、適用の実際に対する予測もきわめて困難であるというほかはない状態に陥った。裁判官も精神科医も初めての経験で、戸惑いを隠せないのである。下手をすれば、司法モデルと医療モデルの悪い側面が競合するおそれが大きい。一方では、デュープロセスの保障も不十分であり、他方では、医療も不十分な「強制入院・通院」制度になりかねないのである。

むしろ、フランスが現在でも、明確に保安処分を認めておらず（触法患者を特別扱いしない）、保安処分を認めている諸国でも、医療モデルへの傾斜が見られる中にあって、日本だけがむしろ司法モデルへの接近を図ることは逆行の感を免れない。何といっても、三三万という入院患者数の国際的に異常な突出を改善しなければ、国際比較もその前提を失うであろう(5)。

(1)　精神科医は現在でも「自傷他害のおそれ」を判断しているのだから、「再犯のおそれ」も判断できるはずだという議論もあり得るが、これは、後者が前者よりも、より長期の社会的・法的な判断であるといわれるものである限り、決して単なる延長線上の問題ではないことは明らかである。さらに、精神科医にとって、医療の必要はないという判断は可能であっても、「再犯のおそれはない」という判断はより決定的に困難となるであろうし、それを裁判官が行うとしても、現在の退院の判断と比較して、より慎重にならざるを得ないであろう。約一五万人以上の患者が五年以上隔離されているという現実が動かないとすれば、より長期に傾く可能性の方が大であるといわざるを得ないのである。

(2)　この二〇年間に、欧米の諸外国は、きわめて適切でドラスティックな入院患者数の激減を実現したにもかかわらず、日本だけは、ほとんど変化がないという特異な現象が見られる。それが何に由来するのか、その改善策は本当にないのか。なぜ、わずか七万人の解消なのか、それすら見込みがあるのかといった疑問にこそ、まず真剣に立ち向かわなければならない。この点を離れて、触法患者の「社会復帰」を云々するのは、観念論としかいいようがない。

(3)　わが国の実務の現状では、いわゆる「精神病質」ないし「人格障害」者は、通常、責任能力が否定されず、起訴されて刑罰を科せられ、刑務所に収容されるものといわれている。現に、池田小学校事件の被告も起訴され、刑罰に処せられる公算が大きい。本案の対象者は、精神病者で責任能力がなく、または減弱するために起訴されない者を主たる対象としているので、人格障害者は除外されるものと思われる。しかし、そのような対象者に対して、怒りのマネジメントや被害者への共感を呼び起こすといった療法が果たして適切と考えられているのであろうか。そこには、少年の「保護処分」との関連が意識されているのかもしれないが、彼らには「責任」が存在するのであって、触法患者と同一視することはできないはずである。指定医療機関で行われる予定の「専門的な治療」とは、果たしていかなるものかという疑問は、決して解消していないのである。

(4)　車の両輪論は、双方とも共に行うという意味で、一見説得的であるかに見えるが、実際には、精神医療の改善の目玉が七万人を一〇年間に解消するという程度のものであれば、この方は無きに等しく、触法患者対策の方だけが、様々な危険を含みつつ、一気に制度化されるという結果となってしまうであろう。それは、おそるべき過剰収容、しかも閉鎖病棟の中での長期入院という現状の上に、さらに重警備の閉鎖施設を積み上げるものであって、精神医療の開放化へのインパクトをもたず、むしろこれを覆い隠す役割を担うことになることが危惧されるのである。

（5）　刑罰ならば、刑期の限界があり、保安処分でも刑に代わる「不利益性」が明確である限り、手続的な限定を要請することも可能であるが、「手厚い医療措置」となれば、本人に対する「利益処分」として、その適用が柔軟になり、最終的には無期限の「強制入院」になるおそれがある。そして、現に法案の附則二条は、経過規定として、施行前の対象行為にも「遡及」して適用されることが予定されていることを見逃してはならない。

三　衆議院法務委員会の質疑（2）

二〇〇二年六月二八日に、前回に引き続き、衆議院の法務委員会で、本法案の審議が続行された。

当日は、民主党の水島広子、平岡秀夫、社民党の植田至紀、西村眞悟、共産党の木島日出夫の五氏が質問に立ち、政府側は、森山真弓法務大臣、坂口力厚生労働大臣のほか、政府参考人として、古田佑紀（法務省刑事局長）、鶴田六郎（法務省矯正局長）、横田尤孝（法務省保護局長）、高原亮治（厚生労働省社会・援護局障害保健福祉部長）などが出席して、答弁を行った。野党からの質問であったため、前回よりも質疑の内容は質量ともに充実したものとなっている。

以下では、質疑の内容は省略し、問題点をあげて、これに必要なコメントを加えておくことにする。

1．本法案の目的と措置入院との相違

質問者の多くは、現行の措置入院制度のほかに、なぜさらに本案のような新しい制度を導入することが必要なのか、それは現行の措置入院制度とどこが違うのか、措置入院制度の改善ではなぜ足りないのか、本法案の目的はどこにあるのか

という点を共通の問題として提起している。これが、批判の出発点となるからである。

しかし、政府側の答弁は、ほとんど判を押したように、同様な趣旨の繰り返しに終始している。それによれば、心神喪失等の状態で他害行為を行った者については、国の責任において必要な医療を確保し、不幸な事態を繰り返さないようにして、その社会復帰を図ることが重要であるとし、そのためには、精神保健福祉法による措置入院制度とは異なり、対象者の権利保障にも配慮しつつ、裁判官と医師とが共同して入院の要否、退院の可否を判断して、必要な者には手厚い専門的な医療を行い、さらに退院後の継続的な医療を確保するための仕組みを整備することが必要であるというものである（森山、坂口）。その際のキーワードは、国の責任、十分な治療、手厚い専門的な医療、医療の継続的な確保という形でまとめられている（木島）。

ここでは、現行の措置入院制度に対する評価と、今回の法案との相違点を明らかにすることが求められている。この点については、重大な他害行為を行った精神障害者を措置入院の制度で処遇することでは、一般の精神障害者と同様なスタフや施設であるために、専門的な治療が困難であり、また他の患者にも悪影響を及ぼすこともあるほか、入退院を委ねられた医師に過剰な責任を負わさせているという指摘もあり、また都道府県を越えた連携もなかなか確保できず、通院医療を確実に継続させることも困難であるという認識が前提とされている（高原）。だから、裁判所による統一的な判断とし、特別な指定医療機関を創設し、退院後の通院確保のための強制も必要だというのである。

しかし、現行の措置入院制度では、何がどの側面で不十分なのかという点の検討が、的確になされないままに置かれている点に、まず最大の問題がある。治療が不十分というのであれば、これを十分なものに改善する方策がまず考えられるべきである。専門的な治療ができないといわれる場合の「専門的」な治療の内容も、きわめて曖昧である。医師の過剰責任からの解放という点も、本当に専門家からの切実な要望なのかという疑問がある。また、都道府県の連携という点も、現行法の運用ではなぜ改善できないのであろうか。法案は、実態調査の中から出た現場からの要望というよりは、「日精協」という民間病院団体の要望と一部の精神科医の意見、とくに現状では、処遇が甘すぎて、保安面に不足があるから、別枠の制度にすべきだというのが、法案の本命の推進力ではないかという疑問を払拭できないものがある(1)。

2．「再犯のおそれ」の判断

本法案は、措置入院の「自傷他害のおそれ」と異なり、「再犯のおそれ」を入退院の基準としたので、その相違と、予測の可能性について、多くの質問が集中することになった。しかもそれが、裁判官と精神科医の合議による判断とされたので、両者の関係についても、疑問が提起された（水島）。坂口厚相のいうオックスフォード基準についても、予測には非常に大きなリスクがあり、多くの偽陽性も含まれるそれがあるという批判も出された（平岡）。西村氏も木島氏も、この点を問題にしている。

しかし、政府側の答弁では、再犯のおそれの予測は、諸外国の例からしても、できると思うという主観的な意見にとどまり、この問題の重大性を避けるという姿勢を看取することができる。また、自傷他害のおそれとの相違についても、一方では、再犯のおそれの方が比較的長期的な見通しのもとでの判断であるとされ（高原）、坂口厚労相自身も現行の措置入院の予測が実務上比較的近い将来のものとして行われているると述べて、その相違を認めているると思われるのに対して、他方では、それが一定の期間の予測ということではなく、期間的に長期の予測か短期の予測かというレベルの問題ではないという答弁も見られ（古田）、必ずしも統一した理解があるとはいえない状況が見られた。

また、裁判官と精神科医の判断の関係についても、結局は裁判官の司法判断が優越して、医師の判断が劣後してしまうのではないかという危惧が表明された（木島）。しかし、政府側の答弁では、この点についても、両者は同等の共同作業であるとして、一方に偏ることのないようにすることが重要であるという「予測」にとどまっている（森山）。そして、非常に限定された病院で非常に卓越した人たちが運用されるので信頼してよいと、きわめて楽観的である（坂口）。

しかし、「再犯のおそれ」の基準が表面化した途端に、「保安処分」との連続性が意識されたように、この問題は、本法案の最大の弱点の一つとして、消しても消しても疑問と批判は絶えないように思われる。(2)

3．わが国の精神医療の現状とその評価

今回の法案は、重大な他害行為を行った精神障害者に限定した新しい入退院制度のみを提案したのであるが、それは必然的に、わが国の精神医療の隠れた現状を顕在化させることになった。その最大のものは、現在でもわが国の精神障害者の入院患者用のベッド数が約三五万人分もあり、さらにその半数以上が二四時間隔離病棟であり、約一五万人が五年以上も隔離されているという「隔離病棟」「強制隔離」政策の実態が、国会の場で明らかにされたという事実である（植田、木島）。

これに対しては、さすがの厚労相も、その事実を否定することはできず、精神病院のベッド数が諸外国に比べて多いことを認め、とくに長期入院者の占める割合が高いこと、精神病床の機能分化が進んでいないこと、入院患者の社会復帰、地域生活を支援する施設やサービスも十分に整っていないこ

とを自認せざるを得ず、措置入院制度を含めた上で、その改善策を講じて行きたいと答弁している。しかし、その具体的な施策の内容となると、途端に腰砕けとなり、秋ごろには出る予定の社会保障審議会の検討の結果待ちという心細い状況に陥ってしまうのである。そこで、質問者からは、精神医療の改善策の方は、今は全部「途上」にあるとしておきながら、なぜ重大な他害行為を行った精神障害者の対策案だけを今提案するのかという疑問が提起されることになった（植田）。このアンバランスの指摘は、本法案の評価にとって、そのポイントをつくものとして重要である。

しかし、政府側は、それにもかかわらず、一方では重大な犯罪を犯すような人もいるとして、その対策の必要性、しかもその方のプライオリティを主張して譲らないのである。これは、異常としかいいようのない論理だと思われる。(3)

4．新しい指定医療機関と処遇の内容

本法案によって新設される指定医療機関の性格と、そこでの処遇の内容についても、多くの質問が出され、問題の重要性がクローズアップされた。

まず、新設を予定されている指定医療機関がどういうものかという質問についてさえ、いまだ統一的に確定した答弁はなされなかった。そこでは、手厚い専門的な医療が行われると繰り返し言われるが、その医療機関がいくつどこに設けられるのか、それが独立の特別精神病院なのか、病院内の特別な病棟なのかということすら、明確な回答は留保されている。病棟の構造、設備、広さ、人員の配置、医療の基準などは、今後詰めて行き、厚生労働大臣の告示として明らかにする予定であるとされ（高原）、国立病院の中の一つの病棟を改造してこれに充てるということになるのではないかと言われるなど（坂口）、基本的なところさえ曖昧なのである。(4)

次に、そこでどのような処遇が行われるのかという質問についても、その内容は漠然としたもので、「専門的」な治療の内容もはっきりしない。指定医療機関に入院したとき、どのような処遇を受けるかについては、一方では、心理療法、精神療法、作業療法、さらにには症状を抑えるための薬物療法、それから社会復帰に向けての社会環境、生活環境の調整などが行われるとされるが（高原）、特別な治療方法というものがあるのかという質問に対しては、それはそんなに違いないでしょうとか、しかしそれは医療の面からだけではなく、いわゆる犯罪を犯したという側面からの、また強制治療というものが存在するとも言われている（坂口）。しかし、指摘されたような療法が、とくに重大な他害行為を行った精神障害者のために特有の「専門的」な医療といえるかには疑問があるほか、犯罪行為という側面からの強制治療という側面も、現行の措置入院にも共通するもので、本法の対象者に特有というわけのものではないはずである。この点でも、政

府側の答弁には、一貫性も説得性もうかがうことはできないのである。

5．手続法上の問題

本法案は、裁判所による入退院の決定という手続をとったが、とくに事実の取調べについて果たして手続的な保障となり得るのかという点に関しても質問が提起された。

これに対して、政府側は、適切な処遇を迅速に決定し、医療が必要と判断される者に対しては、できるだけ速やかに本制度による医療を行うことが重要であるという理由から、刑事訴訟手続よりも柔軟で、十分な資料に基づいて適切な処遇を決定することができる審判手続によることが最も適当であるとし（森山）、さらに、審判の目的が適切な処遇を決定するということにあり、事実の認定そのものを直接の目的とするものではないので、検察官からの資料と対象者（付添人）からの中立に基づいて適切な事実の確認をする仕組みを考えており、当事者主義的構造をとることは迅速かつ柔軟な医療の確保の目的にはそぐわないとし、審判が非公開なのは家族のプライバシーの保護が理由であるとの答弁がなされている（古田）。

「審判」や「決定」という用語からも、本法の裁判は「少年審判」との類似性を思わせるものがあり、森山法相も、本法による制度と同様に、少年審判も憲法の趣旨に違反しないことに言及している。しかし、最近では、少年審判も不利益処分であるから、デュープロセスの観点から、事実認定の厳格化が要請されていることを考えれば、以上のような説明だけで本法案の手続規定が直ちに正当化されるものではないというべきであろう。[5]

6．保安処分との関係

本法案と保安処分との関係については、これまでも度々問題にされてきたが、ここではとくに、政府がかつての保安処分案を断念した歴史な経験をどのように総括しているのかという質問が一歩踏み込んだ的確なものであったにもかかわらず（木島）、これに対する政府側の答弁がきわめて形式的に、かつての保安処分案に対する「厳しい批判」を「そのような懸念」にまで緩和した上で、断念した経過を事実として認めたにとどまり、本法案はそれとは異なって、医療と社会復帰を目的とするものにしたという形で総括されるにとどまっている（森山）。そして、これを受けて、政府委員も、本案が保安処分制度と異なる点を、刑事手続でないこと、収容される施設が厚生労働省所管の病院であることなど、形式的な制度面の相違によって説明しているに過ぎない（古田）。そこでは、かつての保安処分制度、とくに法務省刑事局案の骨子との「実質的な連続性」の側面は、意識的に回避されているのである。[6]

この点に関連して興味をひくのは、平成一二年の段階で法務省刑事局が出したメモの趣旨が、本法案の趣旨と矛盾するのではないかという鋭い質問であった（平岡）。それによれば、当時の法務省刑事局は、精神障害者が適切な医療を施されるべき存在であるとした上で、健常者との間に再犯率において有意的な差はなく、とくに「危険性の予測」について誰が、どのようにして行うのか、また、どの程度の確実性をもって可能なのか等これまで指摘されていた理論的・実際的に困難な課題があるという認識を持っていた。それが、なぜ今回の法案になったのかというのである。これは、実に痛い質問である。

しかし、これに対する当の法務省刑事局長の答弁は、きわめてそっけないもので、措置入院の改善か新しい制度にすべきかという点が重要だとしつつ、さまざまな検討を加えた結果、やはり裁判所が関与する手続が必要であるという結論に至ったというにとどまっている（古田）。一方、法務大臣も、この点について、法務省がある一定の時点でそのような考えを持っていたし、今も基本的に変わらない面も多いが、それであるからこそ、そのような問題意識で本案が作られたという、意味不明の答弁をしている（森山）。しかし、この問題点をこのまま見逃すことはできない。たしかに、本案はかつての保安処分そのものではなく、判定機関にも収容施設にも一定の修正が施されている。しかし、入退院の基準として「再犯のおそれ」が明示されることによって、その基本的な性格が大きく保安処分の方向に傾いたことは否定できない。むしろ、法務省は、平成一二年当時の認識に戻るべきでないのかという点が問われているのである。(7)

（1）　精神障害者の医療の充実と継続が重要であることについては、全く異論がないところである。本法案も、医療の充実と継続が目的であるとしているが、なぜとくに重大な他害行為を行った者に対象者を限定するのかという理由が不明確である。それが対象者の利益になるものであれば、措置入院や一般の患者と区別すべき根拠はないはずである。やはりそこには、「再犯のおそれ」のある危険な精神障害者を別枠にするための特別の根拠が必要なのであって、それは「入院と通院の強制的確保」という点をおいては考えられない。そのことを当局者は、率直に認めるべきであって、この点を「医療の保障」という名目で隠蔽しようとするところに、政府側の答弁のジレンマが存在するといえよう。

（2）　裁判官には医療判断はできず、医師には司法判断ができないとすれば、両者の合議とは一体何を意味するのか、当事者に任せるほかはないことになる。また、実際上も、再犯予測が可能であると主張する医師が委員に委嘱されて、医療をこえる予測判断を行うことが十分に予想される。しかし、精神神経学会の精神医療と法に関する委員会が最近発表した「再犯予測について」の報告書（二〇〇二年九月二〇日）によれば、今日の精神医学界におけるリスク評価の方法と枠組みを全く顧慮せず、予測の性格をあいまいにしたままで精神医学界のリスク評価の進展を強調する議論は奇妙であるとして、単純な肯定論を批判していることに注目すべきである。

(3)　坂口厚労相は、地域精神医療の充実などは、一朝一夕でできるものでないといいつつも、本法案による対策は今にもできるというのであるが、その関係を「車の両輪」論で正当化するには、もう限界が見えてきているのではなかろうか。後者の対策が前者の精神医療の改善の「第一歩」であるという評価には、何らの具体的な証拠も存在しないからであり、何よりも明らかな事実として、現在の入院者ですら退院が困難で、せいぜい七万人の社会入院を一〇年間で解消するという程度の微温的な提案しか用意できない状況の下で、重大な他害行為を行った危険な精神障害者の「社会復帰」を目的とした法案がいかなる効果を発揮し得ると考えられているのか、全く理解に苦しむところである。現実には、本法案が現在の精神医療の状況下で運用されれば、現状の改善に資するどころか、現状を固定化し、さらに悪化させることが危惧される。

(4)　ただし、入院病棟が措置入院の病棟と異なるのかという質問に対しては、それが強制入院であって、とくに本法に基づく制度では、無断退去者に対する連れ戻しが規定されている点にこれまでとの相違があることが指摘されており(古田)、保安面の保障についてだけは、すでに明確になっているということができる。問題は、その身柄拘束が「継続的な医療を確保する」という理由で正当化されている点である。理論的には、治療の必要性がなくなれば、保安の必要性があっても退院となるはずであるが、「再犯のおそれがない」という証明の困難さから、医療を名とする拘束が長期化することは避けられないであろう。

(5)　根本的な問題は、本法案が、対象者に対する強制入院措置を「不利益処分」ではなく、むしろ「利益処分」と考えているのではないかという点にある。この点は、少年法の「保護処分」との比較という観点からも、重要な論点である。そして、この点については、上述したように、本法案の附則二条が、この法律の施行前に対象行為を行った者についても、本法を遡及適用するという規定を設けている点において、立法者が強制入院措置を刑罰に類する不利益処分ではなく、むしろ「利益」処分と考えていることを示している。そうであれば、手続的な保障よりも迅速な医療の必要性の方に重点がおかれることになるのは必然的な帰結といえるであろう。しかも、実際上、この強制入院措置が医療よりも保安に傾くとすれば、事態はますます重大である。

(6)　「再犯のおそれ」に関する法務省側の説明は、きわめて曖昧であり、この点が問題になるのを意識的に避けているように思われた。また、かつての刑事局案との関係でいえば、重大な他害行為に限定されている点で、本案と共通するだけでなく、収容施設についても、国立の精神病院を用いることの可否につき厚生省と話し合いつつ検討中とされていたことも忘れられてはならず、さらに「療護観察」が本案の「通院観察」と共通性を有することも指摘しておかなければならない。

(7)　法務省当局が、平成一二年当時は、「再犯のおそれ」を基準とすることに消極的であったことは事実であろう。むしろ、重大な他害行為を行った精神障害者に対する「特別の」措置入院制度を考えていたのかもしれない。しかし、裁判所が関与することになれば、精神医の行う「自傷他害のおそれ」ではカバーできないとして、「再犯のおそれ」に踏み切ったということが考えられよう。しかし、それが保安処分論に火を付けることになったのである。今回の法案では、法務省よりも、日精協や一部の精神科医からのプレッシャーが厚生労働省を動かし、法務省に決断を迫ったという筋書きが見えてくるように思われる。

四　衆議院法務・厚生労働委員会連合審査会の質疑（1）

衆議院の法務委員会と厚生労働委員会の連合審査会が、二〇〇二年七月五日に開催された。連合審査会は計三回開催されたが、第一回と第三回が、委員会内部の審議であり、第二回は外部からの参考人の意見を聞いた上での審議であった。

第一回の審議では、後藤田正純（自民党）、漆原良夫（公明党）、福島豊（公明党）、五島正規（民主党）、山井和則（民主党）、水島広子（民主党）、佐藤剛男（自由党）、瀬古由紀子（共産党）、中川智子（社民党）、阿部知子（社民党）の一〇氏が質問し、政府側からの答弁があった。当日は、森山法相、坂口厚労相のほか、横内正明（法務副大臣）、宮路和明（厚生労働副大臣）、下村博文（法務大臣政務官）、田村憲久（厚生労働大臣政務官）、大野市太郎（最高裁事務総局刑事局長）、古田佑紀（法務省刑事局長）、鶴田六郎（法務省矯正局長）、横田尤孝（法務省保護局長）、高原亮治（厚生労働省社会・援護局障害保健福祉部長）、横田猛雄（法務委員会専門員）、宮武太郎（厚生労働委員会専門員）の各氏が出席して、審理に参加した。

ここでは、質疑の内容は省略し、問題点をあげて、必要なコメントを加える。

1．再犯のおそれの問題

この問題は、依然として尾を引いており、質疑の中にしばしば登場している。それは、なぜ、現行の「自傷他害のおそれ」ではなく「再犯のおそれ」を要件とする必要性があったのか（漆原）、オックスフォード基準というのは、果たして「再犯のおそれ」の予測の可能性を示す根拠になり得るのか（山井）という形で問われていた。

これに対して、答弁者の側は、第一の必要性については、対象者の自由に干渉し制約することになるので、現行の措置入院の場合よりも限界づけるために要件としたものであり、十分な資料に基づいて慎重に行う厳格な仕組みであると説明した（古田）。しかし、自傷他害のおそれの判断とは、短期と長期という期間の差ではないとしたため、これまでの説明と齟齬することになったので、とくに厚相自身が、長期的な見通しといっていた点を改めて、数カ月、数年といった長い期間を想定した予測という意味ではないと釈明するに至った（坂口）。これ以後、政府側は、自傷他害のおそれとの基本的な同質性を主張することになるのであるが、それならば、なぜ従来の「自傷他害のおそれ」を要件としないのかという疑問も出され（山井）、両者の相違は本当にどこにあるのかが、より微妙なものになって行くことが避けられなくなったのである。

第二のオックスフォード基準については、坂口厚労相も、判定の困難さと慎重に行うべきことが記述されていることを認めざるを得なくなるのであるが、しかしそれでも、外国で現に再犯の予測が行われていることを根拠に、予測はできるという態度に固執したのである。政府側の答弁が、次第に受け身になっているという印象は避けがたいものがある。

2．検察の簡易鑑定

新法案の下でもそのまま残ることになっている検察段階の「簡易鑑定」について、その現状と改善の可能性と必要性についての質問も執拗に続けられたが（五島、阿部）、法務省側は、起訴・不起訴率にはそれほどの差はないとして、現状を反省し改善するという姿勢を最後まで見せなかった（古田）。

しかし、特定の鑑定人に事件が集中しているといった事実まで示されても、現状に問題がないとする検察当局の姿勢には、できるだけ情報を公開しないという秘密主義の印象を与えかねず、新聞記事ではなく、検察庁の資料を提出せよという要求にまで発展したのである（阿部）。理事会での検討がどうなったのか、注視したいところである。(1)

3．人格障害者の問題

いわゆる「人格障害者」の問題については、本法案の提案者も全く触れないままであったが、ここに来て、はじめて質問として顕在化した（五島）。しかし、この問題は複雑であって、質疑はかみ合わないまま終わった感がある。

法務省側は、人格障害のケースでは、そのことのみによって心神喪失・耗弱と認定される例は、現実問題としては一般にないとして、本法案の対象からは除外するとの態度を示しているように見えるが（古田）、厚生労働省としては、「精神病質」が精神障害に含まれているので、人格障害がすべて精神障害の対象になるという誤解のために精神医療が混乱するからこれを除外するというのは適当でないというように、その立場は微妙である（高原）。しかも、この問題は、池田小学校事件直後の小泉発言に由来しており、あたかも本法案が人格障害者の対策であるかの如き「誤解」を生み出しておきながら、政府側の答弁では、その小泉発言（刑法の改正が必要であるとした）の撤回も修正もしないままに放置するという無責任な態度がとられている点にも批判が集中したのである（五島、山井、水島）。しかも、これは単なる誤解を越えて、本法案から人格障害者を除外することを疑問視し、外国の施設も実は人格障害者を含んでいることを前提として、本法案のモデルとして推奨するという矛盾した指摘をも生み出していることに注意する必要がある（山上）[2]。

4．措置入院との相違

これは、すでに繰り返し問題になったところであるが、治療による社会復帰を目的とするというのであれば、なぜ措置入院の改善では足りず、新しい制度が必要なのかという点が、とくに民主党案との関係で、問われた（水島）。

これに対して政府側は、重大犯罪に限定した対象者の違い、医師の過剰負担の解消、通院確保の必要性をあげ、国の責任で統一的な対策を整備する必要があることを繰り返したにとどまる。しかし、そこには、最も中心的な理由が巧みに隠蔽されている。

ところが、その真の理由は、答弁の中に、つい不用意に現れていることに注目しなければならない。それは、今回の制度では、対象者に対する自由の制約や干渉が強くなるということを厚相自身が認めており（坂口）、重大犯罪による区別の理由は、強制力の程度にあり、通院強制が新しく加えられたことをあげている点に現れている（高原）。この点は、他の一般患者への悪影響の遮断という観点にも現れており、その実態を一言でいえば、「強制と拘禁」の強化の必要性なのである。しかし、それを表面に出すと「保安処分」ではないかという批判が出てくるので、これを「手厚く濃厚で専門的な治療」の必要性ということで正当化しようというのである。ただし、その相違が「治療」の充実の程度というレベルにあるとすると、それなら措置入院の改善ないしその特例ということですむはずではないかという疑問を再び誘発することは避けられないであろう。政府側は、この点で深刻なジレンマに立たされているといえよう。(3)

5．治療施設とその体制

本法案が新しく設けようとしている「指定医療機関」については、その規模も形態も、予定対象者数も、対象者に対する治療方法も、収容期間も、すべての面について、ほとんど明らかにされないままであり、したがって、この点について質問が集まったことは当然である（山井、水島、瀬古）。

しかし、この肝心の点についての政府側の答弁は、ほとんどが未定で、これから考えるという、きわめて不誠実なものに終始したのは、驚きであるというほかはない。

たとえば、指定医療機関がどこにいくつ作られるのか、それが独立の施設なのか、既存の施設内の特別の病棟なのかということについてさえ、明確な回答はなされていない。ベッド数や収容人員についても、最初は未定であるとしていたが、ようやく年間四〇〇人程度であり、今までのように年間で半数が退院するとして、八〇〇ないし九〇〇のベッド数で十分ではないかという答弁まで辿り着いた（坂口）。

また、収容期間が不定で、長期にわたるのではないかという懸念は、自民党の議員からも出されており（後藤田）、外国でも退院の困難性が指摘されているという質問に対しても（山井）、現在の段階では予測は困難であることを認めながら（坂口）、六カ月毎の最確認や不服申立の制度があることを理由に、そのような懸念はないというのである（古田）。一方、治療方法についても、厚相自身、医学的なことはわからないとしつつも、おのずから異なるとし、少し幅が広いといいつつ大きな違いがあるとするなど、全く無内容な答弁にとどまり（坂口）、担当の政府参考人はここでも、怒りのコントロールなどの精神療法などを繰り返したため（高原）、それは治療なのか矯正なのかという疑問を誘発するに至った。そして、心理療法などについては、一般の医療と同様であると答弁せざるを得なかった。ここにも、深刻な自己矛盾が含まれているといえよう。(4)

6．社会復帰の可能性と社会的入院の減少

本法案は、対象者に手厚い医療を保障することによって、本人の社会復帰を図ることが目的であると繰り返し説明されてきたが、この点についても、実際には通院する病院や社会復帰施設がなく、受け皿がきわめて乏しい現状では、対象者の社会復帰は果たせないのではないかという疑問が提起された（山井、瀬古）。

これに対しても、指定通院医療機関について、居住地からの通院が可能になるよう、民間の診療所等を含めて幅広く確

保することを考えているという、全く具体性も実現性もない模範回答しか示されなかった（高原）。厚相も、中間施設のようなところも少し要るのかなという程度の傍観者的な感想を述べるにとどまっている（坂口）。

一方、いわゆる「社会的入院」の解消についても、きびしい問題提起がなされたが、厚相は終始逃げ腰であり、やがて社会保障審議会の答申を待って対応を考えたいとしていたが、厚生労働省による実態調査の結果を示されても（一九九九年段階の調査で、入院中の精神障害者三三万人のうち、受け入れ体制があれば退院可能な患者は、七万二千人、約二二％）、担当者は、社会入院の患者の増減を算定するのは困難であるとか、実態調査の必要性を含めて検討するといった、全く的外れな答弁に終始している（高原）。厚相も、ここでは、少しづつでもやって行くという慎ましさにとどまっている（坂口）。

それ以上に決定的だったのは、七〇年代以降、入院者数がぐんと増えたのは日本だけで、諸外国はずっと減らしてきているのはなぜかという質問であった（瀬古）。日本政府が、これまで精神医療に関する外国の諸機関からの度々の勧告を無視してきたことの責任も問われたが、政府側はそれらの事実を認めながらも、若干のおくれはあるが着実にその是正に取り組んで行きたいという希望を述べるにとどまり（高原）、厚相も、社会保障審議会の結論も踏まえて新しい青写真を描きたいという程度の答弁に終わっている（坂口）[5]。

以上のほか、法案が重大犯罪に限定したのは、かつての法務省の保安処分骨子案と同様かという質問に対して（佐藤）、その共通性が自認されている（古田）という点に注目すべきであるほか、平成一二年の法務省刑事局メモでは、再犯の予測が困難とされていたのに、基本認識が変わったのかという鋭い質問に対して（阿部）、これは非公式のメモであるとし、その後変更した理由についても何らの釈明もなされていない（森山）という無責任さも、見逃してはならない点である。

（1）　この検察段階における簡易鑑定の問題については、すでに自民党ＰＴ案自体の中に問題点として指摘されていたのであり、政府与党の内部からも、また本案に賛成する精神科医の間からも、その実態の解明と改善の要望が出されていたのである。この点を現状維持のまま「検察の裁量」で覆い隠すことは、次第に苦しくなってきているといえよう。

（2）　この点は、一方では、本法案の対象者が、人格障害者を除外した「心神喪失者等」であることを前提としながら、他方では、「指定医療機関」における「治療内容」としては、外国の施設における人格障害者に対する治療方法がそのままの形で参照されるという矛盾の中に典型的に現れている。わが国では、それらの対象者は、実は責任能力者として刑務所に送られているので、本案の指定医療機関における治療方法の参考になるはずのないものなのである。

（3）　与党ＰＴ案までは、措置入院の特例であるという説明も、ある程度可能であったが、政府案が「再犯のおそれ」を基準として顕在化させてからは、措置入院との性格的な相違が顕在化し、その関係をいかに説明するかという点が、政府側の難問となったということができる。「手厚い専門的な医療」といっても、その内容が不明確であり、マンパワーの充実といって見ても、その相違は相対化されてしまう。そこで、「司法化」という点がキーワードとなったのであるが、それが人権のチェックということであれば、重大な他害行為を行った危険な精神障害者に対する「入院と通院の強制」による社会の安全と保安という隠れた真の目的を達成できないというジレンマがある。そこで、「継続的な医療の確保」という論理を用いられたが、これも強制的な「確保」という点に重点が置かれているのである。「司法」に何が期待されているのか、という点をこそ問題としなければならない。

（4）　政府側は、「手厚い専門的な医療」というスローガンをかかげて、現行の一般精神医療や措置入院の医療とは違う「特別」のものであることを主張したかったのであるが、その相違を医療の内部で説明することの困難性を自覚せざるを得なかった。そこで、外国の施設から「怒りのマネジメント」などの手法を借りてきて説明しようとしたのであるが、実は、外国の施設には人格障害者も含まれているのが一般なので、それは人格障害者を除くというわが国の施設の参考になるはずもないものであった点に、初歩的な認識のミスが存在したといわざるを得ない。医学的な治療方法の内容に差がないとすれば、あとは「保安」と「隔離」の程度の差といわざるをえなくなるのだが、それを正面からいえないというジレンマがここにも現れている。

（5）　この問題は、わが国だけが諸外国に比べて突出した三三万人もの入院患者をかかえているという現状を顕在化させ、社会入院の解消の困難性が公然と指摘された点で、当局にとっては、もっとも頭の痛いところであったことは事実である。この問題にメスを入れないでおいて、四〇〇人程度の重大な他害行為を行った者の特別処遇だけを切り離して提案することは、単に説得的でないばかりか、欺瞞的でさえあると思われる。政府が回避しようとするこの問題をこそ、精神医療の抜本的な改善策の柱にすえた論議と実践が必要なのである。何かが問題になる度に、諸外国とくにイギリスを改革のモデルにあげてきた法案の立案者や、この法案の賛成者が、そのイギリスでの入院者の抜本的な減少のための施策とその現状には全く触れることがないのは、不公正という以上に、欺瞞的でもあるといわなければならない（石川信義・心病める人たち、岩波新書、一九九〇年、一五三頁以下参照）。

五　衆議院法務・厚生労働委員会連合審査会の質疑（2）

二〇〇二年七月九日に、衆議院法務・厚生労働委員会の連合審査会の第二回目が開催されたが、そこでは、合計九人の参考人が招致されて意見陳述を行い、これに対する質疑が行われた。前半は、前田雅英氏（東京都立大学）、足立昌勝氏（関東学院大学）、川本哲郎氏（京都学園大学）、池原毅和氏（全国精神家族連合会）、菱山珠夫氏（元東京都立中部総合保健センター）の五氏の意見陳述があった。なお、当日は、下村博文（法務大臣政務官）、田村憲久（厚生労働大臣政務官）、横田猛雄（法務委員会専門員）、宮武太郎（厚生労働委員会専門員）の諸氏が審議に参加していた。

この五氏の意見と質疑の内容は省略し、問題点をあげて、コメントを加えておく。

1．賛否両論の論拠

参考人のうち、前田、川本氏は本法案に賛成、足立、池原氏は反対、そして菱山氏は条件付き賛成という立場をとったが、それぞれの結論の根拠が問題である。

前田氏は、本法案が十分に合理性のある中庸を得たものであると評価しているが、その理由としては、一方では、保安ではなく治療と社会復帰を目的としつつ、他方では、被害者の保護も念頭においた再犯の防止も考慮に入れている点にあるとしている。しかし、その背後にある真の理由は、措置入院の不備による国民の安心感への対応であり、再犯のおそれが十分に可能であるとするなど、目は精神医療の改善よりも、重大な触法患者の対策が時代的要請であるという姿勢にあると思われる点が重要である。

次に、川本氏も本法案に基本的に賛成しているが、それは従来の保安処分とは異なるので、対策の一歩として評価するというものである。むしろここでは、著者が「福祉」の観点から提起している要望の内容に注目する必要がある。そこでは、人材の養成や研修のほか、わが国の精神医療の開放化のためにベッド数を減らす問題が取り上げられているが、イギリスを専門とする著者であるにもかかわらず、五年、一〇年ぐらいでといった程度の提案しかなぜ出来ないのかという点に、本質的な疑問を禁じえない。ただし、イギリスの例として、保安治療という言葉を用い、十分な警備の下に、多額の予算と多くのスタッフを投入して、手厚い看護を行うといわれた点は、治療方法自体は変わらず形態が異なるという指摘とともに、十分の参照に値する点である。

一方、足立氏は、本法案に反対の立場であるが、その理由は、法案の規定する入院命令が再犯のおそれを根拠に司法機関が決定するもので、社会的安全のための保安処分であるという点にあり、責任主義の原則の下では、精神障害者に医療や地域体制を含めた十分な配慮を行うことが先決であるという点にある。精神障害者との「共生」を説く立場には共鳴し得るが、本法案がなぜ医療と社会復帰を目的とするとしながら、実質的な保安処分なのかという点についての具体的な説明が欲しかったと思われる。

次に、池原氏も、本法案に反対の立場から法案に対する疑問を提起したが、より具体的に、再犯のおそれが予測不可能であること、与党PT案にはなかったものがなぜ入ったのか理解できないこと、自由拘束に見合う手続的な保障に乏しいこと、自民党PT案でも疑念があるとされた簡易鑑定の改善策がないこと、手続中の医療の提供が現在よりも遅れること、保護観察所の現状では通院の確保は困難であること、長期入院主義の現状の改善が見られないことなどの点は、いずれも法案の問題点を摘出したものとして説得的であるといってよいであろう。ただ、現状の改善策についての方向性が示される余裕がなかったのが惜しまれる。

最後に、菱山氏は、条件付き賛成論と見られているが、それは本法案が精神障害者対策の拡充強化の一環という観点から、医療と司法との連携を視野においたという意味で、一歩前進あるいは半歩前進と評価したものである。しかし、むしろ、その基調としては、入院中心主義の抜本的改革と救急医療の充実、簡易鑑定の改善を含む手続の全期間中の医療の保障を求めるとともに、濃厚な治療の内容がマンパワーの不足の下でどこまで有効か、レッテルを貼られた対象者の退院後の通院治療が可能かといった疑問を提起している点に注目すべきである。問題は、この法案が全障害者についての医療と福祉充実へのインパクトになり得るかという点にあるが、このような著者の願望を満たすとは到底思われない点にこそ、真の問題があるというべきであろう。(1)

2．再犯のおそれと措置判定との違い

五氏に対する質問のうち、最も多かったのは、本法案が新しく提起した「再犯のおそれ」が措置基準である「自傷他害のおそれ」とどこが違うのかという、これまでも繰り返し論じられた問題であった。これに対する参考人の答弁は、以下のようなものであった。

前田氏は、再犯のおそれの予測は、これまでも実際に行われてきており、今になってこれが不可能であるというのは「誇張」であるとした。責任能力の判断でも、量刑の判断でも、みんなアバウトなのであって、再犯のおそれだけができないということはないと明言している。

足立氏は、医学的判断とした場合には、精神神経学会の理事会でもいわれているように、再犯のおそれの予測はできな

いとし、法律家ならばできるという前田説は「規範的判断」であって、そこには被害者や世論を考慮した上での正義の回復という視点が入っているとして、これは急性期の措置入院の判断とは違うと主張した。

川本氏は、今回の法案の場合には、鑑定をして丁寧に判断するという点に大きな違いがあるとした上で、この問題を福祉の観点から見れば、精神医療審査会での審査の際にも、関係者が世論に押されて、危険だから閉じ込めようという発想に立つこと自体が間違っていると説明した。

池原氏は、措置入院の判断が現在の症状との関係で病気が再燃するかどうかという短期の判断であるのに対して、本法案のいう再犯のおそれは、三カ月あるいは一年とか二年とかの長さの判断であって、たとえば殺人の場合には、一週間とか一カ月で再犯のおそれがないとされることは考えられず、実際には五年とか七年とかの入院という漠然とした期待が本法案には込められていないかという危惧があるとした。

菱山氏は、医学、医療の面では、再犯の予測はできないと明言している。

以上のような参考人の回答を見ても、再犯のおそれの予測ができると明言するのは、前田氏だけであって、川本氏を除けば、医学的には長期の判断はできないという点では一致していることが判明する。そこで問題は、裁判官の「規範的判断」の役割と方向ということになるが、前田氏が国民意識を考慮した積極的な判断を肯定するのに対して、川本氏は、むしろ「チェック」の機能に傾いているように思われる点が重要である。本法案が、そのどちらに傾くことを期待されているのかが問題であり、前者への危惧が大きいという点にこそ問題があるといえよう[2]。

3．裁判官の関与

先の問題とも関連するが、裁判官が関与することによる利点は何かという質問が、とくに前田氏に対してなされた（漆原）。

この点に関して、前田氏は、法律家が入ることによって判断基準が安定化するという点とともに、本法は保安的なものを直接目指したものではないけれども、法律家の視点が入ることによって、被害に遭った国民から見た目も入ってくると指摘し、さらに、国民一般から見て、被害にあった人の意識も入れた上で、責任無能力で無罪になった人を出していいかというときに、本案では、間違いなくそれが治療にとって必要かどうかというフィルターを通すわけだが、そこに法律家が入ることは、いろいろな意味で非常に効果があると答えている。そして、基準が明確化すること、国民の納得のいく基準を導けるという意味でも、大変な前進だと評価するのである。

以上のような指摘は、本法案の性格を知る上で、きわめて重要だと思われる。政府提案者側がなかなか表に出そうとしない本音を、この前田氏の主張が見事に代弁しているからである。政府側がこの指摘を否定しない限り、本案における裁判官の関与は、医学的な判断に加えて、国民、とくに被害者の側からの目を考慮するという点に集約されることになり、それは直接の目的でないとしたはずの「保安」目的を裏からしっかりと保障することを意味するであろう。しかもそれが、本案の大変な効果であり、前進だというのであるから、大胆な指摘というほかはない。しかし、実はそのことこそ、本案に対する危惧を増幅することになるのである[3]。

ここでは、裁判官が医師の意見を尊重し、サポートするという川本氏の見解とは、そのアプローチの点において質的な相違があることを確認することができよう。

4．精神医療の改善と本法案の位置づけ

精神病院の開放化が諸外国でできて、なぜ日本でできないのかという質問が出され（佐藤）、川本氏が答弁し、前田氏も本案の効果を述べているので、この点も取り上げておく必要があろう。

川本氏は、日本が遅れたのは、民間病院が多いからであろうとした上で、それをどうして長期的に減少させるような施策がとられなかったのかが大きな疑問であると答えている点が注目される。そして、三三万人をいきなり三万人にしろというのは無理なので、五年なり一〇年なりで、今度こそ減らして行かないと日本の精神医療は変わっていかないであろうと指摘されたのである。

たしかに、川本氏の評価からしても、わが国の入院中心主義からの脱却は全くの無策に等しく、その原因と責任を追求しなければならない。しかし同時に、イギリスの専門家である川本氏であるならば、どうしてイギリスが世界に先駆けて精神病院の改革に取り組んだという事実、たとえば、一九五四年に、イギリスの保健省が「今後一〇年間に精神病院の病床数を一〇万減らし、一方それに応じた分のケア施設を地域に設置する」と発表し、一九六一年には、「一九七五年までに、現在の一五万床を半分に削減し、人口一万人に対し一八床までに減らす」とした点など、当時のイギリスの大胆な開放政策を紹介して、わが国の当局者にそのような英断を迫ろうとされないのかという点が、惜しまれてならないのである。

一方、前田氏は、精神医療が徐々にではあるが改善して行くであろうとした上で、今回の制度ができて、ある程度の予算がつけば、いろいろな意味での底上げ論があるが、全体を全部あげろというよりは、具体的に司法精神医療の頂点としての中心となる病院がいくつかできるようなことが、突破口として前進して行く一つのポイントであるという意味で、本案に賛成だといわれるのである。

しかし、このような評価にも、重大な疑義を提起しておかなければならない。実際には、むしろ逆に、本法案によって、重大な触法患者の処遇が一般の精神医療から分断されるだけでなく、精神医療の改善がむしろ阻害され、悪影響を与えるであろうという評価も存在し（池原）、その方向がむしろ真剣に危惧されるからである。(4)

(1)　以上の参考人五氏の意見を全体として眺めると、実は、本法案の本命の賛成論は、前田氏の意見に集約されていることが判明する。そこには、現在の措置入院が社会の安全にとって不備であるから、その欠陥を「司法」精神医学によって補い、優秀な裁判官が再犯防止と社会復帰の目的を十分に結合して行くことができるという、きわめて現実的な政策決定が見事に代弁されているということができる。そこには、再犯のおそれの判断に対する慎重な留保もなく、簡易鑑定への改善提案もなく、三三万人という異常な入院主義の現状に対する指摘も批判も全く見られないのである。その他の論者は、結論的な賛成者でも、新しい治療施設の医療や通院確保などの可能性を問い、精神医療全体の改善につながるものかどうかを重視している点で、共通するものがあるといえよう。この姿勢の差こそが重要である。

(2)　本法案の提案者は、措置入院の「自傷他害のおそれ」と本法案の「再犯のおそれ」の相違を何とか相対化して、現在でも予測が行われているのだから、今回もできないはずはないというのが一般である。それは、短期と長期の違いではなく、鑑定の資料などを揃えた丁寧な判断になるというのである。しかし、病気の程度以外の要素のうち、本人の生活環境などが調査されたとして、それが「再犯のおそれ」にどのように影響するのか定かではない。むしろ、医学的要素よりも、犯罪の重大性が重視される可能性が高く、再犯のおそれが推定されやすいという傾向を無視できないであろう。それは、医療の必要性をこえた「保安」の要請につながりやすい。精神科医としてはなしえない役割を、実は裁判官が背負うことになりかねないのである。川本氏のいうように、裁判官が医師の意見を尊重していては、再犯のおそれを否定する方向に動くことになり、それでは本法案の期待（重大は触法患者対策）に沿わないのではないかという点にこそ、根本的なジレンマが存在する。

(3)　このような前田氏の論調には、少年法の改正問題と共通した現状認識があるように思われる。それは、現在の措置制度の運用が、甘すぎて、危険な触法患者が早く出過ぎるので、これを防止するために、より厳格な制度にしろというもので、それを被害者や国民の世論が求めているのだという構成になっている。これは、後に登場する精神科医の山上氏の論調ときわめて類似したものである。ただ、医療と社会復帰の利益とのバランスによって、保安の観点を相殺し「中庸」さを保つという補強策が講じられている点で、より巧妙であるといえよう。

(4)　しかし、この種の「突破口」論は、参考人の川本氏や菱山氏の賛成論の中にも存在するだけでなく、実は、「日精協」のみならず、国公立の精神病院にとっても、ともかく精神医療のどこかに予算がつくというのは歓迎すべきことに見えるのであろう。それは、一種の待望論であるが、それは差別と分断にもつながることを警戒しなければならない。患者の立場から精神医療を見るという視点を失うと、安易な打算に流れることになりかねない。保安処分を作った諸国の精神医療がどうなっているのかという点を、批判的に学ぶ必要がある。法律家の出番とその役割をしっかりと自制すべきであろう。

六　衆議院法務・厚生労働委員会連合審査会の質疑（3）

二〇〇二年七月九日の衆議院法務・厚生労働委員会の連合審査会の後半は、山上晧氏（東京医科歯科大学）、中島直氏（多摩あおば病院医師）、仙波恒雄氏（日本精神科病院協会）、伊藤哲寛氏（北海道立精神保健福祉センター）の四氏の意見と、それに対する質疑が行われた。その意見と質疑の内容は省略し、問題点をあげて、コメントと加えることにする。

1．賛否両論の論拠

第二回目の参考人の意見も、本法案に対する賛成と反対の対立状況を、より鮮明にするものであった。その根拠を比較すれば、以下のように整理できるであろう。

山上氏の賛成論は、すでに繰り返し述べられていた論旨の再現であって、驚くにはあたらない。賛成の根拠は、本法案が、触法精神障害者に対するこれまでの無責任な対応から、裁判所と保護観察所が責任を持つという形で、国が責任をもつ体制になっていること、専門的な治療施設の創設と退院後のケアの整備という形で司法精神医療が整備される点にあるとした。なお、本案の背景には、かつての保安処分論の暗い影があるとした上で、危険性の評価については、欧米では日常的に行われ、わが国でも措置診療などにおいて行われており、何ら問題はないとしている。

仙波氏は、本案が現状解決のための一歩前進であるとして賛成し、その成立に期待するとの態度を示した。その理由としては、精神医療一般の底上げで触法問題を解決することは無理で、両方が必要であること、措置入院には不備があって限界に来ていること、現在は司法から医療に事件が丸投げされ、医師に過剰な責任が負わされていること、医療と司法を相互補完する制度を要望してきたが、本法案には措置入院制度の問題を解決するいくつかの新し制度が取り入れられていることなどの点があげられている。また、仙波氏も、再犯の予測は長年措置入院において行ってきており、問題はないとした上で、最後にこの新法が専門の施設による治療と退院後の観察を規定したことにより、国民の不安が解消され、同時に一般の精神障害者への見方も変わる可能性があると結んでいる。

一方、中島氏は、現場の精神科医の立場から、本法案に反対の立場を表明した。その論拠としては、第一に、措置入院の判断（現症状にもとづくおそれ）と異なって、将来の再犯の予測の判定が不可能であり、的中率の関係から、必ず「偽陽性」の患者も必要がないのに拘禁されてしまうおそれがあり、厚相が根拠としたオックスフォード基準も、むしろ精神科医の苦悩を示したものと考えるべきであること、そして第二に、新法案では迅速な医療が保障されず、また医療の継続性が寸断されるおそれがあるとし、たとえば二、三カ月にも及ぶ鑑定期間中に本格的な医療が始められず、現在でも困難な退院が非常に困難になるおそれがあることから、本法案は、本来拘禁すべきでない人を多数拘禁に追い込み、また治療をかえって悪化させるというのである。

伊藤氏も、本法案に反対の立場から意見を述べた。反対論の論拠としては、いまなぜ本法案が優先して提出されなければならないかを疑問とし、本法案は重大事件の防止に役立たないだけでなく（初犯が大部分）、対象者の医療や社会復帰がむしろ遅れることになるという点に求められた。その例として、本法案が予定しているような入院命令や通院命令のもとでは、医師と患者の関係に、常に再犯のおそれという視点が入り込み、効果的な信頼関係がなかなか生まれず、閉鎖的な回路の中で、長期収容となり社会復帰は困難で、差別と偏見を助長することになるというのである。さらに、本法案には、簡易鑑定や留置所・刑務所における医療などの問題が全く触れられていないのも問題であるとされた。

以上の四氏の参考人の意見の中から、賛否両論を分ける分水嶺がどこにあるのかという点を発見することが重要である。しかもそれが、精神医療にかかわる専門家の間の対立であるが故に、問題はより深刻である。

ここでも、山上氏の見解がきわめて突出した印象を与えるのは、氏の本来の主張が、本法案の線を越えて、明白な「保安処分」を志向するものであったことに由来することに注意する必要がある。山上氏の主張が、現行の措置入院の欠陥としてあげるのは、常に「保安」の欠如であり、触法患者が一般医療の中に逃げ込んでしまうことの防止に向けられていることの意味が判明する。このようなあからさまな主張は、政府側の答弁において、本法案が「保安処分」でないと繰り返し弁明されてきたところと表面的には矛盾するのである。しかし、政府側が山上氏の主張に反論しないとすれば、逆に本法案が「保安処分」に近接したものであり、山上氏がその本音を代弁しているという印象を拭い得ないものがある。(1)

この点では、仙波氏の見解は、民間病院の立場を代弁したものであって、重大な触法患者の処遇を国の責任で処理してもらえば、一般病院の開放化につながるという論理が成り立つだけでなく、それが一般の精神医療の底上げにも影響することを期待できるという実務的な感覚を読み取ることができよう。しかし、一般の精神医療は、触法患者以外にも、多くの処遇困難者をかかえているのであり、先進国から三〇年も遅れていることを自認するのであれば、三三万人という巨大な入院患者の抜本的な削減（社会入院の解消）に対する態度決定こそ求められているというべきであろう。(2)

これに対して、中島氏と伊藤氏の反対論が、本人のための精神医療の充実という観点に立つ限り、本法案が治療の保障よりも、むしろ危険な精神障害者の「治療の確保」という名による隔離と差別法になるという危惧を表明したのは、良心的な精神科医としては当然の主張であったと思われる。現状でも、手続中の医療の確保が困難な状況が、新法の下では、より困難になるのではないかという批判と、迅速な医療の保障こそが必要であるとういう指摘も、きわめて重要であるといえよう。「医療は迅速に、司法は慎重に」という中島氏の提言は、的を射た方向だと思われる。しかし、両氏に対しては、措置入院制度の運用の現状とその改善策、さらには三三万人の入院者の抜本的な削減策についての具体的な提言を期待したいものである。(3)

2．医療と司法の関係

参考人の意見に対しては、なぜかくも意見の対立があるのかという戸惑いが議員の間に出たことはうなずけるところであった（長勢）。

まず、質問は、医療と司法との関係を問うものであり、それは、司法精神医学とは何かという問いかけでもあった（長勢）。これに対して、中島氏は、触法精神障害者の多くが実は刑務所に入っているという問題があるとした上で、刑務所内できちんとした医療的ケアと出所後の援助が必要であると指摘し、一般的にいえば「医療は迅速に、司法は慎重に」というのが原則であり、刑事手続中の医療の優先が必要であることを強調した。

また、伊藤氏は、起訴前の簡易鑑定のあいまいさを指摘し、きちっとした鑑定センターを作るべきであると提言した。そして、中島氏と同様に、刑事手続中の医療の保障として、たとえば、執行停止をして専門的な医療機関に送るという運用を求めた。

一方、山上氏は、欧米では一般の精神医療とは区別された司法精神医療というものが確立されていて、触法患者については長期の精神療法などの治療システムを構築しているとし、たとえばイギリスでは全体の一割位のベッドで、専門的な司法精神医療の医師、看護者、ソーシャルワーカーなどが活躍していると述べた。

ここで重要なことは、司法精神医療が山上氏の独断場であるかのような印象を受けることであるが、司法精神医療が欧米のような「保安処分施設」がなければ成り立たないようなものかを問題としなければならない。他害行為を行ったとして刑事手続にかけられた触法患者の治療を含む処遇はすべて「司法精神医療」なのであって、中島氏のいう刑務所内の治療も、伊藤氏のいう簡易鑑定の問題も、すべてこの中に含まれるのである。裁判官が関与しなければ「司法精神医療」ではないというのも、不正確である。

問題は、司法手続の過程における医療をいかに位置づけるべきかという点にあり、この場面における中島氏・伊藤氏と山上氏の姿勢の相違にこそ注目しなければならないのである(4)。

3. 優先順位をめぐる問題

触法患者の対策とともに、精神医療一般の改善も必要であることには異論がないとしても、そのいずれが優先べきなのか、両者はどのような関係にあるのかという質問が出された（福島、佐藤、瀬古）。

山上氏は、まず司法精神医療を確立して他害行為を防止し、司法精神医療が確立されれば、多くの病院の開放化を促し、社会復帰もしやすくなり、一般のベッドを減らす効果もあると指摘した。

仙波氏も、もちろん精神医療全体の底上げは切望するけれども、触法患者の一群については新しい制度を立ち上げて、それから精神医療の底上げの整理が初めてできると主張した。

これに対して、中島氏は、適切な医療の提供が最優先であって、本法案のいう「手厚い治療」の中味は不明であり、この法案ができても、国民の安心や安全が図られるという保障はなく、逆に精神病院からの退院が非常な困難を強いられると説明した。

伊藤氏は、とくに地域医療を充実する必要性を強調し、重大な触法患者を対象とした別の施設を作れば、先入観が入って、社会復帰がより困難になると述べている。

参考人の以上のような答弁から分かることは、本法案の賛成者が精神医療全体の改善も同時に求めているように見えるが（車の両輪論）、結論としては本法案の先決に固執した上で、結果的にそれが精神医療全体の開放化や底上げにも影響するという位置づけがなされているということである。しかし、たとえそれが論者の主観的な期待であるとしても、本法案が精神医療全体の改善につながるという約束や保障があるわけではない。外国でも、触法患者対策によって精神医療の開放化とベッド数の激減が生じたとでもいうのであろうか。

むしろ、中島氏や伊藤氏によれば、本法案がむしろ精神医療に悪影響を及ぼすであろうことが真剣に危惧されていることを重視すべきであろう(5)。

4．簡易鑑定と治療の継続

検察段階における簡易鑑定と治療の継続という点についての質問にも重要な問題が含まれていた（瀬古、中川）。

山上氏は、新法の下では鑑定の内容も公開されるであろうし、簡易鑑定についても改善されていく余地はあるだろうというという程度で、むしろ鑑定後の治療システムの問題がより重要であるといって、改善への熱意は感じられない。しかも、治療の継続という点については、退院すると直ちにどこかへ行ってしまうので、その確保が必要であるというのであるから、関心は強制の確保に置かれていることが読み取れるのである。

一方、伊藤氏は、簡易鑑定の制度が改善されなければ、この問題は最後まで残るのに、改善の提案がないことを批判し、さらに中島氏は、よりくわしくこの点に触れて、簡易鑑定すら行われずに不起訴になっている事例も多いとした上で、法務省がデータを出してくれないので、簡易鑑定の内容にアクセスできないという点に最大の隘路があることを強調している点が注目される。そして、伊藤氏とともに、治療の継続という点についても、刑事手続の開始から終了までの間に、手続維持の利益が優先して、患者の治療の開始が遅れ、中断するという危険を指摘しているのである。この点でも、山上氏との問題意識の差は、歴然としたものであることを確認することができよう(6)。

（1）　山上氏の見解の中には、さらに注意すべき点として、常に欧米の保安処分制度がモデルになっているところから、専門的治療施設とそこでの治療方法が問題になる際にも、精神療法とか行動療法とかの例は、実は、いわゆる「人格障害者」を含むことを前提としたものであって、山上氏自身も、わが国でこのような対象者を必ずしも除外すべきではないと主張している。ところが、この点でも、政府側の答弁は混乱していて、人格障害者は対象者から除外するという前提に立ちながら、欧米の施設と同じような治療方法を例としてあげるという的外れの答弁が繰り返されている。そのような治療方法は、心神喪失者には効果がないことは、伊藤氏も明確に指摘しているのである。それから、もう一つ、山上氏の見解が、終始一貫変わらないということはよいとしても、中島氏も指摘しているように、自説が批判されている部分については、少なくともその批判にも言及するという最低限の対応さえ全くなされず、単純な自説の反復に終始していることを付け加えておきたい。私自身も、山上説に対する詳細な批判的論文を書いたが、全く黙殺されたままである（中山「触法精神障害者に対する新たな処遇案をめぐる論争――山上晧教授の主張の批判的検討」判例時報一七八六号三頁以下、二〇〇二年）。

（2）　仙波氏の見解のうち、気になるのは、現行の措置入院には年々不備が目立ち、医療の対応だけではもはや限界で、新たな手を打たなければ池田小学校のような事件が発生することは避けられない現状にあるという認識である。まず、医療的な手段では限界が来たから司法をという発想では、司法の役割が事件の防止という「保安」にあることを自認したことになる。伊藤氏によれば、現在の措置入院を含む精神医療の欠陥は、医療体制が十分に整っていない点にあり、その条件整備こそが不幸な事件の防止につながるという発想がそこに見られるのとは、全く対照的である。現在でも、保護室をはじめ閉鎖病棟が多く存在するのが事実であって、あたかも全員が区別なく同じ病棟で治療を受けているというかのような仙波氏の表現は不正確ではあるまいか。また、新法ができれば、事件が防げるというのも、意識的な事実誤認であって、池田小学校事件後の小泉発言に通じるものがある。

（3）　精神科医の側からは、再犯のおそれの予測が不可能であるという指摘が強く打ち出されており、その趣旨は十分に理解できる。また、医療の中断を防ぐために、手続の全段階で医療を保障すべきであるという主張も、きわめて重要である。しかし、精神医療の可能性の限界について、とくに人格障害者の処遇と医療との関係についての積極的な提言は乏しいという印象を拭い得ない。精神医療の現状の調査と改善策、とくに措置入院制度についての現実的に可能な提言を期待したいものである。

（4）　司法精神医療というと、一般の精神医療とは違う医療が存在するのではないかという錯覚におそわれる。しかし、与えられる精神医療の内容が触法患者だからといって違うものでないことは、次第に明らかになりつつある。イギリスなどの司法精神病院といわれるものも、その治療の内容に特色があるとすれば、それは人格障害者をも含むという点にかかわるのであって（濃厚な治療）、「触法」または「重大な触法」という点にかかわるものではあるまい。相違があるとすれば、危険性の程度に応じた「警備」体制という点、つまり「保安」の相違という点に帰結されるのではなかろうか。仙波氏（日精協）も、専門的な治療が特別に存在するかのように主張しているが、結論として触法患者は国の責任でというのは、民間病院では保安に責任がとれないというのが本音ではないかと思われる。

（5）　政府側の答弁でも、精神医療の改善も同時に行うという形で、「車の両輪」論が主張されている。しかし、本法案における「手厚い専門的医療」の内容があいまいである以上に、精神医療の改善策は、すべて社会保障審議会の答申を受けてこれから考えるという牛歩戦術に終始している。厚相も、両者の関連を認めた上で、精神医療の改善が本法案の「基礎」であるというところまで辛うじて認めたようにも見えるが、しかし、本来は、発想を転換して、精神医療の抜本的改善の一環としてこの問題を位置づけることが必要であって、そうなれば、まずは現行の措置入院の改善策から出発するという位置づけになるはずである。精神障害者が今何を望んでいるかという観点から再出発すべきではあるまいか。

(6)　簡易鑑定については、すでにこれまでの審議でも度々問題にされ、自民党のＰＴ案においてさえ疑問が提起されていたにもかかわらず、検察官も法務省も、起訴率にはそれほどの差はないといって、別に問題はないかのようにすまそうとしている。しかし、これは不誠実な対応というべきで、七月五日の連合審査会の折りには、阿部議員から資料の請求を検討する意見まで出て、理事会の検討事項になったという経緯が存在する。この問題をもっと追求し、改善の保障をとりつけるべきであろう。

七　衆議院法務・厚生労働委員会連合審査会の質疑（3）

二〇〇二年七月一二日に、衆議院法務・厚生労働委員会の連合審査会の三回目が開催された。そこでは、西川公也（自民党）、金田誠一（民主党）、日野市朗（民主党）、西村眞悟（自由党）、木島日出夫（共産党）、阿部知子（社民党）の六氏が質問し、政府側が答弁を行った。森山法相、坂口厚労相のほか、連合審査会の第一回に出席した政府関係者が参加した。

以下では、質疑の内容は省略し、問題点をあげて、コメントを加えることにする。

1.　指定医療機関の体制

これまでの審議の中では、指定医療機関における「手厚い専門的医療」と、それを支える体制について、ほとんど具体的な答弁がなかったので、この問題への質問が多く出された（金田、日野、西村、木島、阿部）。

これらは、指定医療機関は何カ所か、ベッド数はどのくらいか、医師は何人か、病棟や人的体制はどうなるのか、対象者の数はどのくらいか、申立数に対する入院率はどのくらいかといったもので、より具体的な内容を聞き出そうとするものであった。

しかし、政府側の答弁は、この肝心の点について、依然として今の段階では未定であるとか、予測はむずかしい、今後外国の例も参照しながら検討するといった、きわめて不誠実で無責任な回答に終始した。本法案の趣旨や目的を語るときの自信ありげな答弁と比較すると、回避的で消極的な姿勢を浮き彫りにする結果となった。本法案が目的とするはずの対象者の治療と社会復帰のための基本的な制度設計の見取り図も、そしてこれを支える現実的な物的・人的資源の保障も示さないままに、なぜ急いで入退院の制度の変更に固執するのかという疑問が、ますます顕在化することになったのである。

しかし、それでも質問に対する政府側の回答の中から、少しずつ具体的な内容が見えてくるようになったことも事実である。それは以下のようなものである。

現時点で指定医療機関の数とベッド数を確定的に述べることは困難であるが、通院医療においては、社会復帰にふさわしい居住地と環境において医療が行われることが適当なので、指定医療機関について、こうした居住地から通院が可能となるよう、民間の診療所を含めて幅広く確保することを考えている（高原）。

心神喪失等を理由として、不起訴や無罪になった者は、平成八年からの五年間に約二千人なので、通院医療機関の再入院も想定すると、入院施設の入所者は一年で約三〇〇人から四〇〇人程度ではないかと考える。医師も、例えば全体で三〇〇名程度を確保することが必要であり、可能であると考える（高原）。

病院については、新病棟を作ってそこを指定するということになる。病棟単位で考えている。病床のサイズは、諸外国では三〇から四〇、二五から三〇、四〇というところが多きので、その辺を十分勘案したい。人員配置についても、例えばイギリスの例を参考に考えている（高原）。

心神喪失等またはその疑いのある者の数が四〇〇人前後ということで、対象となり得る数はその範囲内にとどまる。そのうち何％位までが実際にそうなるかについては、明確な数字を申し上げるのは大変困難である（古田）。

以上がその内容であるが、結局、最後の点については、政府としてどの程度、どういうことを想定した法律なのかというきちんとした統一見解を出してほしいという要望（金田）が出され、理事会で検討することに落ちついた。しかし、これが出されるという保障は今のところ存在しない。ともあれ、ここで重要なことは、本法案が重大な触法患者を対象とする新しい制度を提案するとして、裁判官の関与や保護観察所による退院後の通院確保という「入口、出口」論を先決しておきながら、肝心の指定医療機関の体制や治療内容については、きわめて漠然としたものにとどまり、それが精神医療の現状にどのようなインパクトを与えるのか、精神医療の充実と改善に資するものなのかという点を、理念的な問題に棚上げしてしまっているという事実がはっきりしてきたことである。(1)

2. 司法の関与と国の責任

司法の関与の必要性をめぐる論議はすでに繰り返されてきたが、ここでも、この問題が厚生行政の問題であるにもかかわらず、司法が関与しなければならないのか（日野）、さらに通院治療の主体が厚生労働省の「精神保健福祉センター」ではなく、法務省所管の「保護観察所」でなければならないのか（木島）という形で質問が出た。

これに対して、政府側からは、前者の問題については、重大な犯罪を犯した心神喪失者については、ただ医学の世界だけの範囲ではものを考えられず、やはり裁判官としての立場から全体的・総合的な立場からの判断が必要であるという、これまでと同じ答弁が繰り返された（坂口）。

ここでは、裁判官による「全体的・総合的な立場からの判断」といわれるものの性格と内容が問題であり、それがなぜ重大な触法患者についてだけ必要なのかという理由を問題にすべきであるが、残念ながら質疑はそこでとまってしまって、進まなかった。

次に、通院治療の主体についての質問に対しては、政府側は、国の機関が中心になって統一的に行うことが適当であるとし、精神保健福祉センターは保護観察所との連携のもとに相応の役割を担うものであるとし（森山）、保護観察所がコーディネーターの役割を果たすものであり（坂口）、国の機関である保護観察所に対して、精神保健福祉センターが全面的に協力するという形の方が効率的ではなかろうか（高原）という答弁をした。

しかし、質問者からは、その回答が全く説得力を欠くとの反論があり、保護観察所には、本法案が予定するようなコーディネーターの経験も能力もないだけでなく、むしろ新設の精神保健観察官（社会復帰調整官）を全国にある精神保健福祉センターに配置するのが素直ではないかという再質問があった。なぜ、厚生労働省の所管ではなく法務省の所管にしなければならないのかという質問に対しては、結局、直接的な回答がないままに終わってしまった。

ここでは、触法患者の処遇については「国」で責任をとという意味が、実は厚生労働省の所管から裁判官と精神保健観察官の関与を通じて裁判所・法務省の所管への移行を意味することが明白になったといえよう。その上に、治療施設も法務省の所管となれば、まさに「保安処分」制度が完結することになるのである。重大な触法患者についてだけ、それ以外の患者とは、全く別体系の処遇が用意されていることを改めて確認した上で、その目的と必要性を問わなければならない。[2]

3．精神医療の充実と社会的入院の解消

本法案は、重大な触法患者の処遇に限定した新制度の提案となっているにもかかわらず、それが精神医療全体に及ぼす影響が問われてくると、現在の精神医療の問題にまで質問が及ぶのは当然の成り行きであった。

この三回目の連合審査会でも、精神科医療一般の充実、底上げの必要性とその方法について質問が出された（西村）。

これに対して、厚労相は、精神医療一般のレベルアップが必要なことを認めた上で、今回の法案と精神医療一般のレベルアップは「車の両輪」であり、むしろ一般精神医療の治療レベルのアップがあるいは基礎として大事であると答えた。そして、そうした意味から、今までの入院中心の治療のあり方から、地域生活を支援するあり方へと転換していかなければならないとし、この秋を目途に、精神保健、医療、福祉の総合計画を策定することになっており、現在、社会保障審議会の障害者部会において、鋭意検討を進めているところであると説明した。さらに、具体的には、病床の機能分化を図ること等による適切な精神医療の確保、在宅福祉サービスの充実、精神科救急システムの確立等の精神障害者の地域生活の支援、それから、医師、看護職員、精神保健福祉士等のいわゆる保健、医療、福祉関係職種の確保と資質の向上、そして精神障害に対する理解の促進および心の健康状対策の充実などが、現在議論されている内容なので、この秋に結論を出してもらって、それに従い内容を充実したいと述べた（坂口）。

しかし、これらの対策の内容は、社会保障審議会の報告待ちという状況であって、すべて今後の計画案にすぎない。最大の問題は、現在の入院中心の治療から地域支援への「転換」にかかっているが、厚相は、いわゆる社会入院の問題について、七万人の社会的入院の解消についてさえ、何年を要するか明確にいうことはできず、少なくとも五年なり一〇年以内には、地域への復帰が可能になるような体制をつくらなければならないというにとどまっている（坂口）。

三三万人のうち、わずか七万人を、しかも五年なり一〇年以内に社会復帰させるというような提案では、精神医療の抜本的な改善の前提としては、いかにも貧弱過ぎて、これを入院主義からの「転換」と評価することは到底できないであろう。あえて言えば、この問題に切り込まない限り、精神医療の抜本的な改善と「転換」は名ばかりとなり、最低限の目標すら達成できないおそれがある。それは、車の両輪としても、あまりにもアンバランスなものといわざるを得ないのである。[3]

4．刑務所における精神医療

他害行為を行った精神障害者が、措置入院となって病院に収容されるというケースとともに、有罪判決を受けて刑務所に収容されている者の中にも、精神障害者が少なくないという指摘は、すでになされていたが、ここでは、医療刑務所における治療の実態を示して、意見を求める質問が出された（阿部）。

これに対して、法相は、刑務所が刑の執行機関であるという制約もあるが、その枠組みの中で、精神科医による専門的治療を必要とする受刑者について、精神科医を重点配置した医療刑務所等に収容して、カウンセリングなどの精神療法や、園芸、紙細工のような作業療法、薬物療法等の治療を行い、病状の改善が認められた場合には一般の刑務所に送り返すことをしているほか、その釈放に当たっては医療の継続がなされるように配慮しているとし、医療刑務所によっては医療関係の職員に欠員が生じている施設もあるので、速やかに補充するなどして、一層適切は医療が行えるよう努力したいと答えた。

これは、絵に書いたような模範回答であるが、なぜ多くの精神障害者が刑務所に収容されているのか、行刑施設における医師が決定的に少なく医療に限界があるのはなぜかという点には全く触れようともしない点にこそ問題があるといわなければならない[(4)]。

(1)　高原氏は、地域的なバランスも考慮した上で、指定医療機関を計画的に整備し、そのことによって通院医療が対象者の居住地において行われることにつなげるという答弁をしているが、そのようなことが現実に可能であろうかという疑問がある。中島氏や伊藤氏は、すでに、本法案のような制度では、指定医療機関との地域的な距離の遠さから、通院医療の困難性を強調していたのであって、このような批判を意識して、これに耐えうるような具体的な制度設計とはなっていないところに問題がある。本法案からは、重大な触法患者の社会復帰への道筋と展望よりも、長期の「医療の確保」（隔離）の方向に流れる可能性の方が真剣に危惧されるのである。

(2)　政府側は、国の責任で統一的に処遇する必要性を強調しているが、「厚生省の医療行政」も国の責任で行われていることが忘れられ、この分野では裁判所や法務省に責任を転嫁することになっている。しかも、裁判所側もこの問題について裁判官の意見を聴取したような形跡はなく、当局者（最高裁長官代理）は、立法政策の問題であるから意見を差し控えるという有り様であり、法務省も果たして保護観察所や保護観察官の意見を聞いた上での判断であるのかという手続上の問題も残されている。とくに厚生労働省の責任は重大であるといわなければならない。

(3)　社会保障審議会障害者部会精神障害分会は、すでに報告書の骨子案をまとめる段階にあるが、その基本的考え方が、入院医療から地域医療への転換と、ノーマライゼーションの理念にあることは当然としても、ここでも、心神喪失者法案との「車の両輪論」が出ているほか、今後一〇年間で「条件が整えば退院可能」な約七万人の退院・社会復帰を目指しため、入院患者は減少する見込みという程度の削減案しか提起されていないことは、きわめて問題であるといわざるを得ない。この程度の「方向性」で、入院医療から地域医療への「転換」が可能になると本当に考えられているのであろうか。

さらに、この問題は、予算（概算要求）の問題に直結するのであるが、新設の法案のための予算に比べて、従来の精神医療の充実のための予算の伸びはきわめて低く抑えられている点にも、「車の両輪」のアンバランスの経済的な反映が見られる。そこには、新制度にしなければ予算が増えないという悪しき現実の壁が存在しているのである。

(4)　この点については、すでに精神科医の中島氏などが強調していた点であり、刑の執行停止と病院への移送という運用が可能なのにほとんど行われていないという現実を指摘していたことを想起すべきである。また、法相の答弁の中からは、医療刑務所で行われているといわれる精神療法や作業療法などが、実は今回の法案が新設しようとしている重大な触法患者に対する指定医療機関における治療方法や治療内容といわれているものとが、きわめて類似しているという印象を受けるのである。ここでも、対象者に対する医療内容の混同が姿を見せているように思われる。

八　第一部の総括

第一五四国会における衆議院本会議と法務委員会、および法務・厚生委員会連合審査会での本法案の審議について、毎回の質疑を時系列的にフォローしてきたが、最後に全体をまとめる意味で、そこに共通する問題点を整理して、その意義を再確認しておくことにする。

1．本法案の必要性と措置入院との関係

これは、触法患者に対する措置入院制度の改善では不十分で、新しい制度を必要とする理由は何かという点にかかわる。重大な触法患者だけを別枠にして処遇しなければならない理由は何かという形で追求された問題である。

これに対する答弁としては、措置入院制度の不備として、運用のばらつき、精神科医の責任の過剰、一般の患者と同様な処遇による医療の不十分、退院後のケアの不十分などの点をあげ、新制度のキーワードとして、国の責任、手厚い専門的な医療、医療の継続的確保という点があげられた。

しかし、重大な触法患者を別枠にするという発想の背後には、「保安」の利益が隠されており、その点は答弁の中でも、

他の患者への悪影響とか、さらに自由の制約が強化されるといった形で、「本音」が垣間見られたのである。この本音は、措置入院が重大な触法患者を放置していて危険であるという山上氏の主張の中に典型的に現れている。

ここでは、国の責任の名の下に、厚生労働省の責任がなぜ裁判所や法務省への管轄に移されるのか、手厚い専門的医療とはどこが一般の医療とは違うのか、退院後の「継続的治療の確保」がなぜ法務省所管の保護観察所の管轄とされなければならないのかといった点を、さらに追求する必要がある。

それとともに、現行の措置入院制度に不備があるとすれば、それはどこなのか、これを医療の充実と人権保障の観点から改善するための運用上、さらには制度上の改革案を積極的に提示しなければならないという課題がある。

2 司法の関与と裁判官の役割

新制度のキーワードのひとつが「司法の関与」であることは疑いなく、一般には、医療と司法の協調・協同という形で肯定されやすい側面を否定できない。したがって、本法案における「司法の関与」が、入退院の判断における「裁判所」および「裁判官」の関与と、退院後のケアにおける精神保健観察官（社会復帰調整官）の関与から成ることを踏まえて、原則的な点と、個別の問題に分けて、説得的な批判を展開する必要がある。

まず、原則的な問題として、重大な触法患者についてだけ、なぜ司法の関与が必要なのかという点が重要である。それが、真に手厚い医療の保障と社会復帰の特別な必要性にあるというのであれば、司法の関与は、医療行政の不十分さと濫用のチェックという役割を期待され得るであろうが、実際はその逆であって、保安の不備と欠如を「治療の確保」という形で補完する役割を持たざるを得ないであろうことは目に見えている。ここでも、本音は、被害者を含む国民の安全を重視する山上氏や前田氏の主張の中に現れている。

次に、個別的には、裁判官と精神科医の合議による入退院の決定のあり方についても、一方に偏ることのない適切な共同判断であり、一方が反対すれば否定されという慎重な手続が予定されているように見えるが、それは医学的な判断を越えるものであって、裁判官の「全体的で総合な判断」であるといわれるものの（坂口）、その内容は法律家の「規範的判断」であり、それは被害者を含む国民の規範意識を反映したものであるとすれば、保安に傾くことは自然の成り行きであろう。裁判官が精神科医の判断を尊重して、これをサポートするという予測は（川本）、ここでは幻想であるというほかないことを、政府側に追求すべきである。

一方、退院後の通院ケアについても、なぜ現状を無視してまで法務省所管の保護観察所による「通院強制」制度が固執されるのかという点が問題である。そもそも、通院観察という制度自体、かつての法務省の保安処分案にあった「療後観察」を思わせるが、それ以上に問題なのは、再収容の対象が仮退所者のみであったものが、本案では退院後の再収容も可能とされている点で、より拡大されているという点である。退院後の「通院強制」の正当性を、原則的な問題として、もっと追求する必要がある。

退院後の通院強制についても、なぜ重大な触法患者についてだけ必要なのかという問題がある。それは「継続的な医療の確保」のためといわれるが、「強制」の根拠は、やはり保安にしか求め得ないであろう。医療と社会復帰の困難を「通院強制」でカバーするのが目的と効果ではないのかという点を、もっと追求すべきである。

3.「再犯のおそれ」をめぐる問題

これは、本案の審議の最初から最後まで、繰り返し論じられたもので、本法案のアキレス腱となる重要な論点であった。

しかし、この問題に議論が集中し、予測が不可能であるという論調がむしろ支配的となり、さらにそれが「保安処分」を連想させるというアキレス腱を自覚した政府側は、審議の過程で、最初の答弁内容を修正してまで、この問題の鎮静化を図ったと見られる点を見逃してはならない。

まず、最初は、再犯のおそれが予測不可能であり、強行すれば多数の「偽陽性者」を生み出すおそればあるとして、政府側は不利な防戦を強いられており、予測は可能であると思うとか、諸外国では行われているというにとどまっていたが、その前提には、この「再犯のおそれ」が将来にわたるかなり長期の予測であって、現行の措置入院の「自傷他害のおそれ」のような現在の症状にもとづく比較的短期の予測とは違うという認識があったものと思われる（初期の高原氏の説明）。

ところが、いつの間にか、両者は基本的には同様な性格の予測であって、本法案では、対象が重大な触法行為に限定されたので、事前の鑑定などの資料も加えて行う、より慎重で丁寧な判断であるという説明が登場し（古田）、それ以後は、先のような短期・長期という観点からの相違点の主張は、政府側の答弁から姿を消してしまったのである。したがって、何よりもこの自己矛盾的な説明の変化とその根拠を追求しなければならない。

この新しい説明の変化がきわめて巧妙なものであることは、そのことによって、措置入院の「自傷他害のおそれ」が日常的に行われているのであれば、本案の「再犯のおそれ」も十分に可能であるという説明が可能になるからである。

したがって、問題をもとに戻して、「自傷他害のおそれ」と本法の「再犯のおそれ」との異同について、しっかりとした問題の位置づけをすることが必要である。たしかに、前者は、一般の触法患者の「他害のおそれ」であるが、後者は、重大な触法患者が重大な触法行為を行う「他害のおそれ」であって、その相違は対象者の範囲と対象となる他害行為の違いにあるという説明も論理的には可能であろう。しかし、この前提からすれば、前者の「他害のおそれ」よりも、後者の「再犯のおそれ」の方が対象者と対象行為が限定されており、時間をかけて行われるだけ、慎重になり、結果は「再犯のおそれ」が認められ難いという結果になると見るのが通常である。しかし、実際には、結果がそのようになることはおよそ考えられない。それは、本法の立法趣旨が重大な触法患者の「継続的な治療の確保」を名とする、より確実な入院と通院の確保にあることからも、むしろ自明のところであろう。政府側が適切な判断だというものの本音は、すでに山上氏や前田氏が明瞭に語っているのである。六カ月毎の確認にも、同様な考慮が働くことを前提にすれば、不定期の入院は、現在の不定期に長い入院状況に匹敵し、それを上回ることさえ、真剣に危惧されるのである。

この問題を、「再犯のおそれ」の可能性に関する観念的な水掛け論に終わらせてはならない。因みに、重大な犯罪に限定したかつての法務省の保安処分制度の骨子案にも、「再び放火等前掲の罪のいずれかに当たる行為をするおそれがあると認められる場合」として、重大犯罪の「再犯のおそれ」がはっきりと規定されていたのであって、本案の提案者には、この保安処分規定との関係にも言及する義務があるといわなければならない。この問題は、本案の性格を決定づける重要な点であって、最後まで矛を収めてはならない。

4．保安処分との関係

本案の提案者、とくに法務省は、「保安処分」という言葉を避けただけでなく、刑事手続上の処分とはしないように意識的に心掛けたという経緯が存在したことは事実である。「裁判」、「判決」という用語を避けて、「審判」、「決定」という用語を慎重に用いたのである。それは、保安処分論の再燃を懸念したからというほかに、検察官の起訴裁量の保持という考慮もあったものと思われる。

したがって、本案が保安処分ではないかという批判に対しては、周到に用意された回答があり、刑事手続上の処分でないこと、裁判官のほかに精神科医も入退院の判断に加わること、治療施設も法務省の所管ではなく厚生労働省所管の病院であること、本法は治療と社会復帰を目的としていることをあげ、保安処分とは異なるものであると、繰り返し胸を張って回答したのである（古田）。

しかし、それにもかかわらず、本案が実質的には「保安」を目的とした「隠れた保安処分」ではないのかという疑問がしばしば質問者の側から提起されたのであって、ここにも水掛け論を越えた実質的な関係があることを明らかにしておく必要がある。

第一は、法務省自身が自己矛盾に陥っているという点である。それは、平成一二年段階で法務省自身が、精神障害者の再犯率には健常者との間に有意的な差はないとし、精神障害者が適切な治療の対象でなければならず、再犯の予測は困難であるという趣旨のメモを残していたことが明らかになっているという事実である。それにもかかわらず、本案では「再犯のおそれ」が要件とされているので、そこには明らかに矛盾がある。苦しい答弁の中で、法務省は判断を修正したことを認めたものの、その理由には沈黙している。この点をさらに追求し、もとの判断に帰るよう要求すべきである。

第二は、本案には、「再犯のおそれ」以外にも、保安処分との連続性を思わせる点があるということである。それは、退院後の「保護観察所」による観察処分であり、これは、かつての保安処分案の「療養観察」に通じるものがある。本案は、「治療継続の確保」のためとされているが、その目的が「強制通院」の確保であることは明らかであり、その主体は厚生労働省所管の精神医療保健センターではなく、法務省所管の「保護観察所」でなければならないという制度的な枠組みとなっている。刑罰からの仮釈放者に対する保護観察と同じレベルで制度が構成されていることに注目すべきである。

そのほか、本法案が対象者への医療と社会復帰を目的とするとの標榜にもかかわらず、政府側の答弁の中にも、自由の制約の強さとか、他の患者への悪影響とか、社会の安全と保安につながるという発言が鎧の下から出ているのであり、その本音の部分は、参考人である山上氏と前田氏の意見の中には、よりあからさまに表現されている。

もし、真に医療と社会復帰を目指すというのであれば、まずは措置入院の制度とその運用の調査と、それにもとづいた改善案を提案すべきである。

5．指定医療機関とその処遇内容

新設されることになっている指定医療機関と精神保護観察機関がどのような構造と体制を予定しているのか、そしてそこでは具体的にどのような処遇が行われることになるのかという点が、多くの質問者から問われたのは当然であった。

しかし、この肝心の点についての政府側の答弁は、きわめてあいまいであって、形式的な制度の枠組みの大まかな説明に終始して、その内容については、今後検討して行くという無内容なものに終始した。指定医療機関が、全国で何箇所、何処にできるのか、その規模と物的・人的体制はどうなるのかという、最も基本的な部分すら、なおはっきりしていないという状況には、おそらく与党委員も驚いたに違いない。質問の中で、ようやく明らかになったのは、独立の病院ではなく、国立病院内の特別の病棟という形をとる模様であること、収容者の規模は、大体三〇〇人から四〇〇人程度であること位であって、それ以上のことは結局、これから外国の例も参照しながら検討するというものであった。

さらに、指定医療機関における治療の内容や方法については、「手厚い専門的な医療」というのみで、最初はその内容が不明であったが、質問に対する回答として、例えば個人的な精神療法では、「怒りのマネジメント」などの暴力の自制能力向上のための治療、それから重大な他害行為についての内省や被害者への共感をはぐくみ、患者に対して療養に取り組むインセンティブを与える個人・集団療法、その他患者の行動観察などがあげられた（高原）。しかし、実は、それらの療法は、外国の施設をモデルにしたものであって、人格障害者を排除するはずのわが国の対象者にふさわしい治療方法なのかという疑問が出て、精神科医からも批判を浴びることになった（中島）。治療の内容が一般の精神医療よりも異なった「特別のもの」だとすれば、それは何なのかについては、いまだ全く回答がないのである。マンパワーの充実した「濃厚な治療」であるといっても、なぜ重大な触法患者についてだけ濃厚な治療が必要なのか依然として不明である。この議論は、欧米における「人格障害者」の治療に関するものであって、これを本法案に援用したこと自体がミスリーディングだったといえよう。なぜ、重大な触法患者についてだけ、特別な医療病棟が必要なのかという点を、あらためて問いつめる必要がある。

一方、精神保健観察官（社会復帰調整官）についても、保護観察所に所属することのほかは、一人が五ないし一〇名程度の担当になるという位が質問の結果分かっただけで、コーディネーターとして期待される保護観察所が置かれている現状も、居住地に近い病院への通院の保障が本当にあるのかといった本質的な疑問もなお残されたままとなっている。

6．司法精神医学とは何か

参考人の山上氏によれば、「司法精神医学」というものが、外国では発達しているが日本では未発達なので、その人材を育成すべきことが強調され、そのことと本案の立法化とを一体化して理解すべきであるかのような論法がまかり通っているように思われる。しかし、このまやかしにも屈してはならない。

司法精神医学が一般精神医学と違うのは、司法精神医学が刑事事件ないし刑事手続にかかわる場面での精神医学であるという点にある。そこから直ちに、触法事件がすべて「司法」にかかわるという結論が出てくるわけではない。ところが、司法精神医学の充実ということが、直ちに触法患者の処遇への裁判官の関与や「保安処分」の制度につながるかのように誤解されているのである。これは、医療行政処分の「司法化」という側面であるが、そこにも司法による行政のチェックという側面と、医療行政を越える自由拘束の正当化という側面とがあり、「保安処分」はこの後者に属する。

一方、司法精神医学を刑事手続の過程での医療の保障という観点から捉える立場があり得るのであって、それは、精神鑑定の問題を含めて、手続中の医療の継続をいかに保障するのか、起訴や判決の後も、触法という壁を越えて、たとえ刑務所に収容された場合でも、なお医療の保障を優先するという立場を守ろうとするものである（中島、伊藤）。そして、このような観点からは、本法案は医療よりも保安に傾くおそれがあるとして、反対することが十分に可能なものとなるのである。

同じ司法精神医学でも、前者の立場は、危険な精神障害者の治療の確保を「司法」によって正当化し、精神医療に逃げ込む危険な患者を捕捉するという観点が優位し、手続中の患者の医療の保障という問題にはあまり関心を示すことはない。しかも、司法化を標榜しながら、デュープロセスの問題にも熱心とはいえない。精神科医が保安に傾くというのは、医療としての信頼関係からもマイナスであることは明らかである。

外国では、司法精神医学が発達しており、保安処分の制度も確立していると言われるのが常であるが、しかし欧米でも、フランスには保安処分の制度がないことも決して忘れてはならず、一九八九年当時、裁判所が患者の入退院を命令する政府の提案があったにもかかわらず、精神科医が医療への司法の介入として強く反発し、多くの議論の末に政府案は放棄されたという歴史的な経験をもっているのであり、「わが国と共通の制度的背景をもつフランスの動向は十分知る価値がある」といわれていることに注目しなければならない（中谷陽二「フランスの治療困難者病棟」刑政一一三巻一一号八二－三頁、二〇〇二年）。

7．精神医療の改善と社会的入院

本法案は、重大な他害行為を行った精神障害者に限定して、裁判所による入退院の決定と指定医療施設への収容、および退院後の保護観察所による観察を定めるものであったが、与党PT案が同時に精神医療の改善策を盛り込んでいたこともあり、一般の精神障害者の処遇との関係という観点からも、国会の審議では、精神障害者の処遇との関係という観点からも、国会の審議では、精神医療全体の改善策、とくにいわゆる「社会入院」の解消策について、ほとんど毎回にわたって多くの質問が集中する結果となった。

しかし、これは政府側にとっては、できるだけ避けたい問題であった。厚生労働省にとっては、わが国の精神医療の現状がきわめて低水準であって、問題をかかえていることは十分に認識してはいても、それが公然とした形で顕在化することは避けたかったし、苦しい答弁になることを覚悟しなければならなかったからである。

ここでは、次の三点が重要である。第一は、いまだに入院主義を脱却できない現状として、とくに三三万人の入院者のうち半数以上が二四時間隔離の閉鎖病棟に収容され、一五万人以上が五年以上も入院中であるという「現実」が国会の場で明らかにされたという点である。政府側もこの事実を否定することはできず、わが国の精神医療の不十分さを認めた上で、入院主義から地域の精神医療への「転換」を図らなければならないとして、その改善を進めるとしたのであるが、具体的な施策となると途端に腰砕けとなり、この秋に出る社会保障審議会の答申待ちという心細い対応に終始した。そこから、精神医療の改善策を全部「途上」にあるとしておきながら、なぜ重大な触法患者の対策案だけを今提案するのかという疑問が提起されたのである。これは、「車の両輪」間のアンバランスを指摘するものとして、重要であり、この批判を強めることが必要である。

第二は、欧米各国が、とくに一九七〇年代以降、入院主義からの転換を大胆に押し進めたにもかかわらず、なぜ日本だけ入院者が増加し、三三万人という世界的にも突出した過剰拘禁状態になっているのかという点が問われ、外国の諸機関からの勧告を無視してきた当局の責任が問題にされたことである。政府側は、その事実を認めながらも、その遅れは着実に是正して行きたいと述べるにとどまり、厚相はここでも社会保障審議会の結論を踏まえて新しい青写真を描きたいという逃げの姿勢に終わっている。

なお、この点については、本法案に賛成した川本参考人も、政府が民間病院を長期的に減少させるような政策をなぜとらなかったのかという点に大きな疑問があるとしていたことをあげておきたい。

第三は、社会的入院の解消という切実な問題について、政府側は終始逃げ腰であり、七万人を五年ないし一〇年間でといった、きわめて微温的な提案しか示すことができなかった点である。厚相が答申に期待したいといった社会保障審議会の中間報告の骨子案を見ても、この数字はそのまま踏襲されており、抜本的な対策はないに等しいという状況である。本法案に関しては、欧米とくにイギリスをモデルにすべきことが、政府委員のほか、山上氏や川本氏も度々指摘していたのであるが、ではなぜ、イギリスが一九七〇年代に入院患者のドラスティックな減少を実現した点を指摘し、これをモデルにするという方向を打ち出せないのかという点に、本質的な疑問がある。この点にメスを入れなければ、わが国の精神医療の改善は掛け声だおれに終わることは目に見えているのであり、この問題の具体的な解決策を求め続けるべきである。

しかも、この点は、本法案が対象者の医療と社会復帰を目的とするとしていることとの関係でも重要である。一般の精神障害者の退院が困難な状況がすでに固定している中にあって、重大な触法患者の退院と社会復帰がどうして可能となるのかという問題が、深刻に問われなければならないからである。このことは、精神医療の改善がなければ、本法案の目的も達成され得ないことを示すポイントであって、前者が後者の「前提」であることは明らかなはずである。ところが、政府側は、「車の両輪」論を用い、しかも、むしろ本法案の方に、プライオリティがあるといって憚らないのである。山上氏、前田氏、川本氏なども、まずは本法案によって重大な触法患者対策を確立するのが先決であって、それが精神医療一般の改善と底上げにインパクトを与え促進することになるというのである。

この論理の転倒した欺瞞性をこそ、徹底的に批判しなければならない。厚相でさえ、精神医療の充実が本法案の「基礎」であるとも解される答弁をしているのであるから、そして、本法案が保安でなく、医療と「社会復帰」を目的とするといわれている限り、その医療と社会復帰を現実に可能にするような「前提」をまず準備するというのが、筋の通った論理であり、しかもこれは、徐々にではなく、国際基準に到達するために、まさに早急を要するのである。

8．簡易鑑定と医療の継続

起訴前の「簡易鑑定」に問題があることについては、すでに自民党のPT案にも指摘されており、与党委員の質問の中にも出てきて、繰り返し問題になった点である。

しかし、当の検察庁も法務省も、そして法務大臣も、この問題の深刻さを回避し続け、ばらつきがあるという批判に対しては、起訴率の点ではそれほどの差はないとし、全体として指摘されるような問題はなく、適正に運用されているという形で、開き直った感じがする。新聞で報じられても、検察庁からはデータが出ないというのも異常であるが、検察側の姿勢がきわめて固く、裁量権の範囲内にあるとして譲らないのは、議員の側にも不自然な印象を与えたように思われる。

この点については、山上氏も、検察段階での振り分けを問題にし、危険な触法患者が責任と刑罰を免れて措置入院に流れるという傾向を批判していたが、中島氏が、とくに刑事手続の過程における医療の継続という観点から、簡易鑑定のばらつきが大きいとし、法務省が秘匿するのでデータへのアクセスができない点に問題があるとしている点、および伊藤氏も、簡易鑑定があいまいであって、きちんと鑑定が行われていないと批判し、しっかりした鑑定センターを作るべきだとしていることに注目すべきである。

簡易鑑定のばらつきという点だけでなく、一人の特定の鑑定人に鑑定が集中してしまったいるという現状も異常というべきであって、この点の改善策を検察庁と法務省に対して、さらに要求して行くべきである。

さらに、刑事手続の過程における医療の継続についても、現状の運用では「身柄の確保」という観点が優越して、医療の中断が起こっているという指摘が重要であるにもかかわらず（中島）、法案の提案者には、そのような問題意識がきわめて薄いという点も問題である。医療よりも保安という観点は、すでに現状の中に定着しているのであって、その批判的な分析と改善策の提起が真剣に期待されているのである。

9．賛成論と反対論の分水嶺

最後に、本法案に対する九人の参考人の意見の中から、本法案に対する賛成と反対の結論を分ける分水嶺がどこにあるのかという点を分析しておきたい。

意見の対立の根源を探って行くと、典型的な賛成論（山上、前田）の基礎にあるものが、重大な触法患者の処遇を一般の精神障害から分離して別枠にする最大の根拠として、社会の安全、一般の患者への悪影響の防止、被害者を含む国民の要請、つまり結論的には「保安」の観点を持ち出す点にあることが判明する。これは、本案の提案者が陰に潜ませながら公然とは出さないで隠そうとしている「本音」を顕在化させたものとして、その意義は大きいというべきである。その他の賛成論（仙波、川原、菱川）は、本案を精神医療全体の改善と底上げの「第一歩」として評価しようとするもので、実はこの方が、政府側にとってはソフトで都合がよいものであるが、この立場の問題性は、上記の典型的な「保安」論と対決せず、むしろそれを利用しようとするもので、より巧妙であるともいえる。

法務省が「保安処分」の轍を踏むことを避けようとしながら、「再犯のおそれ」のところで調整できなくなったのも、このジレンマの表現と見ることができよう。ともあれ、この賛成論は、精神医療の改善こそが前提であるという観点を貫くことができないという点に、本質的な限界があるといえるのであるが、とくに三三万人の入院数という事実の重みと、厚生労働省の消極的な姿勢が、本法案の「第一歩」論を色あせたものにしたことは争えない事実である。

一方、本法案に対する反対論（足立、池原、中島、伊藤）は、常に精神障害者への医療の保障という観点から出発して、まずは精神医療における入院主義と保安主義の現状の批判とその改善という点を先決とし、それを前提として本法案を見れば、重大な触法患者に対する「治療と社会復帰」という目的にもかかわらず、それが危険な精神障害者の別途処遇という形で、治療よりも保安に傾くことは必然であるとし、かつての保安処分論との連続性を読み取るものと評価してよいであろう。現在の三三万人の入院患者のうち、社会入院として七万人を一〇年間で減少させるといった程度の微温的な対策の下では、重大な触法患者の退院と社会復帰が本当にあり得るのかという疑問が出るのは当然であった。

わが国の精神医療の著しく遅れた状態が、具体的な数字によって、国会で明らかにされ、それに対する改善策がほどんど具体的な形で示されなかったことは、新しい制度の具体的な医療と社会復帰体制の危うさをも浮き彫りにすることになり、与党委員にも疑問を生じさせる結果になったものと思われる。参考人の見解を聞いたある与党委員は、この法案について、なぜ意見がかくも対立するのかという点に戸惑いを隠せなかったと述懐しているが、本法案のもつ問題性がわが国の精神医療の驚くべき現実にあったことが明らかになっただけでも、将来への糧となるであろう。

今後は、とくに現行の「措置入院制度」の調査と改善策に力をつくすべきではないかという感を深くするものである。

第二部　第一五五回国会における質疑

はしがき

「心神喪失等の状態で重大な他害行為を行った者の医療及び観察に関する法律案」（いわゆる「心神喪失者処遇法案」）は、二〇〇二年三月一五日に第一五四回国会に上程され、同年五月二八日の衆議院本会議から審議が開始されたが、同年七月三〇日の衆議院法務委員会で、次期臨時国会に継続審議となった。

臨時国会では、二〇〇二年一一月二七日の法務委員会で、急遽用意された自民党の修正案の趣旨説明が行われ、一二月六日の法務委員会で修正案が与党の多数決で可決、一二月一〇日の衆議院本会議でも可決され、参議院に送られた。一方、一二月三日の参議院本会議では、政府案と民主党案の趣旨説明がなされ、二〇〇三年の通常国会への継続審議が決定されるという異例の経過を辿った。

通常国会は、一月二〇日から始まっているが、三月末の段階でも、この法案の審議予定や今後の帰趨は未だ明らかではない。

すでに第一部では、第一五四回国会での審議経過をフォローし、その問題点を明らかにしたので、第二部では、引き続いて、第一五五回臨時国会での審議経過を、同様の方法でフォローし、審議の展開状況を明らかにしておきたい。

一　衆議院法務委員会の質疑（1）

第一五五回臨時国会では、二〇〇二年一一月二七日に衆議院法務委員会が開かれたが、そこでは、すでに第一五四回国会に提出され、継続審議になっていた内閣提出の「心神喪失等の状態で他害行為を行った者の医療及び観察に関する法律案」、および民主党の平岡秀夫氏外五名の提出にかかる「裁判所法の一部を改正する法律案」、「検察庁法の一部を改正する法律案」、および水島広子外五名の提出にかかる「精神保健福祉法の一部を改正する法律案」の各議題について、すでに前国会において趣旨説明がなされているので、これを省略することが決定された。

そして、新たに、上記の政府案に対して、塩崎恭久氏外二名から、自民党と公明党の共同提案として提出された「修正案」について、提出者からの趣旨説明が行われた。以下は、その内容である。

修正案の趣旨（塩崎委員）

第一は、本制度による入院等の要件を明確化し、本制度の目的に即した限定的なものにすることである。

本制度による処遇の対象になる者は、その精神障害を改善するために医療が必要と認められる者に限られるのであって、このような医療の必要性が中心的な要件であることを明確にするとともに、仮に医療の必要性が認められる者であっても、そのすべてを本制度による処遇の対象とするのではなく、その中でも、精神障害の改善に伴って同様の行為を行うことなく社会に復帰できるよう配慮することが必要な者だけが対象となることを明確にするため、政府案の関連する規定を修正するものである。

第二は、本制度が対象者の社会復帰のための制度であることの明確化についてである。

本制度は、対象者の社会復帰を促進することを最終的な目的とするものであり、このような制度であることをさらに明確にするため、本制度の処遇に携わる者は、対象者が円滑に社会復帰をすることができるように努めなければならないこと、審判においては、対象者の精神障害者の状態に配慮しなければならないこと、本制度による医療が、個々の対象者の精神障害の特性に応じ、かつ、その円滑な社会復帰を促進するために必要なものでなければならないこと等を明記する規定を政府案に加えるものである。

第三は、一般の精神医療等の水準の向上を図るべき責務の明確化についてである。

本制度の指定医療機関における医療が最新の司法精神医学の知見を踏まえた専門的なものでなければならないことはもとより、一般の精神医療についても、本制度による高度な医療水準を及ぼすことにより、その水準の向上を図るなど、精神保健、医療及び福祉全般の向上を図ることが重要であることから、これが政府の責務であることを明記する規定を政府案に加えるものである。

第四は、この法律の施行状況の国会報告や検討等についてである。

今回、この法律により新たな処遇制度を創設することにかんがみ、政府に対し、この法律の施行後五年を経過した場合において、この法律の規定の施行状況について国会に報告するとともに、その状況について検討を加え、必要があると認めるときは、その検討の結果に基づいて法制の整備その他の所要の措置を講ずることを求めるものである。

以上が、修正案の趣旨である。

ただし、この修正案が急遽提出されたこともあり、当日の法務委員会では、その趣旨説明だけに終わり、これに対する一般的な質疑は行われないまま、散会してしまった。なお、当日の法務委員会の会議録には、政府案や民主党案とともに、この「修正案」も掲載されているが、その内容は、政府案の第何条のどの部分をどのように修正するかという形で、修正される規定のみが掲げれるという形式がとられている。

このようにして、第一五五回の臨時国会では、政府案に対する「修正案」が登場するという新しい局面が現れたのであるが、衆議院法務委員会は何らの特別な対応を示すこともなく、修正案の趣旨説明を聞いただけで散会し、修正案を含む法案の実質的な審議は、一一月二九日の法務・厚生労働委員会連合審査会から開始されることになったのである。

しかし、民主党を含む野党側としては、第一五四回国会からの継続審議が決まった後、政府与党内で法案修正の動きがあり、最初は政府部内における「論点整理」という部分的な手直しにとどまっていたものが、突如として自民党側からの「修正案」がこれとは全く無関係に出現し、これにとって代わるという慌ただしい動きがあったことが知られていたのであるから、少なくともこの最初の法務委員会で、修正案が用意され提案されるに至った経緯について、政府側および修正案の提案者に対して、その経緯の説明を求めるべきであり、その機会と時間は十分にあったはずだと思われるのである。また、なぜこのような形での異例の修正案が急いで提案されたのかという手続的な点のほかにも、その修正案の趣旨の内容についても、その提案の理由と真意、それから政府案との相違点についても確かめておくことが必要であり、可能でもあったはずである。

おそらくは、野党側も、修正案の真意をはかりかねていたのではないかと想像される。それほど、修正案の提案は、大方の予測を超えるものであったと思われる。(1)

(1)　この修正案が「再犯のおそれ」を要件から除いたことは、社会復帰目的の強調とあいまって、民主党案に接近したのではないかという評価を生み出したことは否定できず、その後は、政府案と本質は変わらないという評価が優勢になって行くものの、そのような評価は依然として微妙に後をひいて残されているといえよう。

二　衆議院法務・厚生労働委員会連合審査会の質疑（1）

さて、二〇〇二年一一月二九日の連合審査会では、法務委員会委員長の山本有二議員を委員長として、水島広子（民主党）、山井和則（民主党）、石原健太郎（自由党）、木島日出夫（共産党）、阿部知子（社民党）の五氏が質問に立った。本来ならば、各委員の質問と回答を個別にフォローすべきであるが、紙数の関係で、個別の質疑の具体的な内容は省略し、質疑の中に現れた問題点をテーマ別に整理する形で、審議の内容と特色を指摘し、必要なコメントを加えることにしたい。

1．修正案が提出された理由

第一五四回国会後、臨時国会の直前になって、法務・厚生労働省による「論点整理」を経て、突如として、自民党の修正案が提出されるという異例の事態になったので、まずは、なぜ、すでに提出している政府案に対して「修正案」が出されるに至ったのか、その理由を確かめる質問が出されてしかるべきであった（水島）。

しかし、この点については、提案者の塩崎委員から、政府案は、とりあえず一歩前進ということで出したのであるが、議論の中で政府案に対する批判を真正面から受けとめ、直せるところは精一杯直すという形で、議員の立場から与党三党で修正することになったとした上で、今回は、とくに精神医療の底上げということを含めて、今後の課題を明確にしながら、医療と司法の間で一つの答えを出して、一歩前進すると

法案の実質的な審議は、二〇〇二年一一月二九日の法務・厚生労働委員会連合審査会として、前国会からの継続審議という形で開始された。会議に付された案件は、内閣提出の法案、民主党平岡議員外五名提出の裁判所法の一部改正案、検察庁法の一部改正案、民主党水島議員外五名提出の精神保健福祉法の一部改正案となっているが、山本委員長の説明では、これに加えて、政府案に対する塩崎議員外二名提出の修正案も議題にするとして、質疑が開始された。

ここで注意を要するのは、政府案と修正案が別個に提案されているという点であり、これは、民主党案を加えて、「各案及び修正案」という形で呼ばれているという事実である。つまり、この段階では、政府案と修正案は別個のものであって、一本化されてはいなかったということである。この点は、最終的な法案採択の方法にも影響を及ぼし、結局は、修正案のみが採択され、政府案については何らの決定もなされなかったのである。その点については、また最後に触れることにする。

いう趣旨であり、これが終わりというわけではないという包括的な答弁がなされた。一方、森山法相も、心神喪失等の状態で重大な他害行為を行った者について、必要な医療を確保し、不幸な事態を繰り返さないようにすることにより、その社会復帰を促進することが肝要であるという趣旨で政府案を提出したものであるが、政府案については、審議の中で、野党や関係団体の中に反対もあったことから、今回、与党の方で、これらの意見を踏まえた上で修正案をとりまとめ提出したものと承知していると答弁するにとどまっている。

しかし、この点に関する冒頭の水島委員の質問は、法務省側に鑑定の運用に対する反省がなく、厚生労働省側にも諸外国より四十年も遅れている医療の現状について責任を認めようとしないといった、それ自体としては理由があるとしても、政府案の評価にかかわる問題を指摘しただけで、なぜ第一五四回国会の期間中ずっと維持されてきた政府案の根幹ともいうべき「入退院の要件」が全面的に修正されるというドラスティックな変更が、突如として、しかもいったんは「論点整理」で収まるかに見えた路線まで踏み越えてなされたのかという、政府与党内での矛盾をなぜ公然と問わなかったのかという点に、根本的なスタンスの問題があったように思われる。

水島委員以外の委員も、野党委員でありながら、修正案の由来と政府案との矛盾というもっとも重要な最大の論点に触れることなく、直ぐに修正案の内容についての質問に入ってしまったのは、不可解であるというほかはない(1)。

2．入退院の要件の変更

修正案の最大の変更箇所が、入退院の要件（四二条）に関するものであり、しかもそれが政府案の部分改正というよりも、「対象行為を行うおそれ」という表現をすべて削除してしまうというドラスティックなものであっただけに、この点に質問が集中したことは、当然であった。

まず、修正案が、再犯予測の困難性を反映したものかという質問（水島）に対して、塩崎委員は、政府案の要件では、特定の犯罪行為やその行われる時期の予測といった不可能な予測を強いるという指摘があり、またこのような者の円滑な社会復帰を妨げることになる現実的かつ具体的なおそれがある場合のみならず、何となく漠然とした危険性が感じられるにすぎないようなものまでこの制度の対象になるのではないかという問題があったので、今回は表現を改め、この法律による手厚い専門的な医療を行う必要があると認められることが中心的な要件であることを明確にしたと答えている。

次に、修正案によって、政府案よりも範囲がどのように限定されるのかという質問（山井）に対しては、塩崎委員は、政府案に対する疑念や誤解を率直に認めて、表現を変え、今回、とくに要件を医療の必要性に限定することにしたので、政府案でも医療の必要性は予定されていたけれども、医療が必要な人の中でも、とくに同じような行為を行うことなく社会に復帰できるような配慮を必要とする者だけが対象になるという形で、入院等の要件を明確化し、本制度の目的に即した限定的なものにしたと答弁している。

また、修正案では、精神障害の改善、再犯の防止、社会復帰の促進の三つの目的から入院させてこの法律による医療を受けさせる必要性を判断するのだと理解してよいかという質問（木島）に対しては、塩崎委員は、もともと私どもは再犯のおそれという解釈はしていないとした上で、この法律による手厚い専門的な医療を行うことが中心的な要件であり、本法案の最大の目的が社会復帰の促進にあることから、同様の行為を行うことなく社会復帰をしてもらうことが第二の目的であると答えている。

さらに、それらの目的は、治療を受けさせるための目的であって、治療処分を決定するための要件ではないのではないかという質問（木島）に対しては、塩崎委員は、社会復帰をするためには、その行為を行ったときの精神障害を取り除かなければならないわけで、それらは医療が本当に必要なのかどうかを判断するための要件である答えている。

では、「入院をさせてこの法律による医療を受けさせる必要がある」ということのみが要件かという質問（木島）に対しては、漆原委員が、本制度による処遇の対象になる者は、その精神障害を改善するために医療が必要と認められる者に限られ、このような医療の必要性が中心的な要件であるとした上で、医療の必要性があるからといって、全部対象になるかというとそうではなく、医療の必要性のある者のうち、さらに、精神障害の改善に伴って同様の行為を行うことなく社会に復帰できるように配慮することが必要な者だけに限定したので、これは医療の必要性の要件と、その必要性の中でさらに対象行為を限定するという二つの要件があると説明した。

そして、柏熊法制局参事も、この説明を基本的に了承し、「入院をさせてこの法律による医療を受けさせる必要があると認める場合」が要件であり、その必要性の中身、内容としては、精神障害を改善するために必要である場合と、精神障害に伴って同様の行為を行うことなく社会に復帰することを促進するために必要がある場合との二つがあると理解しているとした。

以上のような質疑は、修正案の性格と、政府案との相違を検討する上で、極めて重要な示唆を含んでいることは疑いがない。しかし、結論的にいえば、これらの質疑には、決定的に欠落した部分があり、これによって修正案の性格、とくに政府案との相違が明確になったとは残念ながら言うことはできないように思われる。

その第一の原因は、政府案にあった「再び対象行為を行うおそれ」がなぜ消えたのか、それが本当に入退院の要件から消えたのかという最も肝心な点が、質問も追求もされないままに終わっているという点にある。政府案は、この要件を柱にしており、しかも再犯の予測は十分に可能であると法相も厚相も繰り返し明言していたのであるから、これを突如として帳消しにしてしまうなどということは、本来あり得ないはずのものである。

わずかに質問の中に、「同様な行為を行うことなく」というのは「再犯の防止」ということではないかという指摘があったが（木島）、これに対しても、塩崎委員は初めから再犯のおそれという解釈はしていないとした上で、同様の行為を行うことなく社会復帰をしてもらうことが本法の目的であるとし、漆原委員も、この法律による医療を受けさせる必要性を限定する趣旨であるとして、「再犯のおそれ」には全く触れないという立場を一貫させている。そして、それ以上の追求がないままに質疑は終わっている。

しかし、本法の対象者よりも軽いはずの措置入院の要件においてすら、「自傷他害のおそれ」が要件になっているのに、重大な他害行為を行った者の入院要件には「再犯のおそれ」が全く問題にならないというのは、一国の制度として均衡を失することは誰の目にも明らかである。この矛盾をついて行けば、修正案が「再犯のおそれ」を除外したことによって、重大な他害行為を行った者は強制医療の必要性があると認められることになりかねず、自由剥奪の正当化根拠も失われるのではないかという根本的な疑問を提起することも可能なはずであったように思われる。(2)

3．裁判官の役割

修正案では、新たに裁判官が法律に関する学識経験に基づきその意見を述べなければならないとされたこととの関係で、修正された入退院の要件の下で、裁判官が何をどのように判断するのかという点が問われた。

まず、この規定の新設の理由と、裁判官の意見は何に関するものかという質問（水島）に対しては、塩崎委員は、政府案に対する議論を踏まえて、裁判官と審判員のそれぞれの立場を明確にするという趣旨で規定を設けたとした上で、この法律の下での医療は強制的に人身の自由を奪うことになるので、人権上の配慮からも、司法の知見を持った裁判官が判断することが必要であると答弁した（塩崎）。

次に、純粋な医療上の判断ならば、裁判官はなぜ関与するのか、また、裁判官が人権上の配慮をするということは、再び事件を起こすということの判断はしないという意味かという質問（山井）に対しては、塩崎委員は、例えば、このまま医療を続けられる環境にあるのか、生活環境がどうかといった問題は、必ずしも医師の判断する問題ではなく、やはり司法の立場から、人権にも配慮して、プロとしての知見をもって判断するものであり、何か物事を起こすのではないかという判断ではないと思うと答えている（塩崎）。

さらに、医療の必要性という判断であれば医師だけで十分なはずなのに、わざわざこの法体系に関与する裁判官が、なぜ医療の必要性を判断するのかという質問（阿部）に対しても、塩崎委員は、人身の自由を奪うことになるので、それを判断するのに医療だけで判断することはできない要素が多々あり、それを判断するのが裁判官の役割であると答えるにとどまっている。また、生活環境とか治療の続行などの判断は、現行の措置入院でも判断しているので、ここで司法の名による強制入院であれば、今まででは再犯のおそれが出てくるはずなのに、何を司法で決めるのかという再度の質問（阿部）に対しても、新しい四二条の規定そのものを判断するとしかいいようがないといい、政府案では誤解を招いたり、危険人物というレッテルを張られるおそれがあるので、医療の必要性に限定したと繰り返し答えている。

以上の質疑の中では、最後の阿部委員の質問が本質をついており、修正案が「再犯のおそれ」を削除したのに、なお司法判断が残るというのは、全く苦しい答弁であるというほかはない。修正案の提案者は、生活環境の考慮などが医療判断を越えるものであると答えたが、なぜそれが人身の自由の制限にかかわる裁判官の司法判断の対象であるのかという論証は全くなされないままに終わっている。この点にも、修正案の根本的な問題点があるというべきである。(3)

4．指定医療機関の専門病棟

今回の法案によって新たに設けられる専門病棟の入院期間は大体どの位かという質問（山井）に対しては、塩崎委員は、不必要に長くなるのではないかという懸念からの質問だろうとした上で、医療が必要でなくなったら可及的速やかに出られるように、退院の申し立てができるようにしたが、医療が必要な間は入って頂くかもわからないという意味で、いつまでと期間を特定することは難しいと答えている。再質問に対して、坂口厚相は、現行の検察官通報による重大犯罪ケースでも半年で約五〇％が措置解除になっていることから、本制度においても、五年とか十年とか長い期間を想定しているわけではなく、原則として六カ月ごとに裁判所が入院継続の要否を確認することになっていると答弁している。しかし、それは余りにも楽天的な見通しで、外国の例を見ても「無期限の自由刑」になるおそれがあり、社会復帰は困難ではないかという質問（山井）に対しては、政府案を出した段階では明確でなかったが、今回の修正案では、病気として診た場合には社会復帰が可能と判断されるときは、社会復帰をしてもらうということになるのではないか、また今回の施設は、現在ある国公立の精神病院の病棟を改造して作るものであり、遠隔地の問題もあるので、出来る限り、各地域に建設していき、全体として九百床位のものを分散して作るよう検討していきたいと答弁している。

さらに質問者は、わが国ではとくに社会的入院が多く、そのうち七万人の解消に十年もかかるという状況の中で、犯罪で事件を起こして、手厚い医療が必要と判定されたような人が、すっと専門病棟から速やかに、半年とか一年とかで地域に帰れるという証拠や根拠があるのかと問いただした（山井）。これに対して、坂口厚労相は、具体的には何も答えることができず、長い間そこへ入れておくようなことはしてはいけないという意味で、今回修正案が出されたと思うと答えるにとどまっている。

次に、専門病棟が今までと違う特別な体制や特色はどこにあるのかという質問（石原）に対しては、上田政府参考人が、具体的な配置基準は現在検討中であるが、司法精神医学が確立し、手厚い医療を実施している諸外国の例も参考にして、平成十五年度中には適切な配置基準を定めることにしたいと答え、先程の不当に長期にわたるおそれはないかという点についても、原則として六カ月ごとに裁判所による確認があり、退院の許可申立制度もあるので、期間が不当に長期にわたることはないと答えている。

この専門病棟の配置と医療内容の問題は、第一五四回国会でも問題になったところであり、独立の病院ではなく、既存の病院内の専門病棟という形に落ちついたようであるが、通院医療ともかかわる遠隔地の問題との関連で、全国に何カ所置かれるのか、いまだ不明という状態にあることがわかる。さらに、「手厚い専門的医療」の内容に至っては、諸外国の司法精神医療機関で実施されている精神療法等（人格障害者に対するもの）を行うとしている点で、人格障害者を対象に含まないという前提とのずれは、いまだ意識されていないという問題が残されている。[4]

5．刑務所および鑑定入院期間中の医療

矯正施設内に精神障害者がかなり収容されていることは、すでに公知の事実となっているが、その精神医療をどうするのかという質問（水島）に対しては、森山法相は、刑務所や拘置所における精神医療については、刑や勾留の執行機関という枠組みの中でその医療体制を整え、近隣の医療機関の協力を得ながら、できる限りその充実に努めることが重要であるという模範答弁をしている。そこには、医療体制の貧困な現状に対する国の責任も反省も何ら語られないまま、努力目標のみが示されているにすぎない。

一方、本法による鑑定入院の二カ月の期間中に、治療がどのように確保されるのかという質問（石原）に対しては、樋渡政府参考人が、鑑定入院中には、鑑定その他医療的観察という目的を踏まえつつ、投薬その他の必要な医療が行われることになっていると答えている。しかし、現場の精神科医の

間には、鑑定期間中に、かえって病状が悪化し、治療が手遅れになるという懸念が大きいことを念頭においた特段の手当てが必要であることを指摘しておかなければならない。(5)

以上が、第一回の連合審査会における質疑の主要な内容であるが、最後に、ここでもなお、池田小学校事件の際の小泉発言の趣旨をはっきりさせるべきであるという観点からの質問が出された（山井）。しかし森山法相は、総理に伝えたといっただけで、直接に小泉総理の回答を紹介することもなく、法相による解釈を述べるにとどまり、それでは余りにも無責任ではないかという反論を招くに至ったという事実を付け加えておきたい。発言が誤解を招いたのであれば、国会の場できちんとしたコメントによって是正するというのが真摯な態度ではなかろうかという感想を抱くのが、むしろ自然であろう。

（1）　なぜ、臨時国会の直前になって修正案が出されたのかという水島委員の質問にたいしては、塩崎委員も森山法相も、修正政府案に対する批判や反対があったことを認めた上で、修正案が提出されたことを認めているが、坂口厚相の答弁には、全くそのような反省の弁は見られず、政府案に対する議論を踏まえて、与党の方から、今回、修正案が提出されたと理解しているとし、このような意見を含めて審議を頂きたいとするにとどまっている。そして、この点は、後述するように、坂口厚相が、なお政府案に執着しているように見える点とも無関係ではないように思われる。

（2）　修正案の提案者は、「再犯のおそれ」という表現を避けるために用意周到な準備で臨み、その意図は成功したかに見えるが、完璧とはいかなかった。それは、医療の必要性がない場合のほか、単に漠然とした危険性のようなものが感じられるような程度のものも除外されると述べた点にあり（塩崎、漆原）、逆にいえば、その程度以上の危険性がある場合には強制入院が認められることを示唆していることになる。つまり、政府案では「再犯のおそれ」が積極的な要件であったものが、修正案では、漠然とした程度のものは除外するという形で、消極的な要件として作用することになるとも考えられる。そうすれば、「再犯のおそれ」は事実上推定されることになり、かえって医療の名による強制を拡大するおそれも出てくることを警戒すべきであろう。

（3）　入院等の決定手続における重大な他害行為の「事実認定」の場面での裁判官の役割についてさえ、何らの言及がないというのも、不可解である。修正案の提案者は、「再犯のおそれ」を何とかして表面から消そうとしたために、社会復帰を促進するための配慮の場面に限定して、何とかそこに医療判断以外の要素を見出そうとしたのであろうが、その場合にも、自由制限の場面における人権の配慮という役割がどのように働くのか、具体的なイメージが語られているわけではない。司法判断が、他害行為の重大性と「再犯のおそれ」から完全に解放されるという保障は何もないのである。

（4）　ここでの最大の問題は、収容期間の不定期性にあるが、提案者が本当に五年とか十年とかの長期を考えていないというのであれば、少なくとも、定期とした上での更新という制度を採用すべきである。しかも、実際には、三三万人の入院患者のうち、七万人の社会入院の解消すら十年かかるという重い現実の中で、坂口厚相自身が「やってみないとわからない面もある」と認めざるをえない法案の下で、この専門病棟の入院者のみが早く退院できるという保障がどこにあるのかという疑問は深刻である。

(5)　この問題は、諸外国が刑の執行手続の過程での医療の保障とダイバージョンに傾いているのに対して、わが国の場合には、刑の執行手続の確保という枠がきわめて固く、医療がなかなかその中に入って行くことが困難であるという現状と深くかかわっている。官と民との間の格差だけでなく、官の間にも管轄による壁が高すぎるという弊害を意識的に克服しなければならない。

三　衆議院法務委員会の質疑（2）

第一五五回臨時国会における衆議院法務委員会での実質的な審議は、二〇〇二年一二月三日の午前一〇時二〇分から同一一時四二分まで、約一時間二〇分にわたって行われたが、この審議時間が比較的短かったのは、佐藤剛男（自民党）、左藤章（自民党）、福島豊（公明党）という与党側の三人の委員による質問に対する答弁のみであって、対立点がそれほど見られなかったという事情によるものと思われる。

ここでも、各質問者による質問に対する個別的な回答の部分は省略し、問題となったテーマに即して、どのような質疑が行われたかを総括し、これに必要なコメントを加えておくことにする。

1．修正案の提案理由と修正点

与党側の委員からも、修正案がとくに入退院の要件であった「再び対象行為を行うおそれ」を「同様の行為を行うことなく、社会に復帰することを促進するため、この法律による医療を受けさせる必要」に変更した理由について、質問が出された（左藤）。

これに対して、修正案の提案者である塩崎委員は、先の連合審査会で述べた通りであるとした上で、政府案の要件に対しては、例えば不可能な予測を強いるのではないかとか、あるいは漠然とした危険性のようなものを感じる人も対象にして社会から隔離しようとするのではないか、あるいは危険人物としてレッテルを張るようなことになるのではないかといったような誤解や心配があったので、今回の修正では、本人の精神障害を改善するための医療の必要性が中心的な要件であることを明確にすること、そして同時に、このような医療の内容を限定し、精神障害の改善に伴って同様の行為を行うことなく社会に復帰できるように配慮することが必要な者だけが本法の対象であることを明確にすること、つまり入院の要件を明確化するとともに、本制度の目的に即した限定するという趣旨であると答えている。

次に、通院の観察を行う「精神保健観察官」を「社会復帰調整官」に変更した理由は何かという質問（左藤）に対して、塩崎委員は、保護観察所が、今までと少し趣が違い、地域社会における今回の処遇のいわばコーディネーターとしての役割をすることになるので、これまでの観察官という言葉が、いかにも監視をしているという在来型のイメージが強かったことを考慮して、これを社会復帰調整官という名称に改めたと答えている。

また、修正案が、審判において本人の精神障害の状況に応じた配慮をすべきであるとし、また入院患者の退院の申し立て期間の制限を削除した理由は何かという質問（左藤）に対しても、塩崎委員は、精神障害者を対象とした審判を行う際には、やはりこれまで一般の犯罪等の場合とは少し違う配慮をしなければならず、最終目的が社会復帰を促進するというところにあるので、精神障害の状況に十分な配慮が必要であり、またその際には、当然人道上の配慮も含めて、人身の自由を奪うということもあるので、臨機応変に障害者の状況に応じて対処しなければならないとし、また退院の申立て期間の撤廃という点も、かつての保安処分のように入ったら出てこられないないのではないかという懸念を考慮して、正当な理由があれば、精神障害の状況が変わってもう医療の必要がなくなれば、直ちに退院の申立てができるようにした趣旨であると答えている。

以上のような質疑の状況からは、質問者が、これらの答弁とその結論を直ちに了解し、改めてその趣旨を確認することによって質疑が終わるという見事なパターンをそこに見ることができる。しかし、すでにそこには、いくつかの問題が伏在していることを看過してはならない。

第一は、政府案が「対象行為を行うおそれ」を入退院の要件にしていたのを変更した趣旨が、単なる表現上の誤解を解消するためのものなのか、それともそれを要件とすること自体が誤っていたからなのかという肝心の点には触れていないという点である。修正案の提案者は、保安処分のような懸念を避けるためということを繰り返し述べたのであるが、それは政府案が「保安処分」的な性格をもつことを認める趣旨なのであろうか。政府案自体も、このような懸念を考慮していたはずであり、それならばどこに相違があるのかという根本的な疑問は依然として残されている。

第二は、修正案が入退院の要件を明確化しただけでなく、本制度の趣旨に即して限定したといわれることの意味である。前者の点は、医療の必要性を中心的な要件とし、不明確であった「再犯のおそれ」を削除したという形で一応説明可能であるとしても、後者の「限定」は、すでに政府案自体が重大な他害行為を行った者に対象者を限定していたこととの相違がなお不明である。そのことは、政府案では対象者に含まれる者が、修正案では除外されるような場合が具体的に想定されているのであろうかという疑問につながるのである。(1)

この点で興味があるのは、福島委員の質問である。福島氏は、法案について懸念があるというのであればその懸念を払拭すべきであるとして、修正案が出されたことを評価するとしつつも、いまだに、この法案に対して、また修正案に対しても意見が分かれていることを認め、日本の精神医療の水準がまだまだ不十分ではないか、また精神障害者の福祉施策、とくに社会復帰にかかわる福祉施策の充実が必要だという点についてては大方の理解の一致があるものの、しかし、精神医療と司法がどうかかわるべきかという点については、まだまだ意見の相違があると指摘した。そして現行制度の見直しは、保安処分というような、国民に大変な心配と不安を与えるようなあり方であってはならないことは当然であるとした上で、今回の修正案が司法と精神医療との関係をどのように考えているのかを尋ねたのである。

これに対して、提案者である漆原委員は、政府案に対して、社会防衛を目的とする保安処分ではないかという観点からの議論もあったが、政府側からは、この制度が本人の社会復帰の促進を最終的な目的とするものであって、刑罰にかわる制裁を科すものではなく、草案のような保安処分とは違うという説明がなされてきたとした上で、今回の修正案は、この点に関する議論を踏まえて、本制度が本人の社会復帰の促進を目的とするものであることをさらに明確にするために、入院等の要件について、本人の社会復帰のための医療の必要性が中心的な要件であることを明確にしたものであると答えている。

以上から見る限り、修正案は、政府案が保安処分的なものであると批判される原因となっていた「再び対象行為を行うおそれ」を削除することによって、本法が本人のための医療と社会復帰を目的とするものであることを、より明確にするものであるという論理を読み取ることができる。では、「再犯のおそれ」は本当に消えたのか。本法は、本当に本人のための医療と社会復帰の促進にのみ奉仕し、被害者を含む社会の保全という利益を全く度外視することを決断したものなのかという疑問が生じる。この点が、理念的にも実践的にも論証されなければならないのである。

しかし、修正案の矛盾をつくような問題意識が、与党間の質疑の中では、全く素通りされてしまうのは、ある程度予測されるところであった(2)。

2．裁判官の関与とその趣旨

合議体への裁判官の関与については、佐藤委員が法務省に対して、なぜ法案が処遇の要否、内容を地方裁判所において裁判官と医師の合議体により決定するという制度にしたのかという理由を質問している。これに対して、増田副大臣は、この法案の最終的な目標が本人の社会復帰を促進することにあるので、その処遇の要否の判断に当たっては医学的知見が極めて重要であることは当然であるが、自由の制約や干渉を伴うものでもあるので、医学的な立場からの判断の合理性、妥当性を吟味することに加え、対象者の生活環境にかんがみ、継続的な医療が確保されるか否か、同様の行為を行うことなく社会に復帰することができるような状況にあるか否かといった、純粋な医学的判断を超える事柄をも考慮することが必要であり、裁判官と医師の両者が共同して最も適切な処遇を決定することができる仕組みとすることが重要であると答弁している。

ここで重要なことは、この段階では、すでに政府側も、「再犯のおそれ」に全く言及することなく、修正案によって変更された入退院の要件を前提として、その判断の構造に言及しているという事実である。政府側が、すぐ前の第一五四回国会では、「再犯のおそれ」は十分予測できるとしてきた自信たっぷりな答弁が、いつの間にか、すっかり影を潜めているのは、何としても不可解であるというほかはない。

さらに、裁判官の関与については、福島委員がその必要性を正面から問題にし、修正案が本人のための医療と社会復帰の促進を目的とするというのであれば、それは医療的な判断になるはずだから、そこで裁判官が関与する必要性はないのではないかと質問した。これは、修正案の本質をつくものであった。

これに対して、漆原委員は、修正案の要件に該当するかどうかについては、医学的見地からの判断が極めて重要であるが、反面、医療を強制するという人身の自由に対する制約、干渉が許されるかどうかという観点は、法的な判断であるとし、また、精神障害の改善に伴って同様の行為を行うことなく社会に復帰することを促進するため、この法律による医療が必要と認められるか否かも、法律的な判断であると述べた。そして、例えば、本人の生活環境に照らして治療の継続が確保されるかどうか、あるいは同様の行為を行うことなく社会に復帰することができるような状況にあるのかどうかといった問題については、純粋な医学的判断を超える事柄をも配慮する必要があり、この判断に当たっては、医師による医学的判断にあわせて、裁判官の有する法律に関する学識経験に基づく判断が行われる必要があると答弁している。

質疑はここまでで終わっているが、ここでは、上記の政府委員と修正案の提案者の答弁が、その趣旨において基本的に同一のものに調整されていることを伺うことができる。それは、「再犯のおそれ」を要件から外したために、医学的な判断を除くと、あとは社会復帰の促進のための配慮の必要性という、社会福祉的な性格のものにならざるを得ないという方向性と限界をもつものであった。生活環境に照らした判断などは本来社会福祉的な考慮であって、決して法的な判断とはいえないにもかかわらず、なぜそこに裁判官の法律的な判断といわれるものが介在してくるのであろうか。

答弁者は、自由に対する制約だから法的な判断がいるというが、強制入院としては、医療保護入院も措置入院も同様であって、なぜ重大な他害行為を行った場合だけが裁判所の法的判断でなければならないのか不明である。医学的な判断の吟味というものも、どのような形と方向で行われるのか不明である。まして、「継続的な医療が確保されるか」「同様の行為を行うことなく社会復帰できるような状況にあるか」といった点は、短期間の症状を基準としない限りは、「再犯のおそれ」による身柄拘束を暗黙のうちに予定したものにならざるを得ないであろう。(3)

3．指定医療機関における医療

この点については、本法案の定める指定医療機関において、「手厚い専門的な医療」を行うとされているが、その内容はどのようなことを想定しているかという質問（佐藤）が出された。

これに対して、上田政府参考人は、本制度が国の責任において行うものであり、指定医療機関において行う医療は、患者の精神障害の特質に応じ、その円滑な社会復帰を促進するために必要な医療であるとした上で、例えば、指定入院医療機関においては、厚労大臣が定める基準に基づき、医療関係者の配置を手厚くすることなどにより、医療施設や設備が十分に整った病棟において高度な技術を持つ多くのスタッフが頻繁な評価や治療を実施するものであり、また、医療費についても、患者本人が負担することなく全額が国庫負担とされており、一般の医療機関と比べ、手厚い精神医療を行うものであるとした。さらに、付則第三条一項の修正案に示されているように、本制度は、最新の司法精神医学の知見を踏まえた専門的なものであり、例えば、欧米諸国の司法精神医療機関で広く実施されている精神療法を導入するなど、高度かつ専門的な精神医療を行うことにしていると答えている。

質問者の佐藤氏は、ただいまの答弁はよく了解しましたとし、さらに人員配置基準についても質問したが、上田政府参考人は、ここでも、司法精神医学が確立し、手厚い医療を実施している諸外国の例も参照しつつ、平成十五年度中には適切な配置基準を定めることにしたいと答えている。

しかし、このようなバラ色の構想が、実際にどこまで実現されるのかという問題は一応考慮の外におくとしても、その前に、著しく低廉な水準に呻吟している一般の精神医療の水準をそのままにしておいて、なぜ重大な他害行為を行った精神障害者についてのみ、「手厚い専門的な医療」を施さなければならないのかという根本的な問題が残されている。しかも、とくに修正案は、「再犯のおそれ」の要件も削除してしまって、医療と社会復帰を目的とするというのであるから、一般の精神医療と「医療」の面で質的に区別すべきものはないはずである。「手厚い専門的な医療」の内容もはっきりせず、怒りのマネジメントといったような人格障害者や少年を対象とするようなモデルとの混同もいまだ訂正されないままに繰り返されている。

むしろ、この点で興味があるのは、質問者の一人である左藤委員が、この法案による「手厚い人員配置」に関連して、手厚い配置が必要なのは、重大な他害行為を行った者だけではなく、例えば、救急などの急性期病棟をはじめ、薬物専門治療病棟、児童思春期病棟等にも手厚い体制が必要ではないかとし、また、いわゆる自傷他害のおそれを要件とする強制入院を行う措置入院指定病院の人員配置基準をもっと高くする必要があるのではないか、そうしないと、重大な他害行為を行えば手厚い治療が受けられるけれども、それ以外は低いレベルの治療体制での治療が行われるというのは、バランスに欠けるのではないかと思うと的確に指摘している点である。

与党議員によるこのような発言は、本法案の異常な突出性を指摘したものとして、きわめて注目に値するものであったが、木村副大臣の答弁は、きわめて抽象的なもので、現時点では、新基準に対応した体制の充実に努めることが第一であるという程度にとどまり、質問に対する直接の答弁は回避されてしまっている。この矛盾をさらに追求していくことが必要であることを痛感する。(4)

4. 措置入院制度のあり方

左藤委員は、刑事司法と精神医療の運用状況という課題について、今後とも必要な検討、検証を加える必要があるとしつつ、とくに措置入院制度のあり方について、法務省と厚生労働省に質問した。

これに対して、増田副大臣は、起訴前の精神鑑定、とくに簡易鑑定のあり方については、さまざまな意見があることにかんがみ、さらに適正な運用が行われるよう、専門家の意見等を十分に踏まえつつ、捜査段階における精神鑑定の事例を集積し、精神科医等をも加えた研究会等においてこれを活用したいとし、また、検察官等にも司法精神医学の研修を充実させること、さらに刑務所や拘置所における精神医療の問題も一層の充実を図りたいと答えている。一方、木村副大臣は、現行の措置入院制度については、運用状況について地域的なばらつきが多いという問題が指摘されており、そのような問題点を改善するため、措置入院制度の現状に関する実証的な分析を踏まえ、措置入院の診断書、マニュアル等の見直し、作成、指定医の研修の改善、精神医療審査会の充実、精神病床の機能分化等に取り組むことにしたいと答弁している。

以上のような答弁は、すでに前国会でも指摘されていたところであり、起訴前鑑定や刑務所・拘置所での精神医療の問題性が度々指摘されながら、問題点の指摘のみで実証的な資料が何ら提出されない状況が依然として続いている。

むしろ、問題は、本法案が、措置入院制度の「不備」から出発したといわれながら、肝心の措置入院制度の実証的な分析が行われた形跡もなく、その改善策すら何ら具体化されないままに、本法案のみが突出して提案されているという異常さにある。しかも、その「不備」とは、重大な他害行為を行った精神障害者を十分にカバーできないのは、「医療」の不十分さとともに「保安」の不十分さにもあるという「司法精神医学者」からの指摘から出たものであることを忘れてはならない（山上）。

しかも、木村副大臣は、本法案が成立したら、本制度と精神保健福祉法に基づく医療が有機的・一体的に運用されるように、さらに一層の改善を図っていきたいというのであるから、問題は、一層深刻であるといわければならない(5)。

なお、ここで一言しておきたいのは、修正案の提案者が、政府案の提案者よりもさらに輪をかけて、「保安処分という忌まわしい言葉」（塩崎）を意識的に回避しようという姿勢を顕在化させているという点についてである。先の第一五四回国会でも、政府案が保安処分とは性格が異なると説明されてきていたのであるが、その理由は、本法案が刑事手続とは別の手続で行うもので刑事処分ではなく、治療も厚生労働省所管の病院で行われることから、社会防衛処分ではなく、適切な医療を確保して本人の社会復帰を促進することが目的であるからという点に求められていた。政府案が「再犯のおそれ」を要件としていたことは、保安処分との関連性を意識されるものであったが、それでも政府側は、「再犯の予測」は十分に可能であると繰り返し主張していたのである。しかし、修正案はあえてこの「再犯のおそれ」も削除することによって、医療による社会復帰の促進を全面に押し出すことになった。

そのことが、また新たな矛盾やジレンマを生み出すことになることについては、後述するが、ここでは、最近の立法の一般的な傾向が被害者を含む社会の安全を強調する方向に著しく傾いているにもかかわらず、なぜ本法案のみが、重大な触法患者の対策であるにもかかわらず、社会の防衛よりも本人の社会復帰の強調に傾くのかという疑問を感じるのである。もしかすると、そこには社会復帰の中に社会防衛をも包み込むような大きな秘密が隠されているのかもしれない(6)。

(1) 一方では、入院期間を不定期としておきながら、退院の申立てはいつでも可能であり、医療の必要性がなくなれば直ちに退院させるといった答弁も、にわかには信じがたいものがある。殺人等の重大な他害行為を行って、責任を問われない精神障害者を現行の措置入院制度が早く出しすぎるというのが、医療モデルの行き過ぎとして批判され、本法の立法動機となったはずであることを想起すべきである。このような立法動機自体を否定するのでない限り、修正案の提案者が、いかに「再犯のおそれ」を要件の中から消そうとしても、「同様の行為を行うことなく社会復帰を促進するため、入院をさせてこの法律による医療を受けさせる必要がある」との判断の中に、他害行為の重大性とともに同様の行為を行う将来の見込みという要素も入り込まざるを得ないことになるのではないかという疑問がつきまとうのである

(2) しかし、福島委員も、修正案が医療と社会復帰の目的を明確にするというのであれば、審判機関による処遇の判断も医療的な判断となるはずで、そこになぜ裁判官が関与するのかという問題が出て来るとし、どのような医療をするのか、そして社会復帰をどうするのかということが目的ならば、なぜ裁判官が関与する必要があるのかということについて、明確にして頂く必要があると述べている。この点は、次の質問に関連するが、与党委員にとっても、修正案の趣旨が、決して単純に自明のものとはいえないことが認識されていたことを示している。

(3) 裁判官の役割が、いかにも人権保障的に働くようにも受け取れるが、入退院の決定が、現在の入院中心主義と退院の社会的な困難性という一般的な状況の中で、入院制限や退院促進の方向に働くよりも、むしろ自由制限を正当化し、強制医療の確保による社会の安全の方向に流れることを深刻に警戒しなければならない。修正案の提案者達の主観的な願望と、この法案が現実に果たすであろう役割を混同してはならないのである。ただし、増田副大臣が、裁判官の役割として、医学的な立場からの判断の合理性、妥当性を吟味するとしている点は、裁判官のチェック機能の場面を指摘するものとして、十分な検討に値するものと評価することができよう。

(4) 新設予定の指定医療機関における「手厚い専門的な医療」の体制とその構想については、法案提出者は、きわめて能弁であって、高度の専門的な医療が保障されることを強調してやまないのであるが、その反面、現在のわが国の精神医療の入院中心主義の体制や社会入院の解消などの課題については、具体的な改善策を全く提示することができず、精神医療一般が他の先進国に比べても、また他の医療分野に比べても遅れていることは、与野党を問わず、共通の認識であることを自認せざるを得ない状態にある（塩崎）。そして、本法

案の位置づけは、とりあえず一歩前進するけれども、二段目のロケットで精神科医療全般についての底上げをしていくのだということを国民にお約束するという意味を、付則で明確にしたという程度の認識なのである（塩崎）。

(5)　そこには、肝心の入退院の要件自体について、軽い他害行為に対する措置入院が「自傷他害のおそれ」を要件とするのに対して、本法案の重大な他害行為の対象者については「再犯のおそれ」が削除されたので、これに対応する規定がなく、「同様の行為を行うことなく社会に復帰することを促進するため、入院をさせてこの法律による医療を受けさせる必要があると認めた場合」という一義的には理解し難い要件を定めた点で、対応性とバランスを欠いているほか、なぜ後者の場合だけが裁判所による決定としなければならないのかという点でも、有機的・一体的な運用を保障するには程遠いものといわなければならないのである。

(6)　それは、医療の名による自由の拘束が、ポリスパワーを越えた「パターナリズム」によって正当化されることを意味するのではなかろうか。その意味で、「入院させてこの法律による医療を受けさせる必要」とは、「医療の確保」と「通院の確保」という名による身柄拘束の必要性に通じるものがあるように思われる。本人の利益と社会復帰を促進するための不定期の入院といわれるものの「実体」を解明することが求められているといえよう。

四　衆議院法務・厚生労働委員会連合審査会の質疑（2）

二〇〇二年一二月三日の午前の法務委員会の審議に引き続いて、午後一時一分から同三時四六分までの二時間四五分にわたって、法務・厚生労働委員会連合審査会が開催されたが、ここでは、以下の五人の参考人の意見陳述と、それに対する質疑が行われた。

参考人は、松下正明（都立松沢病院院長）、南裕子（日本看護協会長）、富田三樹生（精神科医）、大塚淳子（日本精神保健福祉協会常務理事）、長野英子（全国「精神病」者集団会員）の五人である。なお、当日は、横田猛雄（法務委員会専門員）と宮武太郎（厚生労働委員会専門員）の二氏が審議に参加した。

以下では、五人の参考人の意見と質疑の個別的な内容は省略し、これらを問題点ごとに整理した上で、これに必要なコメントを加えることにする。

1．修正案に対する評価

今回の参考人は、すべてが精神医療に関連する現場の関係者や当事者であったという点で、これらの現場経験者の目から、今回の政府案、とくに修正案がどのように評価されるものであるのかという点が、まず注目をひいたのである。

この点については、まず竹下委員（自民党）から松下参考人に対して、修正案をどのように評価するのかという形で直截な質問が出た。これに対して、松下氏は、「再び対象行為を行うおそれ」ということに関しては、すでに現行の精神保健福祉法でも「自傷他害のおそれ」という言葉が使われているので、そのこと自体は余り問題にはならないとしつつ、ただ全般として読む限り、今回の修正案では、むしろ医療の必要性や社会復帰を中心に据えていることに関しては、一つの大きな進歩ではないかと答えている。

また、佐藤委員（自由党）からも、修正案が社会防衛を目的としたものでは決してなく、とくに今回は医療によって社会復帰を促進することが最大の目的であるといわれているものの、実際には社会防衛という要素が見え隠れするのではないかと思うが、とりあえず一歩前進だという評価についてはどうかという質問が出された。しかし、松下氏は、ここでも、精神医療という立場からいうと、この法案でいう対象者の精神医療は今よりははるかに進歩してくるという意味で、すごくメリットがあると考えられ、社会防衛ということはないだろうと答えている。

以上のような質疑は、五人の参考人のなかでも、松下氏のみが公然と修正案を含む政府案を積極的に評価するという点で突出していたような印象を与えたのである。ただし注意を要するのは、その松下氏も、現状では社会復帰活動が、ほとんどというと語弊があるが、大変不十分であり、受け皿の問題やマンパワーの点などで全くできていないという現状認識では他の参考人と共通しているという点である。したがって、なぜとくに松下氏のみが、法案や修正案に賛成なのかという理由をさらに検討する必要がある。(1)

この法案、とくに修正案に対するその他の参考人の評価としては、南参考人が、政府案の「再犯のおそれ」の要件について社会防衛的な役割を医療が担うものではないかと懸念していたが、修正案は社会復帰という視点を明確にし、付則によって精神医療の水準向上を規定した点で、今後の精神医療の充実の道筋を明確にするものとして評価するとしている以外には、法案に対する賛成意見は見られず、むしろ修正案によっても法案の本質は変わらないとして批判的な評価の方が多数を占めているということができる。(2)

たとえば、富田参考人は、修正案においても法案一条第一項はそのままであることが前提となっているとした上で（「同様の行為の再発の防止を図り」）、入院要件から「再び」を消したものの、「同様の」を入れたため再犯予防という実質は変わっておらず、この法律はすべてが再犯予防の目的のもとに従属して解釈しなければならないと指摘し、さらに、社会復帰という言葉も、「同様の行為を行うことなく」という限定をしたことによって、われわれが言っている社会復帰ということとは全く質の異なったものになったこと、「医療を受けさせる」という表現では、医療適応性、医療可能性は全く考えられないことになること、「この法律による医療」という内容は全く示されず、明確になっているのは再犯予防のためという一点のみであるとするなど、その批判は原則的で厳しいものであった[3]。

　また、大塚参考人も、精神医療の臨床の現場では、入院が長期化して退院が困難であるという現状の中で、地域の中で生活支援をするという形で社会復帰調整官という提案がなされているが、連携を組もうにもその体制がなく、非現実的な話だとした上で、こういう体制がない中で、今回語られている社会復帰というのは、全くイメージができない、おそらく精神保健福祉法にいう精神障害者の社会復帰とは異質のものだろうとして、今回の法案のような管理・予防拘禁的な取り組みは、まさしく逆行だと評価している[4]。

　最後に、長野参考人も、患者の立場から、修正案が対象者に医療を提供し、社会復帰を促進するのだと説明されているが、現在ですら、違法行為の前歴があった者の入院は長期化しているとし、この法案の対象者は、精神障害者で、かつ重大な事件を起こして、さらに再犯の危険があるという、三重の烙印を押され、永久にマスコミに追いかけられるであろうから、なぜ社会復帰などできるのかという疑問を深刻に訴えている。

　以上の意見や質疑の中からは、修正案の掲げた「社会復帰論」の理想と現実が、精神医療の現場でも、一定の期待を含みながらも、冷静な批判にさらされていると見ることができるであろう。

2．司法判断の関与

入退院の決定に裁判所と裁判官が関与することになるという点も、今回の法案の目玉の一つであったが、法律家ではない精神医療の専門家である参考人がこの問題をどう評価するのかという点も、注目されるところであった。

　この問題については、平岡委員からの質問に対して、松下参考人が、この問題は医療だけでは限界があり、結局は長期入院の形になってしまうので、司法にきちっと関与してもらった方がむしろ対象者にとっても幸いではないかというのが大前提であると答えており、さらに平岡委員が、裁判官は病気ではなく再犯のおそれのようなものを判断するわけだから、裁判官が入ったらもっと退院が困難になるのではないかという質問に対しても、松下氏は、例えば殺人事件があったときに、病気が良くなったら、医者としては退院させたいが、何かあったときは医者がすべて責任を負わざるを得ない状況にあるが、今回の法案で司法が退院を決定することになれば、今の状態とは全然違って、もう少し早く社会復帰できることになると答えている。同じ趣旨の答弁は、木島委員の質問に対しても繰り返されているが、この主張を支えているのは、入退院判断とその結果に対する責任と負担が医師のみにしわ寄せされている現状を司法の関与によってカバーしてほしいという医師側の現実的な要請であることが判明する。しかし、そのような主張は、入退院の決定への司法関与の問題を、退院後の責任分担の問題に矮小化するものではないのかという疑問が残るであろう。

さらに、司法関与を歓迎する松下氏は、法案のメリットが通院医療の法的な確保にまで及ぶと指摘したが、それは地域での医療、保健、福祉の充実にまで司法が関与すべきだという主張なのかという木島委員の質問に対しては、地域医療に司法を絡める趣旨では毛頭ないと答えている。しかし、ここにも保護観察所による通院の監視体制の評価という問題が残されている。(5)

一方、富田参考人は、司法が関与すれば、この人は危険かどうかの判断が裁判官に期待されることになり、結局、この法に基づく再犯予防ということが裁判官の枠組みの中で行われるということが、むしろはっきりしたのではないかと主張した。これは、修正案がいかに「再犯のおそれ」を消しても、必ず再犯予測が不可欠になるという前提からの結論であるが、この法案が再犯させないための法律であれば、この法の目的に沿って裁判が行われ、再犯が起こることはミスであるから、閉じ込める方向に必ず一〇〇％なるとし、この法案が通れば、ますます精神障害者に対してリスク管理という観点から監視する体制を作っていく、そして精神医療にそれを負わせていくということになるというのである。

このような予測は、明らかに先程の松下氏の予測とは異なるものであり、なぜ精神医療の専門家の間においてさえ、かくも根本的な評価の差が出るのかという疑問を生じさせるに十分である。修正案は、「再犯のおそれ」を要件から消去し、社会復帰の促進を前面に押し出すことによって、この問題を回避し得たかに見えたのであるが、実際には、司法関与の必要性とその役割を、より具体的な形で論証しなければならないというジレンマに立たされているといえよう。(6)

3．再犯の予測

修正案の最大の目玉は、「再び対象行為を行うおそれ」を入退院の要件等からすべて抹消し、必要な医療の確保によって社会復帰の促進のため配慮する必要性によって、これに代えるという点にあった。したがって、第一五四回国会で最大の論争問題になった「再犯の予測」に関する問題は、これによって消えるはずのものであった。しかし、実際には、修正案によって、本当に「再犯のおそれ」が消えることになったのか、新しい要件は一読して理解不可能なほど複雑かつ難解であり、とくに「再犯のおそれ」との関係が本当はどうなったのかという疑問を内在させていた。そして、そのことが修正案への評価に一定の混乱をもたらしていたのである。

この問題は、五人の参考人質疑では必ずしも正面から問われないままにとどまったが、しかし、とくに富田参考人は、あえて再犯予測の問題をとりあげて、この問題が依然として重要であることを力説している。

富田氏は、上述したように、修正案といえども、再犯予防の目的に従属し、再犯予防ということが裁判官の枠組みの中で行われることは明白であるとした上で、とくに「再犯の予測」に関して、以下のように論じている。

再犯予測とは、ある程度特徴を持った集団に対して、どのような結果がどれだけの頻度で起こるか、どれだけの期間のうちで推測し得るかという枠組みなしには論じられないものである。この法案の場合は、心神喪失、心神耗弱の重大犯罪初犯の集団に対して、重大再犯または同様の行為が再び心神喪失等の状態で、この法案では特定されていないが、長期の予測期間のうちにどれほどの頻度で行われるかということが枠組みになる。それは、その個人が再犯を犯すかどうかという問題ではなく、確率の問題である。

再犯率が七％の集団に対して、カナダのＶＲＡＧという再犯予測の方法を適用すると、犯罪を犯すであろうとされた八割は犯罪を犯さない。その程度の再犯予測であり、こんなものので拘禁されてはたまらない。精神障害者ならよいということにはならない。さらに、再犯予測のリスクファクターは、精神病や迫害妄想など、精神病理学とか精神医学的特徴には全く関係せず、むしろ、両親から若いとき分離したとか、未婚であるとか、発病前に犯罪歴があるとかの点が、予測率を高める。精神病質もリスクを高める要素であり、むしろ人口学的な問題や社会的な環境の問題が再犯率を上げることになる。したがって、心神喪失は再犯予測を低めるので、精神病質が対象にならないのであれば、再犯率は低くなるか、全くできなくなる。

これを処遇と治療の問題に関連させると、低リスクだとして出したとしても、低リスクの中にも必ず犯罪を犯す人はいるので、結果的には高リスクの人と同じ処遇をし、出してはいけないということになる。この点では先進的なイギリスでも、リスク評価をいかにするか、高めるかという問題ではなく、結局、精神科医療の底上げと充実こそが重要だというムンロという人の報告が出ている。したがって、この法案の趣旨は本末転倒である。

富田氏は、最後に、精神神経学会の理事会の見解として、再犯は予測できない、医療改革と司法改革がまず必要である、その双方の改革に基づいた上での交流が必要である、事実を情報公開して国民の前に全部明らかにしてやるべきである、という四点を提示した。

以上のような再犯予測論については、別途の検討を要するとしても、それが再犯予測の困難性と、とくにこれを精神障害者に適用することの問題性を指摘するものとして、決して無視することはできないであろう。

政府側は、第一五四回国会において、再犯の予測は可能であるとし、一部の精神医学者もこれに同調していたが、修正案がこの「再犯のおそれ」を削除したことは、この問題性を直観したからに他ならない。しかし、それにもかかわらず、再犯予測の問題が残るとすれば、問題は振り出しに戻ることになり、議論はますます混迷を深めるということになるであろう。「アキレス腱」は切除されたとはいえないのである。(7)

4. 精神医療の現状

わが国の精神医療の遅れた現状とその抜本的な改善の必要性については、すでに第一五四回国会において、政府関係者自身も認めざるを得なかったところであるが、この連合審査会の参考人は精神医療の現場の関係者であっただけに、例外なく、わが国の精神医療の現状について、きわめて厳しい評価を下している点に、改めて注目しなければならない。修正案を一歩前進として評価する松下氏でも、一般的な精神医療が他の医療から比べると非常に劣悪な状況の中で、さまざまな問題点をかかえており、そのレベルアップが非常に重要であることを強調しているのである。

五人の参考人による発言がいかに圧倒的なインパクトを持ったものであったかは、与党の委員（福島）をして、そもそも根っこのところには、日本の精神医療というものは大変問題がある、これは非常に共通した認識であると言わしめたことからもうかがうことができよう。ここでは、なぜ日本の精神医療が二一世紀に入っても、さまざまな批判が出るような状態なのかという質問（福島）に対する参考人の回答を中心として、主要な点を紹介しておくことにする。

松下氏は、今の精神医療の中で、社会的入院といわれている患者をいかに退院させるかが非常に問題なのだが、なぜそうなったのかということを考えたときに、日本の精神医療のあり方がわかるとした上で、松下氏自身が医者になった昭和三七年には、精神科の病床が十三万床位、人口は一億をちょっと切った位だったが、今は、一億三千万の人口で三十三万床。それだけ増えたということは、要するに病床が増えたので、入院患者も増えたということであり、そういう経済的な理由がかなり日本の精神医療をレベルダウンさせたと指摘する。したがって、その辺りをきちっと修正して、将来的には精神医療を入院中心ではなく地域医療中心の方向に持っていくべきだと答えている。

また、富田氏は、戦後の精神医療が、まず一九五〇年の精神衛生法から始まり、一九五八年には医療法特例が出来、一九六〇年代は高度経済成長の枠組みの中で、精神医療の中にいろいろな要素を全部入れ込んだと総括する。そして、精神病床は、経済的な観点、あるいは貧困の問題の枠組みの中で林立し、炭鉱が崩壊して行く過程で貧困が集積したところに精神病院がどんどん建って、今のような姿になった。つまり、医療プロパー、精神障害プロパーの問題では全くない形で、貧困と、簡単に言えば治安の問題がベースにあって精神病院ができたというのが現実であると分析する。

それから、そうして出来上がった精神病院の九〇％近くが民間病院であり、民間精神病院は収容主義でなければ成り立たないようになっていることを指摘する。この点を変える視点がなくて、一般的に社会復帰という言葉を述べても何もならないというのである。

一方、南氏も、地域での受け皿が不十分なままでは、法案の社会復帰は困難であることを指摘し、医療と司法よりも、医療と福祉との連携の必要性を強調している。

また、大塚氏も、精神保健福祉士の資格者が今年も二万人位生まれようとしているが、今の医療の中にすら雇ってもらう基盤がないのは、診療報酬制度の裏打ちがないからであるとし、こういう現状の中で、限られたマンパワーで退院促進に苦心しているのという実情を訴え、現在の精神障害者、とくに長期入院者の生活障害は病院が作ったといっても過言ではないとして、いきなり保護観察所といったところに名前を変えた社会復帰調整官を置くとしても、社会復帰調整官というのは言葉を唱えればできるものではないという厳しい指摘をしている。

最後に、長野氏は、この法案が成立したら対象者になったであろう方たちが、今、精神病院の閉鎖病棟の奥深く、あるいは保護室に監禁されているという発言から出発して、小泉発言の軽率性、法務省刑事局のかつての「メモ」に見られた「危険性の予測」に関する疑問点の指摘と今回の法案との関係などを指摘した後、六〇年代に精神病院をやみくもに増床し、そのまま放置した国や政府こそが精神障害の差別を作り、助長したのであり、いったん作られた隔離収容を解消することがいかに困難かを思い知らされている中で、新たな隔離収容施設を作ることは決して許されないと批判している。

これらの実態的な批判を前にしては、修正案がいかに「社会復帰の促進」という言葉を強調し乱発しても、かえって現実とのギャップを意識させることになりかねないというジレンマが生じることになるであろう。あと残された道は、今回の法案が契機となって精神医療一般の底上げに影響するという論理であるが、これが淡い期待にすぎないと思わせるほど、精神医療の現状は深刻であることを自覚すべきであろう。(8)

5．司法精神医学

この点については、中川委員からの質問に対する富田参考人の回答が注目に値する。

富田氏によれば、日本の司法精神医学は、この法案ができるまでは、司法精神鑑定をすることが大きな問題であったが、この法案が出来ると、二つの新たな課題を背負うことになる。その第一は、欧米にあるように、再犯予測をいかに精密に仕上げなければいけないかという問題であり、第二は、特別保安病棟ができるとした場合に、その中で再犯を犯させないためにどのようにするのかという形で司法精神医学の中に治療が持ち込まれるという問題である。そして、とくに第二の点で、今回の法案は、刑務所における精神医療とは全く違って、犯罪傾向をどう矯正するかということが新しく司法精神医学の大きな課題になるとし、それは矯正学ではないのかという疑問を提起するのである。

ここでは、法案が削除したはずの「再犯のおそれ」が、実は「司法精神医学」の名において行われざるを得ないという問題性のほかに、特別保安病棟における司法精神医療の実体とは一体何なのかという根本的な問題が正面から問われているのであって、ことは重大であるといわざるを得ない。

問題が、修正案の提案者が期待するように、もはや「再犯のおそれ」の問題は起こらないとか、最新の司法精神医学に基づく「手厚い専門的な医療」といった説明だけで済むようなレベルのものではないことは明らかであり、ここにも検討を要する重い課題があることを意識しなければならないのである。(9)

（1）　松下参考人は、この法案が開放化という世界の精神医療の動向に反するのではないかという平岡委員（民主党）の質問に対しても、他害行為を行った対象者はこれまでもほぼ無期限に近く閉鎖的に処遇せざるを得ない状況にあることからすれば、この法案ができると、むしろ隔離的なものがもっと開放的な方向に向かうのではないかとさえ答えている。そこには、現状に対する抜きがたい絶望感があり、せめてこの法案に期待するということなのであろうか。たしかに、重大な触法患者が別途の扱いになることによって、他の分野が若干開放的になるという論理はあり得るであろうが、それはきわめてわずかな例外であって、しかも重大な触法患者の処遇にまで社会復帰の期待を寄せるというのは、病院の管理と経営の観点を考慮したとしても、甘すぎる評価ではなかろうかという印象が深い。

（2）　南氏は、とくに地域ケアの問題を改善するためには医療と福祉の連携が不可欠であり、地域での受け皿が不十分なままでは、法案の対象者の社会復帰は困難であるとした上で、修正案がその方向を促進するならば一歩前進と評価しているのであって、他方では、法案がなぜ重大な他害行為に限定するのか、精神保健福祉法の措置入院とどう違うのか、精神科治療では犯罪に当たる行為の有無でその治療方法は変わるものではなく、むしろ薬物の効果が得られないなどの治療抵抗性や、職員や患者に対する暴力等の処遇の困難が現場では問題なのだという指摘は、法案に対する批判的な姿勢を示しているといえよう。

（3）　富田氏の批判は多岐にわたっているが、社会復帰概念の変質という点とともに、修正案のいう「医療の必要性」というものが、医療適応性、医療可能性とどのように関連するのかという点の指摘も重要である。これは、法案の対象者に「人格障害者」を含むかどうかという点にかかわる問題であるが、富田氏は、人格障害者を除外するという当局者の答弁は虚偽であって、実際にも人格障害者が明らかに不起訴になり、心神喪失、心神耗弱になっていると明言していることに注目しなければならない。

(4)　大塚氏が、精神保健福祉の専門家の経験から、地域における医療と福祉の連携という観点からすれば、法案のいう社会復帰調整官との連携というのは非現実的な提案であると評価している点は重要であり、とくに社会復帰調整官というのであれば、なぜ保護観察所に置かなければならないのか理解できないという指摘にも意味がある。社会復帰の質が全く違うという指摘は、富田氏の上記の指摘と符合するのである。

(5)　松下氏が指摘した殺人事件後の退院の判断の事例は示唆的である。松下氏によれば、医師は退院させたくても責任の負担から退院の判断を渋るが、実際に再犯の予測はできないので、別に犯罪を犯さないかもしれないということで、裁判官は退院を決断できるというのである。しかし、責任負担という点を別とすれば、果たして裁判官の方が退院判断に傾くという保障はなく、かえって逆の判断の可能性も十分に考えられる。一般的にいえば、裁判官の方が社会的責任には、より敏感ではないかと思われるからである。

(6)　ここでは、修正案を評価する松下氏も、退院の判断に当たっては、病気が良くなったという医学的な判断だけでは済まず、予測の問題が絡んでいることを認めた上で、裁判官ならば、再犯のおそれがないかもしれないという判断をする可能性があるという趣旨の主張をしている点を確認することが必要である。再犯の予測が避けて通れないのに、あえてこれを問題にしないというのは、医学的判断に純化するか、それとも、「再犯のおそれ」の存在を推定した上で、明らかに危険が感じられない場合のみ退院を認めるという実務を想定しているのではないかとも考えられるのである。

(7)　修正案の提案者は、「再犯のおそれ」を要件から削除することによって、最大の厄介な問題と思われた再犯予測の論議自体を回避できると考えたものと思われる。それが、修正案の最大のメリットだと思われたからこそ、「同様な行為を行うことなく、社会に復帰することを促進するため、入院させてこの法律による医療を受けさせる必要」という難渋きわまりない要件を編み出したものと考えられる。しかし、それでもなお、再犯予測の問題から解放されないのはなぜかという点を、より具体的に法案の適用上の問題として論じなければならない。

そして、この点で参考になるのは、修正案に賛成の松下氏ですら、現行の精神保健福祉法でも「自傷他害のおそれ」が使われているので、「再犯のおそれ」についても余り問題はないといわれ、本法案の下でも退院の判断において、司法が退院してもよいという判断をするときに、犯罪を犯さないかもしれないということがあり得るといわれている点である。その結論には異論があるとしても、「再犯のおそれ」が考慮されていることは共通の前提とされているのである。

(8)　触法精神障害者の対策を一般の精神障害者から区別して、それのみを問題にするという方向は、すでに最初の与党ＰＴ案に見られたが、その後は政府案の国会審議の中で、一般の精神医療の現状と改善策についても多くの言及がなされ、二つの問題を切り離すことが困難となったので、政府側は「車の両輪」論を用いて、双方ともに必要であるという姿勢をとるに至った。しかし、前者の触法患者対策の方がきわめて具体的であるのに対して、後者の精神医療の改善策はきわめて抽象的な努力目標にすぎないことが判明しつつあるというのが現状である。その上に、今回の修正案は、前者の触法患者対策の方も「社会復帰」の理念によって包含しようとする点に特色が見られる。しかし、かえってその性格があいまいになり、「強制医療」の正当根拠が失われるという新たなジレンマが生じることになったのである。

(9)　精神科以外の医療の場合には、刑務所における医療であっても、通常の医療と全く異なることなく、犯罪人の矯正という問題とは無縁のはずであるが、なぜ精神医療についてのみ、「司法精神医療」ということがいわれるのかという点に、問題の根源がある。医療が犯罪予防にかかわることの意味を、しっかりと再検討しなければならないのである。とくに精神障害者の「再犯の予測」が問題にされることの意味についても同様である。

五　衆議院法務・厚生労働委員会連合審査会の質疑（3）

二〇〇二年一二月四日に第三回目の連合審査会が開催されたが、これは午前一〇時三〇分から午後五時一九分まで、昼の休憩時間を除いて、正味六時間を超える実質的な質疑であった。

質問に立ったのは、山花郁夫（民主党）、金田誠一（民主党）、五島正規（民主党）、平岡秀夫（民主党）、石原健太郎（自由党）、木島日出夫（共産党）、中川智子（社民党）、阿部知子（社民党）の八氏であり、いずれも野党の委員であることから、質疑の応答には、与党委員からの場合とは異なる緊張感が存在し、質疑の時間も長くなるという傾向が見られた。

なお、当日も、森山法相、坂口厚労相のほか、増田敏男（法務副大臣）、木村義雄（厚生労働副大臣）、中野清（法務大臣政務官）、渡辺具能（厚生労働大臣政務官）、柏熊治（衆議院法制局第二部長）はじめ、政府参考人として、樋渡利秋（法務省刑事局長）、中井憲治（同矯正局長）、横田尤孝（同保護局長）、吉戒修一（同人権擁護局長）、太田俊明（厚労省職業安定局高齢・障害者雇用対策部長）、上田茂（同社会・援護局障害保

健福祉部長)、横田猛雄（法務委員会専門員)、宮武太郎（厚生労働委員会専門員）の諸氏が審議に参加していた。

以下では、これまでと同様に、個々の質疑の内容は省略し、これらを問題別に整理した上で質疑の要点をあげ、これに必要なコメントを加えることにする。

1．法案の基本的性格

政府案から修正案への変更を受けて、改めて本法案の基本的な性格について、原則的な質問がなされた（金田)。

第一は、本法案には裁判所が関与し、観察は法務省所管の保護観察所が行い、法務委員会で採決をするというのでは、太陽政策ではなく、法秩序の維持が目的なのではないか、厚生労働省の役割や管轄は何処にあるのかという問いであった。

これに対しては、本法案は法務省と厚生労働省が相談し協力して作ったもので、どちらが主管というわけではなく、むしろ両方が主管であり、対等平等であるという無難な答弁が、政府参考人からなされた。しかし、その際に両省の大臣の見過ごせない発言があったことを指摘しておく必要がある。まず、坂口厚労相は、一方において法秩序を守りながら、その再発を予防していくことも考え、その意味で、一度重大な他害行為を行った者に対して、自らの行為についての認識を高め、抑制することを促すための専門的な医療が必要であると述べて、法秩序維持の必要性と医療における責任意識の涵養の必要性に言及していた。一方、森山法相は、法案の目的が必要な医療の提供によって不幸な事態を繰り返さないように、社会復帰を図ることにあるとしつつ、入院は身体拘束であるから、人権の問題にもかかわるので、法務省もかかわるのだという認識を示していた。このような認識は、本法案に対する両省の思惑を示す意味で興味深いものがある。当局者は、本法案が社会防衛でなく、社会復帰を目的としたものであることを繰り返し強調したのであるが、そこには最初から矛盾する契機が含まれていたのである。[1]

この点は、本法案が社会防衛的な要素を色濃く残した刑事法制ではないのかという疑問として提起されたものである（金田)。同旨の質問は、本法案が社会復帰を図る法律だといわれ、その趣旨はたしかに文言上は繰り返し出てくるが、その実体は全く違う「オオカミ法案」であって、かえって新たな差別を生み出し、むしろ社会復帰を困難にするものではないか（平岡)、社会復帰を目的としてかかげているが、社会的入院の解消さえ困難な状況の中で、対象者が社会復帰できる見込みがあるのか、保護観察所の判断が慎重になり、入院期間が長期化するのではないか（石原）といった質問にも関連する。

これに対する政府側の答弁は、本法案が犯罪を行った者に対する制裁としての刑罰でもなく、社会防衛を直接の目的とする保安処分とも全く異なるものであるとするもので、重大な他害行為を行った者は、精神障害というハンディの上に、重大な他害行為を行ったという二重のハンディがあるので、一般的に手厚い専門的な医療を行う必要性が高いことを意味するとし、さらに、再び同様の行為が行われるようなことになれば、そのような事実は本人の社会復帰の重大な障害になるという形で、最後は本人の社会復帰のための医療の確保の必要性に帰着するという論理を展開した（森山）。

このような答弁は、政府案にあった「再び対象行為を行うおそれ」が保安的な解釈に流れることを避けるために、修正案がこの要件を削除し、何とか「社会復帰」目的に統一しようとした苦心の論理であるといえよう。しかし、後述するように、この趣旨に矛盾する限界があちこちに露呈することになるのである。[2]

2．対象者の限定

政府案が、対象者を、殺人、放火、強盗、強姦、強制わいせつ、傷害および傷害致死に当たる行為をした者に限定したのは、重大な他害行為をした者に不利益な処分を科すという社会防衛的な発想ではないか、そして逆に、修正案の目的が医療と社会復帰の促進にあるとすれば、対象行為についても重大な触法患者に限定する必要がないのではないかという質問がなされた（山花）。

これに対しては、重大な他害行為を行った者は、上述のように二重のハンディを負っているので、その他の精神障害者とは格段の相違があり、その社会復帰を促進するためには、より手厚い専門的な医療によって精神障害を改善することが必要であり、再び同様の行為を行えば、それが本人の社会復帰の重大な障害になるという悪循環を起こすので、とくに重大な他害行為を行った者に限って対象者にしているのだという答弁がなされている（塩崎）。

この答弁は、先の森山法相の答弁と判を押したように符合するもので、立法者は、重大な他害行為かその他の軽微な他害行為かという、前提となる触法行為の重大性の程度の差が強制入院（身柄拘束）の当否や根拠、入院期間についての判断には直接影響しないとし、その差を専ら専門的な医療の必要性とその程度、および社会復帰を促進するための配慮の必要性にかからせているように見える。しかし、他害行為を行ったかどうか、とくにそれが重大な他害行為であるかどうかによって、必要な「医療」の内容や社会復帰の必要性に変わりがあるといえるのかという本質的な疑問がつきまとうのである。[3]

3．入退院要件の変更と「再犯のおそれ」

修正案が、入退院の要件として、なぜ「再び対象行為を行うおそれ」を削除し、「同様の行為を行うことなく社会復帰を促進するためにこの法律による医療と受けさせる必要」に改めたのかという点については、この連合審査会でも質問が集中した。

修正案の「同様の行為」とは、政府案の「対象行為」よりも広いのか、修正案の「対象行為を行った際の精神障害を改善し」というのは、政府案の「心神喪失又は心神耗弱の状態の原因となった精神障害」よりも関係が緩やかになったのかという質問（山花）に対しては、いずれも同様であるとの答弁があったが、提案者自身は、解釈的に紛らわしいのは恐縮であると釈明しているのであるから（塩崎）、表現を改めるべきであろう。

「再び対象行為を行うおそれ」が削除された点については、そのような判断ができないということを前提として改めたのかという質問（平岡）に対しては、提案者は直接には答えず、再犯のおそれの予測の可否について批判が出され、政府案では不可能な予測を強いたり、漠然とした危険性も含まれかねないという問題があったので、修正案のように表現を改めたとの答弁が繰り返された（塩崎）。そして、修正案における判断基準、判断要件は何かという質問に対しても、医療の必要性に加えて、対象行為を行った際の精神障害のために同様の行為を行うことがないように配慮する必要があると認められる者に限定する趣旨であるとの回答が繰り返された。しかし、質問者はその意味が一般には理解できないものだとして、どのような精神障害の状態があればこの要件に該当するのかと再三質問したが、結局は、この法律による手厚い医療によって社会復帰が促進されるような者という以上の答弁は引き出せないままに終わっている。[4]

しかし、この問題は他の質問者によっても蒸し返された。木島氏は、「自傷他害のおそれ」も「再犯のおそれ」も、短期と長期というタイムスパンの相違ではないという政府側の答弁を確認した上で、そのような長いスパンの予測はできないという批判から「再犯のおそれ」が削除されたのかと質問したのに対して、塩崎氏は、具体的な犯罪の予測や漠然とした危険も含まれるおそれがあるという限度で、そのような予測はできないという批判も理解できると答弁した。しかし、それならば、「自傷他害のおそれ」も同様な批判にさらされて、維持できないのではないかという鋭い質問に対しては、同様な判断方法によって一定の他害行為を予測することは不可能でなく（塩崎）、そのような指摘は批判としてはとらえていない（上田）といった、やや意味不明な答弁がなされた。しかし、なぜ精神保健福祉法上の「自傷他害のおそれ」が守れて、政府原案の「再犯のおそれ」の方は壊せるのかという理由が全然わからないという質問者の疑問の方が説得的で、修正案は論理矛盾を犯しているという疑いが濃いというべきであろう。[5]

修正案のかかげた新しい要件について、目的と要件との関係を執拗に追求してきた質問者（木島）も、ここでは、治療の必要性のあることが第一の要件であり、これに伴って同様の行為を行うことなく、社会復帰をすることが第二の要件であるという形で、提案者の趣旨を理解し、この点を確認するにとどまっている。しかし問題は、そのような理解が正しいとした場合に、その要件と「再犯のおそれ」が削除されたこととの関係、およびその要件が「再犯のおそれ」に代替できるような強制入院の正当化根拠になり得るかという点をさらに追求することにあるはずである。質問者は、折角、措置入院については、「自傷他害のおそれ」がその根拠であることを指摘して、「再犯のおそれ」との対応関係を鋭く指摘しておきながら、それ以上に修正案の要件の「真意」に迫ることができなかったのは残念であるという他はない(6)。

4. 裁判官の判断

修正案が、社会復帰を促進するためにこの法律による医療が必要であると認めるかどうかを要件としたのであれば、裁判官は一体何を判断するのかという疑問が生じるのは、当然の帰結であった。この点では、政府案と修正案で同じなのか違うのかという点が問われた（山花）。

これに対して、提案者側は、例えば、身辺に適当な看護者がいるのかどうか、生活環境に照らして治療の継続が確保されているかどうか、身近に十分な看護能力を有する家族がいて、同様の行為を行うことなく、社会に復帰することができるような状況にあるかどうかというような、純粋な医療判断を超える判断を裁判官がすべきだと答えている（塩崎）。これに対して質問者は、社会復帰に必要な医療の継続の要否は医師の判断ではないかと反論したが、この肝心の点については、答弁がないままに質疑が終わってしまった。ここにも重要な問題が残されていることが判明する。

しかし、この裁判官の役割と判断の問題について、政府案と修正案とで相違があるのかという点についての提案者の答弁には、注目すべきものが含まれていた。それは、政府案では、再び対象行為を行うおそれの有無を判断することにあったので、その際には、対象者の生活環境に照らして治療の継続が確保されるか否か、それから対象行為を行いやすい状況にあるのかどうかという点を考慮するというのである（塩崎）。これを上述の修正案における裁判官の判断事項と比較すると、生活環境に照らして治療の継続が確保されているか否かの判断というところまでは共通しているが、対象行為を行いやすい状況にあるかどうかという部分（危険性の判断）は消えて、社会復帰ができるような状況にあるかどうか（社会復帰の可能性の判断）に変わっていることが分かる。しかし、重大な他害行為を行った者の入退院の判断が、他害のおそれとは全く無関係に「社会復帰の可能性」という形で行えるのかという疑問があり、この点をさらに追求する必要があるる。

提案者は、政府案と修正案では、処遇の要件が異なるけれども、裁判官は、純粋の医学的判断を超える事柄をも考慮して、法律に基づく、あるいは法律に関する学識経験に基づいた判断を行うとして、両者をまとめてしまっているが、「同様の行為を行うことなく」という点に「再犯のおそれ」との関連が見られるほか、生活環境などの考慮がどうして「法律」に基づく判断なのかという疑問も残されたままである。(7)

5. 行刑施設内の精神医療

行刑施設内に精神障害者がかなり多く収容されているという現状については、すでに周知のところとなっているが、精神障害者の社会復帰をいうなら、そこでの精神医療の改善も問題ではないかという質問が出された。

まず、法務省としてどう取り組むのかという質問（平岡）に対しては、森山法相が刑の執行機関という枠組みの中で鋭意取り組みたいと答えたにとどまったが、さらに刑事手続や少年手続との関係でそれらが本法に優先するのは医療の保障に反するのではないかという質問に対しては、本法は刑罰の代わりではないとし、措置入院との二重構造も将来は一本化したいという答弁もなされた（塩崎）。質問者の側に誤解もあったが、検察官も医療的な判断を尊重するであろうといった解釈ですむ問題でないことは明らかである。

それよりも、現在の医療刑務所の実態として、例えば北九州医療刑務所は、収容者二五七人に対して、精神科の医師は非常勤を含めてたった三人、岡崎の医療刑務所は、二二〇人に対して、精神科の医師は三人という状態であることを具体的に示して、精神病床基準の見直しをいつまでにどのような形で行うのかという質問（中川）の方が、よりインパクトがあった。しかし、これに対する政府委員の答弁は、全国の行政施設における医師の配置を指摘するのみで、まともな答弁はできず、坂口厚労相も精神病院における医師の人員配置の問題として理解し、四八対一という基準の見直しに早急に着手するという筋違いな答弁に終わってしまった。この問題については、さらに阿部氏も、刑務所の保護房内で死亡した受刑者五名の死因を問い、受刑者からの法務大臣への情願の取り扱いについても質問した。法相は、とくに名古屋刑務所で発生した事件に遺憾の意を表明し、しかるべき処置、処分をとるとは答えたが、被収容者の健康管理や病気に対する医療措置については、矯正という大きな枠組みはあるが、さらに充実し、人権を損なうことがないよう鋭意努力したいと述べるにとどまり、情願の取り扱いについては結局何のコメントもなかった。

以上の点は、本法案、とくに修正案が重大な他害行為を行った精神障害者の処遇について、盛んに「手厚い専門的な医療」の保障による「社会復帰の促進」を強調しながらも、それが一方では「措置入院」患者や一般の精神病院入院者にはそのままでは妥当せず、他方では矯正施設内の精神医療にも及ぶものでないことを再確認させることになった。なぜ、本法案だけが「社会復帰」で突出するのか、そこに秘密が隠されているように思われてならないのである。(8)

6．精神医療一般の改善

本法案と精神医療一般の改善との関係は、すでに度々論じられていたが、修正案がとくに「社会復帰」の促進を強調したので、その関連性がより強く意識されるようになったということができる。

この点については、今求められているのは「精神医療の構造改革」ではないか、まず現行の精神医療の構造改革が行われた上で、法を犯した者の処遇が医療の体系の中に位置づけられるべきではないかという質問（金田）から始まって、精神障害者を社会の中で治療できる体制を整備しない限りは、司法の介入によって施設に閉じ込めても、それは不定期の拘束になってしまうのではないか、修正案は再犯の将来予測ではなく「社会復帰」というマイルドな表現に変わっているが、現実には七万人を超す社会的入院があるという中では、社会復帰は困難であり、入院期間が長くなるのではないか、他害行為を行った者の医療処分に限定した今回の法案にかけたエネルギーを現在の精神医療全般がかかえている問題の改善に割いていけば未然に防げるのではないか（五島）、この法案の方向性は、紹介されたイタリアのバザーリア法が示唆するような、地域の協力体制を構築して行く開放医療に方向に逆行するものではないか（平岡）、精神病院内にすでに七万二千人もの社会入院患者が滞留しているという状況の中で、本法案の対象者が社会復帰できる見込みはどのくらいあるのか、入院期間の長期化は避けられないのではないか（石原）、この法案が成立することによって、少なくとも現在の非常に不十分な精神医療を一歩前進させることができるのか、地域に帰ったときの手当てがあるのか、付則第三条の中身を実行する制度的保障はあるのか（木島）、この法案は国の貧弱な精神医療をそのままにしておいて、そこから生み出された差別や偏見を今以上に拡大する悪法ではないか、患者や当事者の反対意見をどのように受けとめたのか（中川）といった内容のものであった。

この問題に対する政府案および修正案の提案者の答弁は、これまでと同様に、一般に低姿勢で、精神医療の現状への批判は十分受けとめた上で鋭意その改善に努めるので、いわば車の両輪のように、本法案と両立し、矛盾するものではないという消極的な対応に終始したというものであった。

その答弁の中から、若干の具体的なポイントをあげておくと、指定病院をつくるだけでなく、一般病院も充実させなければならず、そのためにはトータルな推進本部をつくって全体の精神医療の底上げを図って行き、その際には、医師や看護師の配置の問題や、地域の受け皿の体制つくりなどが含まれる（坂口）。入院治療だけで事足りるということではなく、退院後の治療継続、社会の受け入れ体制が重要であり、本法案では社会復帰調整官が中心となって、コーディネート役で地域での受け入れを進めるということになっている（塩崎）。高度な医療を行う今回の法案だけで終わるのではなく、二段ロケットに点火して一般医療に及ぼすことが大事である（塩崎）。諸外国に比べて精神病床数が多く、入院中心主義などの医療機関における問題があり、退院後の受け皿、社会復帰施設等、不十分な問題があることは認め、このような課題について積極的に取り組んでいく必要がある（上田）。開放治療は大変望ましいことはわかっているが、イタリアでも入院による医療がすべて放棄されているわけではなく、その必要が認められる限り、入院による医療も行われていると聞いているので、重大な他害行為を行った精神障害者に手厚い専門的な医療を統一的に行うため指定医療機関に入院させることは、現在の精神医療の方向に逆行することはない（森山）。社会復帰の見込みについては、対象者が措置入院の場合には、大体半数が半年で一応措置解除になっているが、大半はなお入院を続けており、ちゃんと退院しているのが一割という数字を見ると、なかなか難しいと感じている（塩崎）。対象者の地域社会における円滑な社会復帰を促進するためには、指定医療機関、保護観察所、地方公共団体等による取り組だけでなく、精神障害者社会復帰施設はもとより、ボランティアとして精神障害者の社会復帰を支援している個人や民間団体の協力を得ることが重要である（横田）。私たちも、正直いって、どこまでやれるのかということは大変心配であり、入所の施設整備が二五％の進捗率ということは、民間に任せてはだめだと個人的には考えている（塩崎）などの指摘がそれである。

以上の質疑のうち、とくに重要なのは、精神医療一般の改善の必要性は認められながらも、その具体的な改善策はきわめて抽象的な努力目標の域を出ない中で、まずは重大な他害行為を行った患者の特別な処遇（指定医療機関による「手厚い専門的な医療」）が提案されたために、その関連性を示すべく「車の両輪論」や「二段ロケット論」などが使われたのであるが、それでは具体的に本法案の対象者の社会復帰がどうなるのかという尋ねられると、途端に大変難しいことを自認せざるを得ないという深刻な問題状況が存在するという点である。やってみなければ分からず、担保があるかといわれれば、五年後の見直し（付則）があるというのでは、無責任さを覆い得ないものがある。(9)

7．鑑　定

鑑定の対象事項についても、政府案と修正案には相違があるが、それは、入退院の要件であった「再び対象行為を行うおそれ」が削除され「この法律による医療を受けさせる必要性」が導入されたことと対応する。

この鑑定の問題については、木島氏が、三七条で鑑定の対象とされている「精神障害の有無」と「この法律による医療を受けさせる必要性」の二つのうち、後者は鑑定事項ではなくて、法的判断の部分ではないか、さらに三七条三項に、鑑定を命じられた医師は、当該鑑定の結果に、当該対象者の病状に基づき、この法律による入院による医療の必要性に関する意見を付さなければならないと規定してあるのは、それが鑑定事項ではなく意見であることを示すものではないのかという質問をした。

しかし、これに対する答弁は的確性を欠くものであった。まず、後者が法的判断ではないのかという点については、「おっしゃる通り、まさに医療の観点からその判断をしていただくということでございます」という意味不明の答弁がなされている（漆原）。再質問がなされても、医療的観点に従ってその鑑定意見を述べてもらうという要領を得ない答弁が繰り返された。また、三七条三項の意味についても、これは「入院による医療の必要性に関する意見」であって、三七条一項の「法律による医療の必要性」とは異なるという答弁は、条項の形式的な比較に過ぎず、鑑定対象と鑑定結果に対する意見との実質的な相違や関係を説得的に論証したものとは思われず、疑問を残しながら質疑は終わっている。

そもそも、鑑定については、鑑定の対象（三七条）と、その鑑定を基礎とする入院決定の基準（四二条）が全く同じ文言規定になっているという点に根本的な問題がある。しかも、鑑定の対象が政府案から修正案に変わったにもかかわらず、鑑定の際に考慮されるべき事情（三七条二項）が全然変わっていないので、これでは、「再び対象行為を行うおそれ」から「この法律による医療を受けさせる必要性」に要件が変わっても、考慮すべき事情が何ひとつ変わらない限り、実態は変わらないということにならざるを得ないであろう。この鑑定をめぐる問題も、この法案のアキレス腱のひとつとして、さらなる批判的な検討が必要だと思われる[10]。

（1）　厚労相が「法秩序の維持」をいい、法相が医療による「社会復帰」をいうというのは、矛盾したように見えるが、実際は両者が合体したものであり、むしろ責任の押し付け合いという側面も感じられる。坂口厚労相の発言については、心神喪失者の医療に罪の認識の喚起が可能なのか、人格障害者との混同があるのではないか、また森山法相の発言については、本法案における司法関与が果たして人権のチェックとして働くという具体的な保障はあるのかという根本的な疑問がある。ここに点は、裁判官や保護観察所の役割として、後述する。

（2）　厚労相自身が、法秩序の維持や再発の予防に言及していたことについては上述したが、重大な他害行為を行った者による不幸な事態の予防に言及する際にも、決して「社会の保全」の利益とのバランスという論理を用いることなく、そのような者には、より手厚い専門的な医療を提供することによって、本人の社会復帰を図る必要が一般の患者よりも高いのだという結論に導くよう、実に慎重な論理が準備されていることに注目しなければならない。それは、「社会防衛」を表面上消したように見えるだけで、実体を覆い隠しており、「社会復帰」のスローガンの中に包含されてしまうのではないかという疑問を払拭することはできないであろう。

（3）　質疑は、それ以上には展開されていないが、これは重大な論点である。重大な他害行為を行った者は、より危険であるから入院の必要性も高く期間も長いというのがこれまでの通常の論理であった。本法案の立法者が、あえてこの論理に挑戦する意図は分かるとしても、それが成功しているかは別問題である。むしろ、「医療の必要性」という判断自体の中に、重大な触法患者に対する特別の考慮が入るので、説明の相違だけで結論には変わりがないということになるのではないかと思われる。

（4）　修正案の要件についての文言が一般的に理解困難であることは、その趣旨が質問者にも伝わらないという異常な事態を生み出している。修正案が「再犯のおそれ」を判断できないという理由で削除したのだというのも、質問者の理解にとどまるのであって、提案者によって確認されたわけではないことに注意すべきである。提案者自身の真意をただすことが重要であるにもかかわらず、提案者が常に同じことを繰り返すのみで、論議がいっこうに進まないというもどかしさを痛感する。

（5）　修正案が「再犯のおそれ」を削除することによって、措置要件としての「自傷他害のおそれ」との関係に波及することは容易に認識し得たと思われるにもかかわらず、提案者側がその関連性を認めず、自傷他害のおそれの概念を私個人としては否定しているわけではない（漆原）といった答弁がなされるのは、およそ理解し難いという印象を拭い得ないものがある。そのことは、「再犯のおそれ」が本当に削除されたと理解してよいのかという疑問を誘発することになるのである。

（6）　質問者は、修正案の入院要件の複雑な文言に幻惑され、提案者によるその説明を正しく理解し得ていないように思われる。「再犯のおそれ」にかかわるのは「同様の行為を行うことなく」という文言であるが、その関連性も追求されていないのは、明らかに不十分である。質問者は、入院が必要だから入院させますというだけでは、全然基準を示していないではないかと迫っているが（平岡）、提案者の方は、「今回のこの法律の医療が必要だと思われる場合に必要だといっているわけです」（塩崎）と答えるだけで、それ以上は進まないのである。「再犯のおそれ」が落ちたら何が残るのか、それは、この法律による医療の必要性であって、ではその必要性を示すものは何かということが問われなければならないのに、提案者にはそれを示すことができず、示す意思もないというのが現状であるといってよいであろう。

（7）　入退院の要件に「再犯のおそれ」が入れば裁判官の判断は社会防衛に向かうが、「社会復帰の考慮」となれば社会福祉の方向に向かうという単純な関係ではない。むしろ、裁判官の法的な判断は、法秩序の維持か人権保障かという規範的な性格のものであり、この緊張関係を「社会復帰目的」の中に包括してしまうことはできないというべきである。それが医療による社会福祉的な役割であれば、医師と社会福祉関係者によって果たされるはずであり、裁判官の出番はない。裁判官の真の役割は、自由の拘束による社会保全の機能か、精神医療自体の濫用に対するチェックの機能かという点にあり、しかも前者が優越しやすいという傾向をいかに抑制するのかということが課題であると理解すべきであろう。

(8)　修正案の提案者（塩崎）は、上述したように、本制度と措置入院の制度との二重構造を将来は一本化したいと述べていたが、その場合には、「社会復帰」目的による統合という形で、「自傷他害のおそれ」も措置要件から削除されることを意味するのであろうか。しかし、現実はまさにその逆であって、措置入院、重大他害行為者入院、医療刑務所収容という三重構造は、医療から保安への段階的な移行を意味するのであって、現実にも、イギリスに見られるような「医療へのダイバージョン」の方向ではなく、他害行為や危険性に応じた「保安への流れ」がわが国では定着しているように思われる。刑務所から病院へという流れはなく、刑務所の医療の改善も進まないのが現実である。

(9)　政府側の答弁では、地域医療の充実について多くの目標設定を行い、対象者の社会復帰の促進に努めると繰り返し主張されており、その際、地域住民の差別や偏見を取り除き、その理解と協力を得ることが重要であることが指摘されているが、それがいかに困難な課題であるのかという点についての認識が十分あるとは思われない。それは、患者や当事者の反対意見を聞いたのかという中川氏の質問に対して、森山法相が、いろいろな方がいろいろなご意見をお持ちだということを知っていると答えるにとどまっていることにもあらわれている。官の側の体制をいかに整備しても、決定的な限界があることは、とくにこの問題では顕著であるといえよう。

(10)　簡易鑑定のずさんさをめぐる問題についても、質問がなされたが、具体的な改善策は何ら提示されないままに終わっている。三七条二項が、鑑定の際の考慮事項として「精神障害の類型、過去の病歴、現在及び対象行為を行った当時の病状、治療状況、病状及び治療状況から予測される将来の症状、対象行為の内容、過去の他害行為の有無及び内容並びに当該対象者の性格」と規定されたのは、同条一項が前提としていた「再び対象行為を行うおそれ」の有無の判断に対応していたはずであって、この要件を削除したことによって、鑑定と鑑定に基づく入院の判断のどこがどのように変わるのかという肝心な点の説明も論証も全くなされていないのである。

六　衆議院法務委員会の質疑（3）

二〇〇二年一二月六日に、第二回目の法務委員会が開催されたが、昼の休憩中の理事会で、この法務委員会後に採決することが委員長の職権で決められるという緊張した状況の中で、結果的には、この法務委員会の審議が衆議院における最終審議になってしまった。審議は、午前一〇時半から、昼の休憩をはさんで、正味六時間足らずの間、継続したが、その間与党議員の出席状況が悪いため定員不足が問題になって審議が中断するという事態があり、空席や居眠りの中で重大な法案の採決が行われるという「審議の形骸化」現象が見られたことを指摘しておかなければならない。これは重大な問題であって、後にも触れることにする。

当日、質問に立ったのは、金田誠一（民主党）、山井和則（民主党）、水島広子（民主党）、平岡秀夫（民主党）、木島日出夫（共産党）、阿部知子（社民党）、植田至紀（社民党）の七氏であり、いずれも野党議員として、法案反対の立場から質問を展開した。そして、これに対しては、森山法相、坂口厚労相のほか、修正案の提案者である塩崎恭久（自民党）、漆原良夫（公明党）、それに政府参考人の樋渡利秋（法務省刑事局長）、上田茂（厚労省社会・援護局障害保健福祉部長）などが答弁に立ったほか、増田敏男（法務副大臣）、木村義雄（厚生労働副大臣）、中野清（法務大臣政務官）、柏熊治（衆議院法制局第二部長）、横田尤孝（法務省保護局長）、吉戒修一（法務省人権擁護局長）、太田俊明（厚労省職業安定虚幾高齢・障害者雇用対策部長）、横田猛雄（法務委員会専門員）の諸氏が審議に参加した。

以下では、これまでと同様に、個々の質疑の内容は省略し、これらを問題別に整理した上で、質疑の要点をあげ、必要なコメントを加えることにする。

1. 入退院の要件の変更

修正案に関しては、何よりも「心神喪失又は心神耗弱の原因となった精神障害のために再び対象行為を行うおそれ」が削除されて、「同様の行為を行うことなく、社会復帰を促進するため、入院させてこの法律による医療を受けさせる必要」に変更された点が、最大の問題として繰り返し質疑の対象になった。

この法務委員会でも、まず金田氏は、四二条にかかる修正案の意味を問い、言葉上は要件が修正されたが、政府案と比べて、どこがどのように異なるのか、狭くなるのか広くなるのかという形で質問した。これに対して、修正案の提案者は、これまでの答弁を繰り返す中で、治療可能性がなく、単に漠然とした危険性だけでは該当しないという点で、修正案の方が政府案よりも範囲が少し狭くなったとし（塩崎）、さらに政府案では再び対象行為を行うおそれがあると考えられる場合でも、修正案では十分に看護者がいるなど、その生活環境等にかんがみて社会復帰の妨げにならないと認められる場合は除かれるという意味で限定されているという答弁がなされた（漆原）。

しかし、果たして政府案が、「再び対象行為を行うおそれ」をそのように広く解していたのかという点に問題があり、生活環境の考慮は政府案にも存在していたのであるから、修正案の方が狭いと一般的にいうことには無理がある。かえって、「この法律による医療の必要性」の判断の方が、より包括的で無限定であるともいえるのである。

そこで、平岡氏は、修正案の基準が果たして明確かを問い、自傷他害のおそれとの関係はどうなるのか、精神障害のうちどのような症状があれば認められるのかを決める基準は何か、さらに三七条の鑑定の基準について、二項が定める考慮すべき事項が全く変わっていないのに、一項の要件を変えても実質は変わらず、修正案も暗黙のうちに再犯のおそれを推測して判断しているのではないか、生活環境のいかんで判断が変わるというのなら、看護体制のある裕福な者が優遇されるという意味で差別ではないのか、治療可能性のない者が除かれるとしたら、何年も入院した後で治る見込みのない者も退院させることになるのかといった点を問いただした。これらの質問に対しては、自傷他害のおそれのないような者は社会復帰の観点からの配慮は要らないので除かれる（塩崎）、修正案では、治療可能な精神障害を有する者という要件の上に、同様の行為を行うことなく社会に復帰することを促進するという意味からも必要かという要件が加わるとし、精神障害が治療可能なものでなければ前者の要件が、同様の症状が再発する可能性がなければ後者の要件がなく、除外される（塩崎）、対象者の生活環境によって通院になるという可能性もあり得る（塩崎）、いったん入院した後で治療可能性がないという形で出てくるということはない（塩崎）といった答弁がなされた。

これらの答弁のうち、自傷他害のおそれとの関連は「再犯のおそれ」につながる危険があるので巧みに回避されており、二つの要件のうちの後者の「同様の行為を行うことなく」との関係も、同様の「症状の再発」という形で処理され、「再犯のおそれ」に関連しないように慎重な配慮がなされているように思われる。しかし、三七条の鑑定に関する「考慮事項」が政府案と修正案と同一であるから「再犯のおそれ」が修正案にも含まれているはずだという鋭い質問には、結局、何らの答弁もなされないままに終わっている。(1)

2．運用のシュミレーション

修正案の提案者が、政府案よりも要件が限定的で明確であるという抽象的な答弁を繰り返したので、金田氏は、かねてからの質問を踏まえて、これを対象者の予定数を含む具体的な処遇の過程としてシュミレーションによって示すべきであると迫った。具体的には、過去のデータから対象者は年間約四百名となるが、そのうち入院と決定される者はどの程度あると想定されるのかとの質問が出されたが、政府参考人は、裁判所が決める将来のことについて確定的なことはいえないとしつつ、現在の措置入院率が六四・五％であることから、それが一つの参考になるであろうと答えた（上田）。しかし、金田氏は、本法案の下での状況を予測するためにも、現在の措置入院制度の下で措置入院になった状況、退院後の状況を示す資料の提出を要求したところ、刑事事件の記録しかないという答弁に終わったので、金田氏は、これほど重要な法案の審議に際して、過去の事例、措置入院後の医療や退院の状況などがきちんとフォローされていないのは問題ではないか、データに基づくシュミレーションをするのが当然ではないかと主張してゆずらなかった。そして、坂口厚労相も、措置入院の経過はわかるはずだから、法務省と相談したいと答弁した。

この問題は、次の山井氏が引き継いで、この法案では、どれくらいで社会復帰ができるのか、どのような者が入院するのか、一般医療、地域ケアシステムとの関係、人員配置などをどうするのか、具体的なプランを明示されたいと質問した。修正案にいう「医療の必要性」がある者というだけでは全く分からないので、例えば現在の措置入院者との関係で、対象者の数を概数でもよいから示せないか、措置入院の解除と比べて社会復帰にどの位かかるのか、通院後の社会復帰の経過についてモデルコースを示すべきではないかというのが質問の要点であった。これらの質問に対しても、将来のことは明確にはいえないという答弁にとどまったが、しかしいくつかの点をあげておくと、本法案の入院者は措置入院数よりも少ない（坂口）、過去のデータからすれば入院期間はそんなに長くならない（坂口）、みずからを制御することが促すという意味で、一般の精神科の治療とは異なる（坂口）、手厚く高度な医療を施すということは、社会復帰が早くなると思う（坂口）、指定病院から出す以上、普通の病院へというのではなく、通院患者としてその地域社会へ復帰するようにしないといけない（坂口）というのである。

以上の質疑からは、将来の予測の前提となるべき現状の調査が、現行の措置入院についてさえ、入院者のその後の処遇の実態をフォローするデータが提出されていないという無責任な対応に驚きを禁じえないものがある。さらに、措置入院からの退院よりも、本法案による指定病院からの退院の方が早くなるという根拠がどこにあるのかも極めて疑わしく、むしろより長期に及ぶ隔離のおそれが警戒されているのである。「手厚い専門的な医療」は魔法の杖なのであろうか。[2]

3．裁判官の役割

修正案が、再犯のおそれでなく、治療の必要性を要件にしたことから、それでは裁判官の役割は何かのかということが、繰り返し問われることになり、この法務委員会でも、治療の必要性の判断における生活環境の考慮といわれるものの具体的な内容は何かという質問が出された（水島）。これに対して、森山法相は、医療を強制するという人身の自由に対する制約、干渉が許されるか否かという法的判断も重要であり、また生活環境に照らして治療の継続が確保されるか否かという、純粋な医学的判断を超える事柄をも考慮することが必要であるという二面があると答弁した。

しかし、水島氏はさらに、生活環境の調整はソーシャルワーカー的な仕事で、裁判官でなければできないことなのか、裁判官の関与を考えなくても、鑑定の適正化と医療の質の向上という改善で十分なのではないかと質問した。ところが、これに対して、坂口厚労相は、医師だけでなかなか結論を出すのが重いというのは、医師は医学的な判断にとどまり、それ以外の犯罪に対する判断を加えて総合的に判断するために裁判官の関与が必要になるとし、ここでは一般の精神疾患ではなく、他害行為を行って、再犯のおそれがあるかどうかということの判断をするときの話であり、それが政府案の趣旨であると明言するに至った。裁判官には生活環境の調整まではできないし、行うべきでもないというのである。

そこで、水島氏はさらに、バサリア法では精神科医が入院の必要性を診断した後に裁判官が事後チェックをするという仕組みになっているとした後に、修正案では裁判官の役割はどうなるのかと質問した。これに対して、塩崎氏は、医療だけの判断では負担がかかり過ぎるので、司法と医療のバランスから、双方が合議体として協力して総合的な判断をするものだというように、再び話を元に戻してしまった。

以上の質疑の中で重要なのは、坂口厚労相自身が、修正案が提案される段階に至っても、なお再犯のおそれを要件とした政府案に依拠して、裁判官の役割（危険性判断）を考えているということ、そして他方、森山法相は、裁判官の役割が人権保障と生活環境の考慮にあるとしながら、とくに人権によるチェック機能が実際にどのような場面でどのように働くのかという点については全く言及しないままに終わっているという点である。したがって、結論的には、司法と医療のバランス論と協力による総合的な判断という形におさまってしまい、肝心の点は、依然として不明確なままにおかれている。その根源はどこにあるのか、真剣に再検討することが必要である。[3]

4. 簡易鑑定

現行の措置入院の手続の中で行われている検察段階での「簡易鑑定」の問題性については、これまでにも指摘されていたが、木島氏が再度とりあげて質問した。その趣旨は、平成一二年度の精神鑑定数のうち本鑑定はわずか六・八％で、九三・二％の圧倒的多数が簡易鑑定であり、しかもその現状は、きわめて短時間、しかも精神科医が行うとは限らず、嘱託医によって行われているという状態は、簡易鑑定のずさんさのあらわれではないかというものであった。

これに対して、法務省刑事局長は、簡易鑑定についてはいろいろの批判があることは十分に承知しているので、法務当局としても、一層その適正な運用を図り、不十分な鑑定に基づいて安易な処理が行われているとの批判を決して招くことがないようにする必要があると考えているとの形式的な答弁に終わっていて、改善のための具体策はここでも全く出されないという閉塞状況が続いている。

たしかに、本鑑定か簡易鑑定かという質問には問題があり、鑑定留置という不利益処分との関係も考慮しなければならないであろうが、それにしても、この問題が完全に検察庁の裁量に委ねられており、法務省はその資料も公表しないという秘密主義の壁を破る方法を考えなければ、議論は一歩も進まないという感じがする。

しかも、この制度は、措置入院についてだけでなく、今回の法案の下でも同様に機能することが予定されているのであるから、まずは簡易鑑定の「実情」の調査と具体的な改善策を要請しなければならない(4)。

5. 退院と社会復帰の見通し

山井氏は、本法案の専門病棟に入院した対象者が一体どのくらいで退院し、社会復帰ができるのか、そのモデルコースと目標を提示するよう求める発言をした。それは、専門病棟を退院しても、通院措置になる者と、また新たな病院に医療保護入院や任意入院になる者があり、ほかの病院に入院するようなら、社会復帰したことにはならないのではないかという問題意識からであった。

これに対して、坂口厚労相は、一般に何年ということはいえないとしつつ、しかし措置入院された者の過去のデータが大きな目安になるとして、そんなに長くここにとどめるべきではなく、手厚く高度な精神医療を施すということは、社会復帰が早くなると思うと答えている。そして、指定病院の退院後、一般の精神病院に移すという考え方ではなく、多数は通院になるという認識を示すことになった。

しかし、同時に厚労相自身も、現在、いわゆる「社会的入院」ということも問題になっているので、出来る限り地域で受け入れるよう、全体のレベルアップを図っていく必要があることも認めているが、この点は、さらに精神医療の現状として、別に問題にする。

この専門病棟からの退院の可能性の問題について、山井氏は、それ以上追求しなかったが、そもそも問題を措置入院のデータから推測するというアプローチに問題があるというべきであろう。重大な他害行為を行った精神障害者に対する特別な処遇の必要性は、現在の措置入院では症状の改善を理由に早く退院させ過ぎるという批判から出たものであることを考えれば、措置入院のデータが大きな目安になるという認識には問題があるといわなければならないはずである。むしろ、実際には、他害行為の重大性に比例する形で、「医療を確保する必要性」が長期に及ぶおそれを真剣に危惧しなければならないのである。

また、社会的入院を多くかかえ、その解消の見通しすら望み薄という厳しい現実の中で、手厚い専門的な医療を施された者が、あたかも優遇されて通院や退院が早くなるというような状況を考えることは幻想ではあるまいか。質問も回答も、ともに甘いという印象を拭い得ないものがある。(5)

6．精神医療の現状

修正案は、政府案よりも医療と社会復帰に力点を置いたものであることを示すために、「再犯のおそれ」を「医療の必要性」に変更したほか、精神保健監察官を「社会復帰調整官」に変更し、審判における精神状態の考慮をあげ、入退院の申立期間の制限を排除したほか、とくに「付則」の形で、「精神医療等の水準の向上」を図るという宣言規定まで導入したのであるが、それはかえって本法案の土台となるべきわが国の精神医療全般の現状と見通しについて批判的な質問を誘発することになった。

すでに紹介したように、山井氏は退院後の地域医療の受け皿の貧困さを指摘していたが、一〇年で社会的入院七万二千人を減らすというような大まかなことではなく、毎年何人づつ減らすのかという年次計画を立てるべきではないかと質問している。しかし、これに対しても坂口厚労相は、対策本部を作ってできるだけ早く、少なくとも七年計画位は立てたいというだけで、質問が要求した一〇年後の社会入院ゼロ宣言は気持ちの問題として受けとめるという程度にとどまっている。(6)

一方、木島氏は、欧米に比べてわが国の精神医療の特徴が入院中心的医療にあるとして、そのデータをあげた後、今まさに地域医療への転換が求められているのではないか、そのような根本的な転換ができないのはなぜかという質問を提起した。しかし、坂口厚労相は、あげられた資料は指摘の通りであるとしつつ、地域の受け皿がないことも要因であり、人材の養成、精神科の医師やソーシャルワーカー等の不足の解消など改善に取り組まなければならないという努力目標をあげるにとどまっている。質問者は、付則の「精神医療等の水準の向上」が一歩前進であると評価しつつも、肝心の診療報酬や人員配置の基準の見直しなど、肝心の中身は何ら具体化されていないので、何ら実効性のある担保措置がないと批判したが、修正案の提案者（塩崎）も、今後の精神保健、医療、福祉の新しいスキームをどうするのか議論する中でこれを確実に実現していかなければならないとした上で、今回の法案の社会復帰調整官はそのひとつの前進だと評価してもらいたいというにとどまっている。本法案による入院体制の強化はあっても、地域医療の推進はすべて今後の課題であるというのでは、車の両輪論としてさえ、あまりにもバランスを失するのではないかという印象が残る。

阿部氏も、地域精神医療の貧困さに触れた後、看護師配置基準の改定に関する最近の医療法改正の際に、民間病院は暫定的に五年間据え置くという特例を「日本精神科病院協会」が主張するという「抵抗勢力」が依然として強いようでは、社会的入院の解消もおぼつかないのではないかという、なまなましい現実を明らかにしたのであるが、政府側はこの問題に直接かかわる答弁をしないままに終わっている。

一方、植田氏も、厚生労働省の地域精神保健福祉対策事業に関連して、要綱は出ているけれども、より具体的なレベルで、人権教育のための講演会の回数と参加人員、広報誌の発行状況などを把握しているのかを問い、具体的には掌握していないという厚生省の役人の答弁を引き出した上で、そんなことで地域に手を差しのべるというようなことが本当にできるのか、社会復帰を促進しますとどんなに言ってても、そうした社会復帰を妨げるような差別、偏見の厳しさという現実を認識すべきではないか、そして、今回の修正案が社会復帰を促進するための社会的条件を向上させていくことについて、どの修正部分がそれに当たるのかというきびしい質問を提起した。しかし、修正案の提案者は、今回の修正がこれに答えるものであって、とくに付則の中にその趣旨があらわれていると答弁するにとどまり、不十分なことを自認せざるを得なかったのである(7)。

7．補償の問題

最後に、平岡氏が、仮に入院決定の判断に際して、入院・通院の必要がないという決定がなされたときは、対象者に対して、鑑定入院等で拘束されたことについての補償は受けられるのかという問題を提起したことをあげておく必要がある。それは、国が行う強制入院手続のための身柄拘束について、判断に誤りがあった場合に、何らの補償がなされないのは不当ではないかという趣旨である。

しかし、この質問に対して、森山法相は、刑事補償が刑事手続で無罪の確定裁判を受けた場合の自由拘束に対して適用されるもので、不利益な処分を行うために行った公権力による自由拘束に根拠があるのに対して、本法案の鑑定入院は適切な医療を行うことによって社会復帰を促進することを最終的な目的とするものであるから、本人の利益となる面をも有するものであるからという理由で、補償の適用はないと答弁して譲らなかった。刑事局長は、裁判手続の費用の補償についても、同様に適用がないとした。

　これで、質疑は終わっているが、実は少年法には、「少年の保護事件に係る補償に関する法律」（平成四年）が存在することが全く言及されていない点で、質疑はなお不十分であることを指摘しておく必要がある。これは、刑事手続ではなく、本人に利益となる側面を有する場合にも、なお補償を拡大した現行法であるから、本法案は少年法とも質的に異なるものであることを立証しない限り、補償の問題を頭から否定することはできないはずである。これは、法案の性格にもかかわる重要な論点として残されていることを指摘しておきたい[8][9]。

（1）　修正案の提案者は、「再び対象行為を行うおそれ」を削除したので、「自傷他害のおそれ」との関係をどうすべきかという問題に当面したはずであったが、措置入院は今のまま認めるというのであるから、論理の一貫性を欠くことは、当然自認していたものと思われる。むしろ問題は、塩崎氏が、治療の可能性と治療の必要性を分けて、後者の「治療の必要性」の中に「同様の行為を行うことなく社会復帰を促進するため、この法律による医療を受けさせる必要性」という「規範的」な内容を含ませようとしたのではないかと思われる点である。しかし、それが「再犯のおそれ」以上に明確性を欠く概念であるというところに真の問題性があるといえよう。

（2）　ここでは坂口厚労相が、「手厚い専門的な医療」が一般の精神医療と異なるのは、みずからを制御することを促すという点にあると述べているのも、見逃し得ないところである。これは、触法患者と一般の患者とで精神医療の内容に違いがあるのかという根本的な論点にかかわるのであるが、厚労相のいう専門的な医療とは、心神喪失者ではなく、むしろ人格障害者を対象にするような欧米のモデルに対応しているように思われる。これを「司法精神医療」という名の下に、特別な精神医療と観念すること自体に問題があることを重ねて指摘しておかなければならない。なお、人格障害に関しては、境界性人格障害が本法案の対象になるのかという質問（水島）に対して、人格障害のみの場合は含まれないが、境界性人格障害などのように、一過性の解離状況が著しいため責任能力に問題のある事例では、本法案の対象となり得るとの答弁（上田）がなされているので、その治療可能性および治療の限界という原則的な問題は残されたままである。

（3）　問題の根源のひとつは、入退院の判断が裁判官と精神科医の二人の合議体として構成されている点にもある。専門の異なる二人の合議制というのは、これまで全く経験のない新しい試みであり、やってみないと分からないという危うさを伴っている。しかも、基準が「再犯のおそれ」ではなく「医療の必要性」ということになれば、社会復帰の促進という方向での協力という側面が前面に出て、不当な「強制入院」のチェックという機能が働く余地を見い出し難いことになる。現に、阿部氏が強制的医療に対する人権保護の具体的な仕組みを質問したにもかかわらず、修正案の提案者は、当然人権の保障にも配慮しなければならないというだけで、不当に長くならないよう六ケ月毎の確認があるというにとどまっている（塩崎）。「医療の必要性」をチェックするシステムが具体的に明示されないところに根本的な問題があるといえよう。

(4)　検察官による事件の振り分けの基準も、決定的に重要な問題であることはいうまでもない。完全な人格障害者は本法案から除外されて、刑事手続の方に振り分けられるであろうが、いわゆる境界性精神病質者については、本法案の対象として合議体に申し立てられる可能性が残されている。しかも、定期の刑罰と不定期の入院のいずれが有利かという判断は、付添人にとっても難問として残るであろう。

(5)　入院期間の不定期制という点に最大の問題がある。改正刑法草案の保安処分についてすら、一定の期間（三年）の設定があった上での更新（二年ごと）の可能性を定めており、刑事局案の骨子では、一年以内とした上で、殺人等を除き、七年を限度としていたことを参照すべきである。六カ月ごとの確認がチェックになり得ると考えるのも早計であることは、その際の基準も、実は入院要件と全く同様であって、何回も行われる「鑑定」の場合と同様に、原則として前回の判断を踏襲する方向に流れることは十分に予測されよう。「医療の必要性」よりも「強制医療による身柄の確保」の利益の方が優先するおそれが大きいといわなければならない。

(6)　ここでは、坂口厚労相が、社会的入院を「不良債権」にたとえた点に興味がひかれる。社会的入院を抑えないといけないが、一方で減らしたら他方で増えてくるということになるともいうのが大臣の認識の程度をあらわしている。しかも、そのために「車の両輪」論によって両方をやっていかなければというのであるから、それが本法案も必要であることの理由とされているという不可解な論理になっている。本法案が社会的入院という「不良債権」を減らす方法のひとつの引き金になるとでもいうのであろうか。社会的入院が減らないのは、後述するように、民間病院の経営という大きな現実的な壁があるからである。

(7)　修正案が、医療による社会復帰の促進を真の意味で目標とするのであれば、入院中心主義を転換して、地域精神医療の抜本的な充実に向かわなければならないのではないかという質問は、全く筋の通ったもので、正面から反論することは不可能である。したがって、答弁者は精神医療の現実とのギャップに苦慮したのであるが、その中でも注目されるのは、修正案の提案者（塩崎）が、「保安処分という忌まわし言葉」という表現を使って、保安処分論や再犯論から逃れようという姿勢を示していたという点である。しかしこれは、政府案の立法趣旨と隠れた「本音」まで否定することになりかねないジレンマを含むものといえよう。

(8)　補償の問題については、政府案よりも修正案の方が本人のための医療と社会復帰の促進を強調する限りにおいて、本人の利益処分という性格が濃くなり、補償の必要性が薄くなるだけでなく、適正手続の保障も緩やかでよいという方向に流れるおそれを含んでいるともいえよう。しかし、強制的な身柄の拘束という視点からは、補償の可能性を奪うのは不当というべきであろう。少年法の分野でも、補償は長く否定されてきていたのであり、（平成三年の最高裁決定）、平成四年の法律になってようやく認められるようになったという経緯があることに注目すべきである。

(9)　この法務委員会でも、阿部議員の質問中に、定員割れが生じて、質疑がとまるという事態が発生している。阿部氏の発言によれば、傍聴席にも多くの人が見えて、かたずをのんで見守っている中で、委員会の方は空席や居眠りというのでは、余りにも国民の税金をいただいてやっている私どもの仕事が情けないというのである。これが国会の議事録に掲載されているとは、まことに情けないといわざるを得ない。しかも、この法務委員会の後に、本法案の採決がなされているのである。実に憮然たる思いを禁じえない。

心神喪失者等医療観察法案の「修正案」は、二〇〇二年十二月六日の衆議院法務委員会で、自民、公明、自由の各党の賛成多数で可決された。民主党などは、質疑を打ち切るのは時事尚早として反対したが、山本有二委員長が職権で採決した。十日の衆議院本会議で可決されて、参議院に送られた。

七　第二部の総括

これまで、第一五五回臨時国会における「修正案」をめぐる衆議院法務委員会および法務・厚生労働省連合審査会における質疑の内容をフォローしてきたので、ここで、全体をまとめる形で主要な問題点を摘出し、これに必要なコメントを加え、今後の課題につなげる作業をしておきたい。

1．修正案の提案理由と性格

臨時国会の冒頭に突如「修正案」が提出され、しかもその内容が入院等の要件の変更という重要な修正であったため、まずその理由が問題にされたのは当然であり、この点は、ほとんど毎回論議の対象となった。

修正案を提出した理由については、提案者の趣旨説明によれば、第一は、本制度による入院等の要件を明確化し、本制度の目的に即した限定的なものにすること、第二は、本制度が対象者の社会復帰のための制度であることを明確化すること、そして第三は、一般の精神医療等の水準の向上を図るべき責務を明確化したこと、第四は、この法律の施行後五年を経過した段階で施行状況を見直す規定をおいたことである。

このうち、最も重要なのは第一の「入院等の要件」の変更という点にあるが、その内容については、別項で独立に考察することにし、ここでは、このような修正によって、本法案の性格に本質的な変化が生じたのか、生じたとすれば、それはどのような変化なのかという点を問題にする。

提案者は、政府案に対する批判を真正面から受けとめ、直せるところは精一杯直したといい（塩崎）、政府案については野党や関係団体の中に反対もあったことから、与党の方で、これらの意見を踏まえて修正案をとりまとめたものと説明した（森山）。その修正の核心は、政府案では再犯の予測が困難であり、漠然とした危険性まで含むのではないかという誤解や心配があったので、これを本人の精神障害の改善のための医療の必要性に変更することによって社会復帰の目的を明確化するという点にあるとされたのである。

しかし、この修正によって法案の性格が変わったと明言されているわけではないところに問題がある。森山法相も、政府案自体が対象者に必要な医療を確保し、その社会復帰を促進することが肝要であるという趣旨で提出されたものであるとしていたのであり、塩崎議員も政府案の「再犯のおそれ」に対する誤解や心配を除去するために「医療の必要性」が中心的な要件であることを明確にしたと述べているに過ぎないようにも見える。

塩崎委員らの修正案の提案者が、「再犯のおそれ」に付着した社会防衛的な要素を可能な限り薄め、本人の精神障害の改善と社会復帰の促進という目的に転換しようとしたことは事実であり、そこに慎重な苦心の跡を認めることができるが、しかし森山法相は、なお、「不幸な事態を繰り返さないようにすること」（再犯の防止）にこだわり、坂口厚労相にいたっては、「法秩序を守りながら、その再発を予防していく」ために医療が必要であると公言しているのであるから、政府案の社会防衛的性格が修正案によって完全に医療と社会復帰に転換したものということはできないであろう。そこに、修正案の矛盾と限界があるというべきである。

2．入院要件の変更と「再犯のおそれ」

これは、政府案の入院要件であった「精神障害のために再び対象行為を行うおそれ」が、修正案では「同様の行為を行うことなく、社会に復帰することを促進するため、入院させてこの法律による医療を受けさせる必要」に変更された点に関連して、ほとんど毎回にわたって繰り返し変更の趣旨とその内容に質疑が集中したのである。

質問は多岐に及んだが、政府案よりも範囲が限定されるのか（山井）、政府案よりも狭くなるのか広くなるのか（金田）、「同様の行為を行うことなく」というのは再犯防止の意味か（木島）、「再犯のおそれ」の判断ができないから変更したのか（平岡）、「再犯のおそれ」を削除すれば「自傷他害のおそれ」もできなくなるのではないか（木島）という形でなされた。

これに対して、修正案の提案者（塩崎）は、政府案の要件では、特定の犯罪行為や行為時期の予測といった不可能な予測を強いるという指摘があり、また何となく漠然とした危険性が感じられるに過ぎないものまで対象になるのではないかという問題があったので、今回は表現を改め、この法律による手厚い専門的な医療を行う必要があると認められることが中心的な要件であることを明確にしたものであるという説明に終始した。

そして、このような観点から、上記の質問に対しては、医療が必要な者である上に、さらに同様の行為を行うことなく社会復帰の配慮が必要な者に対象を限定したので、政府案よりも狭くなるであろうとし、同様の行為を行うことなく社会復帰してもらうことが本法の目的であるから「再犯のおそれ」は考えていないとし、「再犯のおそれ」の予測の可否について批判が出たので修正案のように表現を改めたとし、「自傷他害のおそれ」の判断を否定するものではないといった答弁がなされている。

しかし、これらの質疑にはすれ違いが多く、これによって問題の本質が明らかになるという効果をおよそ期待できないようなレベルの質疑に終始した感がある。すっきりした筋道が見えてこないのである。それは、一方では、「再犯のおそれ」という政府案の中核的な入院要件が、なぜ突如として削除されたのかという真の理由の追求がなお不徹底であり、本当に「再犯のおそれ」が消えたのかという疑問が残っていること、また他方では、新しい要件である「この法律による医療の必要性」という要件が、その表現においても内容においても、いかにもあいまいで理解し難いという点に由来する。これらの基本的な点に対する徹底的な検討を経なければ、修正案に対する評価もその前提を失うことになるであろう。

この問題については、上述したように、森山法相も「再犯の防止」にこだわり、坂口厚労相も「法秩序の維持」のための医療という観点を捨てているとは思えないので、修正案の提案者による社会復帰一元論との間には、かなり本質的な「ずれ」があるといわざるをえず、政府側における修正案の理解も完全に統一されているとはいい難い側面があることに注目しなければならない。修正案は、ソフトな社会復帰論によって、社会防衛への傾斜という批判を回避し得たように見えるが、参考人の富田氏によれば、修正案といえども、再犯予防の目的に従属し、再犯予防が裁判官の判断の枠組みの中で行われるのは明白であろうといわれるので、「再犯のおそれ」を入院要件から消し去ることは決して容易なことではない。表現を「この法律による医療の必要性」と変えても、その中に危険性の判断が入り込むおそれを真剣に警戒しなければならないのである。

それにしても、修正案の入院要件についての複雑で難解な表現は、明確であるべき法律規定の最悪のモデルともいえるもので、再「修正」が必要であることを指摘しておきたい。

3. 司法の関与と裁判官の役割

「司法の関与」というのも、本法案の新しい改正点として注目されていたので、毎回質問が集中したが、とくに修正案が入院要件を「医療の必要性」に変更したため、裁判官の判断とその役割にも変化が生じるのかという点に関心が集まった。

質問の中心は、修正された「医療の必要性」という要件の下で、裁判官が一体何をどのように判断するのかという点に絞られた。それは、「再犯のおそれ」が削除されたのであれば、裁判官が関与する意味がなくなるのではないかという趣旨である。

これに対して、塩崎委員は、最初は、この法律の下での医療は強制的な入院なので、人権の配慮からも裁判官の判断が必要であると答えていたが、その後は、医療を続けられる環境にあるのか、生活環境がどうかという問題も、医学的な判断を越えるもので、裁判官の判断に含まれると答弁している。これを受けて、増田法務副大臣も、この法案の最終的な目的が社会復帰にあるとしても、自由の制約を伴うものであるから、医学的立場からの判断の合理性、妥当性を吟味することのほか、対象者の生活環境から社会復帰可能な状況であるか否かの判断も、純粋な医学的判断を越える事柄に属すると答えた。森山法相も、医療を強制するという人身の自由に対する制約が許されるか否かという法的な判断が重要であるとしていた。

ところが、一方で坂口厚労相は、医学的判断以外の犯罪に関する判断を加えて総合的に判断するために裁判官の関与が必要になるとし、ここでは他害行為を行って再犯のおそれがあるかどうかの判断が問題であり、それが政府案の趣旨であると明言している。

それでは、政府案と修正案との相違はどこにあるのかということになるが、この点で示唆的なのは、塩崎委員が、政府案では対象行為を行いやすい状況にあるかどうか（危険性の判断）が考慮されるが、修正案では同様の行為を行うことなく社会に復帰することができるような状況にあるかどうか（社会復帰の判断）が考慮されると説明していた点である。修正案では、裁判官は、再犯のおそれではなく、社会復帰の可能性を判断するのだというわけである。

しかし、そうなると、強制入院における自由制限に対するチェックの判断との関係はどうなるのかという問題が生じる。増田副大臣は、それが医学的な判断の合理性、妥当性を吟味することであるとしているが、それと社会復帰の可能性の判断との関係は明らかにされていない。他の論者は、人権の配慮という点に言及しながら、裁判官がその機能を発揮する場面にも状況にも全く触れない点で、宙に浮いたものに終わっている。

また、強制入院による自由の制約をいうのであれば、現行の措置入院も同様であって、医療保護入院をも含めて、司法の関与を問題にしなければならないはずである。それが重大な触法患者についてのみ問題となるというのであれば、その理由がさらに問われなければならないであろう。

なお、司法の関与についての参考人の意見を付け加えておくと、松下氏は、司法の関与が入退院判断における精神科医の負担の軽減になるという趣旨で賛成しているほか、この場面では再犯予測の問題がからむことを認めた上で、裁判官の方が退院の決断がしやすいと述べている点が注目をひく。しかし、実際はむしろ逆ではないかという疑問が残る。一方、富田氏は、より率直に、司法が関与すれば、危険の判断が裁判官に期待されることになり、この法に基づく再犯予防が裁判官の枠組みの中で行われることになるであろうとして、その評価はきびしいのである。

修正案は、「再犯のおそれ」を削除して「医療の必要性」に変更したことによって、社会復帰の促進を強調したのであるが、そうなれば、入退院の判断も社会復帰の可能性の判断に帰一することになり、裁判官が不利益な自由制限をチェックするという機能の余地もなくなってしまうというジレンマをかかえている。結果的には、「医療の必要性」が中立通り認められることになるおそれが大きいのではあるまいか。

4．運用のシュミレーション

そこで、本法案を前提とした場合に、対象者の入退院について、実際の運用がどうなるであろうかという点が問題になった。この点については、運用のシュミレーションという形で金田氏が質問し、山井氏も問題にした。それは、修正案の提案者が社会復帰の促進を強調し、政府案よりも要件を限定したという抽象的な答弁を繰り返しているが、それでは本法案の下で具体的にどのような処遇が予定されているのかという過程をシュミレーションによって示すべきであるという趣旨のものであった。

しかし、政府参考人は、新しい制度なので将来のことは確定的にいえないとしつつ、対象者は年間約四百名程度であり、現在の措置入院率が六四・五％であることがひとつの参考になるであろうと答えるにとどまっている。さらに、通院後の社会復帰のモデルコースを示すべきではないかという質問に対しても、坂口厚労相は、将来のことには明確に答えられないとしつつ、本法案の入院者は措置入院数よりも少なく、過去のデータからすれば入院期間はそんなに長くならず、手厚く高度な医療を施すので社会復帰は早くなると思うと答えている。

しかし、質疑の中で、現行の措置入院後の医療や退院の状況さえきちんとフォローされていないことが露呈されるなど、提案者側には具体的なシュミレーションで対応するという姿勢に欠けることが判明した。さらに、将来の予測についても、現在の措置入院からの退院よりも本法案による指定病院からの退院の方が早くなるというような判断の根拠がどこにあるのかという点にも、より実質的な疑問をいだかざるをえない。重大な触法患者の場合には、むしろより長期の入院に傾くおそれが十分にあり、退院はそれだけ困難になるというのが常識的な判断ではなかろうか。政府提案者による「見取り図」の甘さと楽観的な見通しについて、さらにきびしい追求がなされるべきであろう。

5．指定医療機関における医療

指定医療機関については、最初は、どのような形態のものをどこにいくつ作るということ自体が明確でないという状況であったが、国会の質疑の中で少しづつ輪郭が見えてくることになった。今回の施設は、独立の病院ではなく、現在ある国公立の精神病院の病棟を改造して作るものであり、全国に一、二カ所では遠隔地で地域医療との連携に問題があることから、出来る限り各地域に建設し、全体として九百床位のものを分散して作るよう検討して行きたいというところまで答弁は進んだ。

一方、専門病棟が、これまでと違った特別な体制や特色はどこにあるのかという質問（石原）に対しては、上田参考人は、具体的な配置基準は現在検討中であるが、司法精神医学が発達し、手厚い医療を実施している諸外国の例も参考にして、平成十五年度中には適切な配置基準を定めることにしていると答弁した。

この問題については、与党議員（佐藤）からも質問が出されたが、上田参考人は、より能弁に、この制度が国の責任において行うもので、患者の精神障害の特質に応じて、その円滑な社会復帰を促進するために必要な医療であるとした上で、厚労大臣が定める基準に基づき、医療関係者の配置を手厚くすることにより、医療施設や設備が十分に整った病棟において高度な技術を持つ多くのスタッフが頻繁な評価や治療を実施するものであり、医療費についても全額国庫負担となり、一般の医療機関と比べ、手厚い精神医療を行うものであると大見得をきっている。

しかし、ここにも看過しえな問題があることに注目すべきである。

第一は、果たしてこのようなバラ色の構想をもった指定医療機関が実際にどこまで実現されるのかという点である。物的な設備は予算がつけば構築することが可能であろうが、人的なスタッフの養成と配置は決して容易なことではない。重大な触法患者用の施設というイメージは決して明かるいとはいえない上に、「手厚い専門的な医療」に対処すべき「司法精神医学」の専門家はきわめて少ないというのが現状である。しかも、なぜかこの施設の「警備」面の性格は隠されているが、それが重警備の閉鎖施設であることは、諸外国の施設からも容易に想像できることである。

第二は、この指定医療機関で行われるべき「手厚い専門的な医療」の内容が依然としてはっきりしないという点である。とくに修正案は、「再犯のおそれ」を削除して、「医療の必要性」に変更したので、社会復帰のために提供される医療の内容に特別に違ったものがあるのかという問題が、より深刻に問われることになった。一般の精神医療と「司法精神医療」とは、いわゆる「人格障害者」の問題を含めて、医療の面でどのような相違があるのかという困難な問題が残されているのである。

第三は、与党の佐藤議員の質問にいみじくも出たように、この法案による「手厚い医療」が必要なのは、重大な触法患者だけではなく、救急医療病棟や薬物専門病棟、さらには措置入院も同様ではないかというバランス論である。これは的を射た質問であったが、木村副大臣の答弁は、新基準に対応した体制の充実に努めるという抽象的なものにどまっている。

6．行刑施設および鑑定入院中の医療

刑務所を含む矯正施設内に精神障害がかなり収容されていることは、当局も認めているところであるが、強制入院患者の精神障害の社会復帰をいうなら、行刑施設内での精神医療の改善も問題ではないかという質問が二度にわたってなされた（水島、平岡）。しかし、森山法相の答弁は、刑や勾留の執行機関という枠組みがあるので、その中で医療体制を整え、充実に努めたいという以上には出ないものであった。

ところが、質問が現在の医療刑務所の実態に及び、医師とくに精神科の医師がきわめて少ないという事実が指摘され（中川）、さらに名古屋刑務所の保護房内での死者についての指摘が続いたことによって（阿部）、当局も問題の深刻さを自覚せざるを得ないことになった。しかし、坂口厚労相は、精神病院における医師の配置の基準を早急に見直すという答弁にとどまり、森山法相も、名古屋刑務所で発生した事件に遺憾の意を表明し、しかるべき処置をとるとは答えたが、被収容者の医療措置については、矯正という大きな枠組みがある中で、人権を損なうことがないよう鋭意努力したいと述べるにとどまった。

一方、本法案による鑑定入院の二カ月間における医療がどのように確保されるのかという質問も重要なものであったが（石原）、法務省刑事局長は、鑑定入院中には、鑑定その他医療的観察という目的を踏まえつつ、投薬その他の必要な医療

が行われることになっていると答えるのみであった。しかし、この点については、精神科医の間に、鑑定期間中にかえって病状が悪化し、治療が手遅れになるという懸念が大きいという指摘があり、問題が残されたままである。

この問題に特徴的なのは、本法案が重大な触法患者については「手厚い専門的な医療」による社会復帰の促進を目的にかかげながら、一方では、一見「優遇措置」とさえ見える人員配置や基準が措置入院患者や一般の精神病院入院者にはそのままでは妥当しないという限界があるとともに、他方では、刑事手続に振り分けられた精神障害者についても、刑の執行という枠組みが優先することによって、その適用が阻まれるという矛盾が存在し続けているという事実である。医療へのダイバージョンという方向をこそ、諸外国から学ぶべきであろう。

7．精神医療の現状と改善

精神医療の現状とその改善方策については、これまでも度々質疑が行われてきていたが、修正案が政府案よりも医療と社会復帰に力点をおいたことを示すために、「再犯のおそれ」を「医療の必要性」に変更し、精神保健観察官を「社会復帰調整官」に改め、さらに付則で精神医療等の水準の向上をうたいあげたために、それが本法案の土台となるに相応しいものかという問題が一層浮かび上がることになった。

質問は、とくに三三万人もの膨大な入院患者をかかえ、七万人以上の社会的入院の解消もおぼつかないというわが国の精神医療の貧困な現状を繰り返し指摘し、それが重大な触法患者に限定した本法案の立法趣旨と果たして整合するのか、車の両輪論としても余りにもバランスを失するのではないか、本法案を果たして精神医療全般の改善の第一歩と評価することができる保障があるのか、むしろそれは精神医療の現状の固定化と悪化さえもたらすのではないか、本法案ではもっとも問題となる「初犯」を防げないのであるから、まずは精神医療全体の底上げのために地域精神医療の再生に取り組むべきではないかといった問題意識から、多くの問題が提起された。

これに対して、政府側はわが国の精神医療の現状への批判には低姿勢に応じながらも、本法案の立法化もその一環として必要であるという答弁を繰り返した。ただし、精神医療の今後の改善策については、推進本部を作って対処するとし、医師や看護師の配置、地域の受け皿、退院後の治療継続、社会復帰施設、地方公共団体等の取り組み、民間団体の協力など、多くの課題をあげて、鋭意努力すると答えている。

しかし、これらの課題の列挙も、実はこれまでずっと指摘され続けてきたものであって、問題はそれにもかかわらず改善が実際に進まないのはなぜかという点にこそある。そして、この点で重要なのは、阿部氏の指摘であって、三三万人の入院患者の抜本的な削減、社会的入院の解消に対して、「日本精神科病院協会」（民間病院団体）自身が経営上の理由からきわめて消極的であるといわれる点である。これが最大のネックになっていることを直視した上での対策でなければ、改革案は絵に書いた餅になるであろう。

8．補償の問題

最後に、入院が必要でないという決定が出たときに、対象者が鑑定入院等で身柄を拘束されたことについて、補償が受けられるのかという問題が提起された点に触れておかなければならない。

平岡氏の質問に対して、森山法相は刑事補償は刑事手続で無罪の確定裁判を受けた場合の自由拘束に対して適用されるものであり、本法案の鑑定入院は適切な医療を行うことによって社会復帰を促進することを目的とするものであるから、本人の利益にもなるという側面もあるので、補償の対象にはならないと明言し、修正案の提案者（漆原）もこの答弁に同調したのである。

しかし、少年事件では、家裁における審判の決定についても、刑事事件ではなく、本人の利益になるという側面を有するにもかかわらず、「少年の保護事件に関する補償に関する法律」が、それまでの最高裁判例の結論をくつがえす形で、平成四年に制定されているという事実を忘れてはならない。答弁者は、少なくともこの点に言及し、少年事件との異同についても説明する義務があるというべきである。

この点は、本法案の強制入院・通院措置が果たして本人の利益処分なのかという基本的な問題にも関連する。もしそうであれば、適正手続の保障も自由拘束に伴う人権保障の必要性もその前提を失ってしまうおそれがある。この補償問題は、そのための試金石のひとつとして重要な意味をもっているといえよう。

以上の諸点の検討からすれば、修正案の基本的な問題点は、結局、以下の二点に集約されることになるであろう。

第一は、修正案が、政府案の入院等の要件であった「再犯のおそれ」を、単に表現においてのみならず、内容的にも果たして本当に削除したのかという点である。修正案の提案者は、「再犯のおそれ」という文言を慎重に削除し、「医療の必要性」にとって変えようとしたのであるが、それが「再犯のおそれ」を含んだ政府案に決定的に反対するという態度決定を明示しているわけではない。それは、政府案の一部修正であって、政府案の骨格は依然として維持されていると見ることも可能である。法案第一条の目的規定には、「同様の行為の再発の防止を図り」という文言はそのまま残されており、入院要件のところでも、「同様の行為を行うことなく」という表現が用いられており、これらが「再犯のおそれ」につながる可能性を否定することはできないからである。

それでもなお、修正案が「医療の必要性」に徹し、政府案を換骨奪胎するというのであれば、上記のような疑わしい残存物も除去するとともに、裁判官の関与についても、事実認定の役割のほかは、医療判断の妥当性についてのチェック機能に限定することを明示すべきである。それができなければ、実質的には政府案と異ならない社会防衛的性格の法案として評価されることにならざるを得ないであろう。

第二は、修正案が、「再犯のおそれ」を削除したことは、それが表現上のものであったとしても、現行の精神保健福祉法上の措置入院の要件である「自傷他害のおそれ」との関係に不統一を生み出すことになるという点である。修正案の提案者は、措置入院の「自傷他害のおそれ」は認めるというのであるから、重大な触法患者の場合には「医療の必要性」が、重大でない触法患者の場合には「自傷他害のおそれ」が妥当することになり、その間に明らかな矛盾が生じることは避けられない。しかも、将来はこの「二重構造」を統一したいというのであるから、どちらにどのように統一されるのかという問題が生じる。

もし、「医療の必要性」という方向で統一するというのであれば、医療保護入院と措置入院とこの法案による入院の区別は相対化され、「触法」を基準とした区別の意味もなくなるかもしれない。修正案の提案者は、どこまで見通しているのであろうか。

臨時国会に提案された「修正案」は、多くの基本的な問題を掘り起こし、政府案の性格にも反省を迫るものとなった。しかし、その帰趨はいまだ未決であり、二〇〇三年四月以降の第一五六回通常国会における参議院での審議に委ねられることになった。提起された基本的な問題を回避することなく、慎重で徹底した審議が行われることを真摯に期待したいものである。

第三部　第一五六回国会における質疑

はしがき

いわゆる心神喪失者医療観察法案は、第一五四回通常国会において、二〇〇二年三月一五日に衆議院に上程されて以来、会期切れで第一五五回臨時国会に継続審議となり、二〇〇二年一〇月一八日に衆議院法務委員会に付託されたが、同年一二月一〇日に衆議院本会議で修正案が可決され、参議院に送付され、参議院法務委員会に付託された段階で、再び会期切れとなって、第一五六回通常国会に継続審議となった。そして、二〇〇三年五月六日から参議院法務委員会の審議が始まり、同年六月六日に参議院本会議で法案が可決されるという経過を辿った。形式的な修正を受けた修正案は衆議院に回付されて、同年七月一〇日に衆議院本会議で可決されて成立し、同年七月一〇に公布されたが、施行は公布から二年以内と定められている。

さて、第三部では、これまで第一五四回通常国会と第一五五回臨時国会における審議の状況をフォローしてきたのに続いて、第一五六回通常国会での審議に焦点をあてて、主として参議院法務委員会における質疑の内容に分析を加え、本法案が成立するに至った最終の段階までをフォローすることにする。そして、最後に、法案成立後の今後の課題についても言及することによって、全体を完結したいと思う。

一　参議院本会議の質疑

本法案は、第一五五回臨時国会の終了間際に、衆議院法務委員会での質疑を打ち切って、衆議院本会議で可決された後、いったん参議院に送付され、参議院本会議での趣旨説明と代表質問があった後、参議院法務委員会に付託されたまま、次期第一五六回通常国会に継続審議になった。そこで、参議院の審議としては、まず、本会議における質疑の内容から分析を始めなければならない。

参議院本会議は、二〇〇二年一二月一一日に行われたが、そこでは、政府案および民主党案の趣旨説明がなされた後、民主党の江田五月議員による代表質問に対する森山法務大臣と坂口厚生労働大臣の答弁が行われたので、ここでは、その中から総括的にいくつかの問題点を抽出し、これに若干のコメントを加えておくことにする。

1．小泉発言の趣旨と影響

これは、いわゆる池田小学校事件が発生した直後に、小泉首相が刑法の見直しを検討するように指示したという事実に関するもので、すでにこれまでにも度々問題にされてきた点である。江田議員は、小泉首相が具体的にどのような指示を出したのか、出したとすればその指示は本法案のどこに生かされたのかと問い、このような首相の軽率な発言によって、精神障害者は危険だから新たな仕組みを作って危険を防止するるのだという社会の偏見が助長されたのだと主張し、本法案のどこが池田小学校事件の容疑者に適用できるのかと迫った。

これに対しては、森山法相は、総理の発言の趣旨が、具体的な刑法の見直しを指示したものではなく、一般論として、心神喪失等の状態で重大な他害行為を行った者が精神障害に起因するこのような不幸な事態を繰り返さないようにするための対策が必要であるとの趣旨であったと理解すると答え、一方、坂口厚労相も、池田小学校事件を契機として、精神医療界を含む国民各層から、このような施策の必要性についての意見が高まったことも事実であり、総理からも、重大な犯罪を犯した精神障害者に起因する犯罪を繰り返さないようにするための対策を検討する必要がある旨の認識が示されたものと理解しているという答弁がなされている。

この問題は、後の法務委員会の質疑でも繰り返されるのであるが、質疑と答弁とは終始すれ違いの感があり、両大臣の答弁にも矛盾があって、説得性がない。その理由は、小泉首相の発言が、池田小学校事件の容疑者を精神障害者と速断して「刑法の見直し」まで検討するといった「軽率性」を両大臣とも認めようとしないからであって、それが答弁を筋の通らないものにしていることは明白であるといえよう。結果的には、池田小学校事件の容疑者が本法の対象外であるとしながらも、この事件が本法案を促進する重要な契機になるという実質的な関連は、小泉発言に由来するというべきである(1)。

2．対象者の限定と精神医療の実態

江田議員は、わが国の精神医療一般の貧困な実態を指摘して、その背景がどこにあるのかを問い、その改善を後回しにして、なぜ触法精神障害者の処遇だけを特別扱いにするのか、それは差別と偏見を助長することになるのではないかと批判し、まず精神医療の発展と充実こそが先決ではないかと主張した。

これに対しては、森山法相は、本法案が心神喪失等の状態で重大な他害行為を行った者のみを対象にしているのは、彼らが精神障害の上に重大な他害行為の実行という二重のハンディキャップを背負った者なので、このような者が有する精神障害は一般的に手厚い専門的な医療の必要性が高く、精神障害が改善されないまま再び同様な行為が行われることになれば、本人の社会復帰に重大な障害になることからも、国の責任において手厚い専門的な医療を統一的に行い、退院後の継続的な医療を確保するための仕組みを整備することによって、その円滑な社会復帰を促進することがとくに必要であるからであると答弁し、その趣旨は坂口厚労相も繰り返し述べている。

さらに、坂口厚労相は、精神医療の現状について、精神病床数が多く、長期入院の比率も大きく、入院中心であり、地域での受け皿も不足するなど、わが国の精神医療の貧困さを認めた上で、その背景として、歴史的に、自宅や地域において多数の精神障害者が医療を受けられずに放置されていたため、入院医療の充実が求められ、病床の整備を進める時期があったこと、薬物療法の進歩等により、精神障害者の社会復帰が可能となった後にも、社会復帰施設や在宅生活を支援するサービスの整備が十分に進まなかったこと、国民の間でもいまだ精神疾患に対する十分な理解がないことなどを指摘するとともに、七万二千人の社会的入院者を一〇年間で解消するなど、精神障害者の社会復帰を促進する必要があり、さらに精神障害者への偏見を除去するためにも率先して取り組み、対策本部を設置して、省をあげて推進方策を検討したいと答弁している。

この問題も、繰り返し指摘されてきた論点であるが、ここでの最大の問題は、七万二千人の社会的入院を一〇年間で解消するというきわめて微温的な計画に対してさえも、当事者である「日精協」が反発するという悲観的な状況の中で、重大な他害行為を行った精神障害者に特別な「強制入院」制度を新設することが、果たして精神医療の全体的な改善にどのような促進効果をもつのかという点にある。それは、差別や偏見を助長するものではないかという質問に対して、法相は、本法案が長期的にはむしろ差別や偏見の解消につながるものだと答弁しているが、そのような保障が本当にあるのかという疑問がある。[2]

3. 処遇要件の変更

江田議員は、修正案が「再犯のおそれ」を削除して「社会復帰の促進」に改めたけれども、表現は変えても、再犯のおそれが除去されなければ社会復帰は促進されないとも言えるから、同じことではないかと問い、「同様の行為を行うことなく」というのは、修正前の再犯のおそれとどこが違うのか、さらに「この法律による医療を受けさせる必要があると認める場合」とは、具体的にどういう場合をいうのかと質問した。

これに対して、坂口厚労相は、処遇要件の修正が、政府案の要件に対する様々な批判を踏まえて、入院等の要件を明確化し、本制度の目的に即した限定的なものにしたものであるとし、具体的には、本人の精神障害を改善するための医療の必要性が中心的な要件であることを明確にするとともに、さらに、精神障害に伴って同様の行為を行うことなく社会に復帰できるよう配慮することが必要な者だけが対象になることを明確にしたものであり、例えば、単に漠然とした危険性のようなものが感じられたとしても、社会復帰の妨げになるような同様の症状が再発する具体的な可能性もないような場合には、この要件には当たらないと答弁している。

これも、すでに繰り返し質問があった点であり、かつそれに対する答弁の内容もほとんど変わらず、同じ趣旨のことが繰り返し述べられているだけで、全く虚しい思いがする。「再犯のおそれ」の削除というドラスティックな修正にもかかわらず、新しい要件である「対象行為を行った際の精神障害を改善し、これに伴って同様の行為を行うことなく、社会に復帰することを促進するためにこの法律による医療を受けさせる必要」という一見不可解な文言に惑わされて、論議が全く進展しないのである。「再犯のおそれ」という文言はたしかに消えているが、「同様の行為を行うことなく」というのが「再犯のおそれ」と違うのかという質問にも全く返答はなく、医療の必要性が中心的な要件であるというのみで、同様な趣旨の答弁が判を押したように繰り返されるという不毛な議論が続いたのである。ここでは、なぜ「再犯のおそれ」という「表現」が削除されたのかという実質的な理由が問われなければならない(3)。

4．精神鑑定と保護観察

江田議員は、起訴前の鑑定を含めて、精神鑑定の問題がきわめて重要であるにもかかわらず、政府案が精神鑑定の適正化という課題にいっさい手をつけていないのは問題ではないかと指摘し、さらに修正案によって精神保健観察官が社会復帰調整官に変わったことで何が変わるのか、刑事政策機関である保護観察所に精神障害者の処遇に関する役割を担わせるのは適切なのかという質問をした。

これに対して、森山法相は、精神鑑定については、とくに簡易鑑定について、適正に実施されているかなど、様々な意見や批判があることは十分承知しているので、法務当局としても一層その適正な運用を図り、専門家の意見も踏まえつつ、事例を集積して、精神科医等も加えた研究会等において活用するなど、その充実を図りたいと答弁している。

一方、保護観察所がこの問題にかかわるのは、本人の社会復帰を促進することを目的とするものであり、犯罪者の改善更生を促すことを目的とする保護観察とは本質的に異なるものであると答え、坂口厚労相も同様な答弁をしている。

しかし、ここにも問題がある。まず前者の精神鑑定については、簡易鑑定の改善策が具体的な形では提示されないままに、法務省（検察庁）の内部問題として処理されてしまう可能性が大きく、また後者の保護観察所をめぐる問題についても、本質的に異なるとされる業務を同一の機関が万遍なく果たし得るのかという疑問があるほか、一方では、犯罪者にも社会復帰の側面があることが見過ごされ、他方では、精神障害者にも「監視」の機能が及ぶおそれがあるというジレンマを避けがたいように思われる。[4]

（1）小泉首相が、池田小学校事件の直後に、「精神保健福祉法」の見直しではなく「刑法」の見直しを求めたということの意味が重要である。これは、犯罪対策という観点からの発言であり、精神障害者を対象とするというのであれば、まさに「保安処分」論そのものである。それが真意でないというのであれば、首相自身が反省と釈明をすべきであって、両大臣がこれを一般論として「理解する」というようなレベルの問題ではないというべきであろう。

（2）法相の論理の前提には、本法案が対象者の早期の社会復帰を図るための適切な体制の整備にあるという認識があるが、それが精神医療全体の改善と社会復帰を促進する「モデル」になるというのは余りにも楽観的なように思われる。むしろそれは、重大な触法精神障害者に「強制医療」を「確保」するための特別な厳しい措置であって、「保安」の利益が優先することは避けられないのではないかという疑問が残るからである。

（3）修正案の提案者（塩崎）が「再犯のおそれ」の要件を削除したのは、衆議院での質疑の中で「再犯の予測」が困難ないし不可能ではないかという疑問が提起され、論争が深刻化するおそれが大きく、とくに保安処分的な性格が顕在化することになるのを回避するために、これを本人の医療による社会復帰の必要性に転換しようとしたものと考えられる。しかし、「同様の行為の再発の防止」に対応する形で、「同様の行為を行うことなく」（第一条）は残されたので、この文言が要件の中に入ったものと思われる。したがって、医療による社会復帰の必要性の判断の中に、再発と再犯のおそれが組み込まれるという構造になったものと解さざるをえないであろう。

（4）本法案によって新設される制度が「保安処分」とは異質のものであることを説明するために、収容される場所が法務省の所管ではない「病院」であることがあげられていたほか、「再犯のおそれ」の文言が削除されたことも援用されるが、ここでは「保護観察所」が法務省の所管する機関であるという事実を指摘しておく必要がある。それは、入退院を「裁判所」が決定することと相まって、通院の「確保」も医療モデルではなく、司法的なコントロールによって保障するという構造を本制度がとっていることを示しているといえよう。

二　参議院法務委員会の質疑（1）

心神喪失者等処遇法案に関する第一回の参議院法務委員会は、第一五六回国会の会期に入った二〇〇三年五月六日に行われた。

この法務委員会では、委員長（魚住裕一郎）が開会を宣言した後、政府案についての森山法務大臣の趣旨説明と、本案の衆議院における修正部分について、修正案の提出者である塩崎恭久議員からの趣旨説明、および精神保健福祉法等の改正案の発議者である朝日俊弘議員から民主党案の趣旨説明が行われた。

この日は、趣旨説明だけで終わり、質疑は後日に譲ることになったが、ここでは、以上の三人の提案趣旨を簡単に要約しておく。

1．政府案の趣旨説明（森山法相）

心神喪失等の状態で殺人、放火等の重大な他害行為が行われることは、被害者に深刻な被害が生じるだけでなく、精神障害を有する者がその病状のために加害者となる点でも極めて不幸な事態なので、このような者には必要な医療を確保し、不幸な事態を繰り返さないようにすることによって、その社会復帰を図ることが肝要である。

そこで、この法律案は、心神喪失等の状態で重大な他害行為を行った者に対し、その適切な処遇を決定するための手続等を定めることにより、継続的かつ適切な医療の実施を確保するとともに、そのために必要な観察及び指導を行うことによって、その病状の改善とこれに伴う同様の行為の再発の防止を図り、もって本人の社会復帰を促進しようとするものである。

この法律案の要点は、以下の通りである。

第一は、処遇の要否及び内容を決定する審判手続の整備についてである。

心神喪失等の状態で重大な他害行為を行い、不起訴処分となり、又は無罪等の裁判が確定した者については、検察官が地方裁判所に対してその処遇の要否及び内容を決定することを申し立て、裁判所では、一人の裁判官と一人の医師とから成る合議体が、必要に応じて精神障害者の保健及び福祉に関する専門家の意見も聞いた上で審判を行うことにする。この審判では、被申立人に弁護士である付添人を付することとした上で、裁判所は、精神科医に対して被申立人の精神障害に関する鑑定を求め、この鑑定の結果を基礎とし、被申立人の生活環境をも考慮して、処遇の要否及び内容を決定するものとする。

第二は、指定入院医療機関における医療についてである。

厚生労働大臣は、入院をさせる旨の決定を受けた者の医療を担当させるため、一定の基準に適合する国公立病院等を指定入院医療機関として指定し、これに委託して医療を実施することとする。指定入院医療機関の管理者は、入院を継続させる必要が認められなくなった場合には直ちに裁判所に退院の許可の申立てをしなければならず、他方、入院を継続させる必要性があると認める場合には、原則として六カ月ごとに、裁判所に入院継続の必要性の確認の申立てをしなければならないこととし、併せて、入院患者側からも退院の許可等の申立てができることとする。

また、保護観察所の長は、入院患者の社会復帰の促進を図るため、退院後の生活環境の調整を行うこととする。

第三は、地域社会における処遇についてである。

退院を許可する旨の決定を受けた者等は、厚生労働大臣が指定する指定通院医療機関において入院によらない医療を受けるとともに、これを確保するための精神保健観察に付されることになる。

また、保護観察所の長は、指定通院医療機関の管理者及び患者の居住地の都道府県知事と協議して、その処遇に関する実施計画を定め、これらの関係機関の協力体制を整備し、この実施計画に関する関係機関相互間の緊密な連携の確保に努めるとともに、一定の場合には、裁判所に対し、入院等の申立てをすることにする。

以上が、政府案の趣旨である。

2．修正案の趣旨説明（塩崎議員）

ただいま議題となった法律案に対する衆議院での修正部分について、その主な趣旨及び概要を説明する。

第一は、この法律の規定する第一条に、この法律による処遇に携わる者は、前項に規定する目的を踏まえ、心身喪失等の状態で重大な他害行為を行った者の円滑な社会復帰に努めなければならないとの文言を加えることである。

第二は、精神保健観察官の名称を社会復帰調整官に変更することである。

第三は、裁判所が医療を受けさせるために入院の決定をする要件についてである。原案は、「入院をさせて医療を行わなければ心身喪失等の状態の原因となった精神障害のために再び対象行為を行うおそれがあると認められる場合」としていたが、修正案では、「対象行為を行った際の精神障害を改善し、これに伴って同様の行為を行うことなく、社会に復帰することを促進するため、入院をさせてこの法律による医療を受けさせる必要があると認める場合」に変更するものとする。

第四は、入・通院患者の申立ての期間制限に係る規定を削除することである。

第五は、政府は、精神医療等の水準の向上を図るものとすること、及び政府は、この法律の施行後五年を経過した場合において、施行状況を国会に報告することとし、所要の措置を講ずるものとする条項を付則に加えるものとする。

以上が、修正部分の趣旨である。

3. 民主党案の趣旨説明（朝日議員）

二一世紀のわが国における重要課題の一つは、「障害者とともに生きる街づくり」、すなわちノーマライゼーションの理念に基づく地域社会の実現である。とりわけ、従来の取り組みが大きく遅れていた精神障害者の医療と福祉の分野については、こうした理念の重要性を強調しておきたい。

しかし、一昨年の池田小学校事件における不幸な事件を契機として、重大な他害行為を犯した精神障害者に対する新たな立法化の動きが一気に加速され、政府は関係する審議会の意見を聞くこともなく、昨年の通常国会に心神喪失者等医療観察法案を提出した。こうした政府・与党の一連の動きは、全国各地で地道に取り組まれてきている障害者支援の活動に水を差すものとなったばかりか、新たな差別感情をあおることにもつながり、結果として障害者の社会参加を促進する動きを逆流させるものといわなければならない。

今回、私どもは、精神保健福祉施策全般の着実な改善計画の実施と併せて、従来、必ずしも適切ではなかった司法と精神医療の連携の改善を図ること等を目的として、精神保健福祉法等の改正案を提出するものである。

これに対して、政府が提出した法律案は、司法精神鑑定のあり方や、司法と精神医療の連携、あるいは措置入院制度の実態等、現行法制度上の問題点には一切目を向けることなく、更に新たな強制医療法を制定しようとするもので、到底認められるものではない。

また、衆議院における修正の内容についても、政府案の本質的な部分は何ら変更されておらず、むしろ概念規定のあいまいさゆえに、かえって理解し難い内容になっていて、賛同することはできない。

私どもは、新たな立法によるのでなく、現行の法制度の一部改正とその運用の改善を図る観点から、本法案を提出する。その内容は、以下の通りである。

第一は、起訴前及び起訴後における精神鑑定の適正な実施を目的として、最高裁判所と最高検察庁のそれぞれに司法精神鑑定支援センターを設置し、鑑定人の選定事務、精神鑑定に係る情報と資料の収集、調査分析等を行うことである。

これによって、鑑定人の選定に関して裁判官や検察官の負担を軽減することができるとともに、鑑定にあたる精神科医を適切に選定し、鑑定結果の偏りやばらつきを防ぐことができる。また、情報の収集、分析を通じて、より精密な鑑定技能を開発していく道も開くことが期待できる。

第二は、現行の措置入院制度にかかる判定委員会の設置である。

都道府県知事の下に新たに判定委員会を置くこととし、精神保健指定医のうちから知事が任命する二名の合議体を構成し、措置入院及び措置解除の判定を行うものとする。

第三は、現行の措置鑑定がきわめて限られた情報の下で行われている現状を改善するために、精神保健福祉調査委員制度を設置し、措置鑑定の必要性を判断するための調査、判定委員会の求めに応じた調査等を行い、より厳密な措置鑑定が実施されるよう支援するものとする。

第四は、人員配置基準が低い現在の精神科病棟では十分な医療、看護の提供ができないことから、より密度の高い人員配置基準を満たす精神科集中治療センターを制度化することである。

この集中治療センターは、政府案のように重大な他害行為の有無を要件とするものではなく、あくまでも治療上の必要からサービスを提供する、いわば精神科ＩＣＵである。

第五は、精神障害者の社会参加、とりわけ措置解除後の退院患者の社会復帰支援体制を強化するため、精神障害者の保健、福祉に関する業務を担う者の相互の連携、協力を図ることを義務付けることにすることである。

なお、私どもは、本改正案の提出と併せて、精神保健福祉改善一〇カ年戦略（仮称）を提案しており、新たに策定された新障害者基本計画及び新障害者プランの確実な実行と併せて、精神保健福祉全体のレベルアップを目指していること、そして、こうした精神保健福祉施策の大幅な改善こそが、たとえそれが遠回りではあっても、他害行為を犯した精神障害者のための対策ともなるということを強調しておきたい。

以上が、民主党案の提案理由及びその概要である。

上述したように、第一回の法務委員会では、提案趣旨の説明のみが行われ、質疑は次回以降に譲られることになったのであるが、ここでは、これらの提案自体にかかわる二、三の点をコメントしておきたい。

第一は、政府案と修正案との関係をめぐる問題である。まず、注意すべきは、参議院段階で提案された「政府案」とは、かつて第一五四回国会に提案された最初の「政府案」とは異なり、すでに衆議院での審議の過程で、塩崎議員等から提案された「一部修正」を受け入れた後の新しい「政府案」となっているという事実である。

ところが、不思議なことに、森山法相による政府案の趣旨説明は、第一五四回国会での衆議院の第一回法務委員会におけるもの、および第一五六回国会での参議院の第一回法務委員会におけるものと、ほとんど一字一句同じ内容のものとなっている。これは、おそらく、法相が同一の文書を読み上げたにすぎない結果ではないかと思われる。

後述するように、修正案では、入退院の要件について重要な変更が加えられたほか、社会復帰調整官という名称への変更、さらには精神医療全体の改善に関する付則の追加など、最初の法案から明らかに変更があったにもかかわらず、何らの言及がなく、最初の趣旨説明がそのまま繰り返されるというのは、まことに理解し難いところであるといわなければならない。

第二は、修正部分の説明についてである。

塩崎議員は、最初の政府案に加えられた修正部分について、五点をあげて説明しているが、なぜ、そしてどのような経過で、このような修正が提案されるに至ったのかという点については何も述べていない。とくに、入退院の要件が「再犯のおそれ」から「この法律による医療を受けさせる必要」に変更された点は、法案の性格にもかかわる重要性をもつにもかかわらず、この変更の理由と両者の相違を示さないのは、怠慢ないし無責任のそしりを免れないであろう。そして現に、この要件の変更をめぐって、理解の相違や混乱が生じることになったのである

このような形での要件の変更は、最初の政府案では、「再犯のおそれ」が要件として明示されており、政府側も、再犯のおそれは十分に予測可能であると繰り返し明言していただけに、きわめて唐突なものとして受け取られ、不必要な憶測を呼んだのである。

第三は、民主党案についてである。

民主党案は、第一五五回国会の衆議院法務委員会（二〇〇二年一二月六日）で否決されたが、一部修正のうえ参議院に再度提出されたものである。

それは、現行の措置入院制度の改善を目ざしたもので、司法精神鑑定支援センターや措置入院制度に係る判定委員会を設けるなど、注目すべき点を含んでいたのであるが、残念ながらほとんど審議の対象にならないままに終わってしまった。

しかし、別個の制度を作る前に、まずは現行の措置入院制度の問題点を検討し、必要ならばその改善策を立案するというのが妥当な立法政策というべきであり、この点で民主党案は、優先的に審議されてしかるべきであったといえよう。さらに、政府案が成立した後においても、措置入院制度は残るのであるから、その問題性は引き続き存続しているといえるのである。

三　参議院法務委員会の質疑（2）

第一五六回国会の参議院法務委員会で実質的な審議が始まったのは、二〇〇三年五月八日であり、これ以後、八回に及ぶ法務委員会の審議とともに、法務・厚生労働委員会の連合審査会が二回行われており、最終的には、二〇〇三年六月三日の法務委員会で政府案が強行採決されるという経過を辿った。審議回数および審議時間は、衆議院法務委員会におけるよりもかなり長く、慎重審議というに相応しいように見えるが、同様な質問に対する同様な答弁の繰り返しという側面もかなり見られ、論議がどこまで深まったのかという点については、疑問が残るように思われる。

さて、五月八日の法務委員会では、佐々木知子（自民党）、江田五月（民主党）、浜四津敏子（公明党）、井上哲士（共産党）、平野貞夫（自由党）、福島瑞穂（社民党）の六氏が質問に立ったが、これに対して、答弁者側は、森山真弓（法務大臣）、樋渡利秋（法務省刑事局長）、上田茂（厚労省社会・援護局障害保健福祉部長）、津田三平（法務省保護局長）、木村義雄（厚生労働副大臣）、大野市太郎（最高裁事務総局刑事局長）、高原亮治（厚労省健康局長）、横田尤孝（法務省矯正局長）、塩崎恭久（衆議院議員）、漆原良夫（衆議院議員）の諸氏がこれに当たった。

以下では、個別的な質疑の詳細は省略し、共通に提起された問題をあげて、質疑の内容をまとめて紹介し、これに必要なコメントを加えることにする。

1．新法の立法理由とその基本的な性格

触法精神障害者に関しては、精神保健福祉法上の措置入院制度があるにもかかわらず、なぜこれとは別個に新たな処遇制度を創設する必要があるのかという点が、まず自民党の佐々木議員から出された。現行法ではどこが不十分なのかという質問である。

これに対しては、厚労省の上田保健福祉部長から、措置入院の制度では、入退院の判断が事実上医師に委ねられているため医師に過剰な責任を負わせることになっていること、都道府県を越えた連携を確保することができず、また退院後の通院医療を確実に継続させるための実効性のある仕組みがないことなどの問題があるので、今回の法案では、心神喪失等の状態で重大な他害行為を行った者に対する処遇を医師と裁判官による合議体が決定する仕組みを整備し、国が責任をもって専門的な医療を行うとともに、退院後の継続的な医療を確保することとし、それによって、病状の改善とそれに伴う同様の行為の再発の防止を図り、本人の社会復帰を促進する

ものにしたとの答弁がなされた。

しかし、これはすでに答弁ずみの立法趣旨の繰り返しにすぎず、質問者も単にそのような解答を確認させたにとどまり、それ以上の質問はしなかった。問題はしかし、措置入院が「医療モデル」に純化できないことを理由として、これを「司法モデル」に転化することが、入院と通院の「確保」と同様の行為の「再発の防止」を目指すものではないかという点にある。修正案は、医療の必要性と社会復帰の促進を強調することによって、この矛盾を覆い隠そうとするのであるが、なぜ重大な他害行為を行った者だけを対象とするのかという疑問を呼び起こさざるをえなかった。

この点に関して、公明党の浜四津議員は、重大な他害行為を行った者のみを対象としたことが社会防衛を目的とするものではないかという批判を呼んでいるとして、その理由を問うたのであるが、森山法相は、心神喪失等の状態で重大な他害行為を行った者は、いわば二重のハンディを背負っているので、このような者にはとくに手厚い専門的な医療の必要性が高いという、これまでの答弁の趣旨を繰り返すにとどまっている。法務省の樋渡刑事局長も、本法案が同様な行為の再発防止にも資することを認めながらも、最終的な目的は社会復帰の促進にあるとし、西欧諸国におけるような「保安処分」とは全く異なると答えている。

しかし、これに対しては、社民党の福島議員が原則的な批判を展開し、法案は社会復帰といいながら、「再発の防止」に主眼があり、そうでなければ、なぜ重大な他害行為を行った者にだけ強制入院を正当化することができるのか、実際には無期限の強制隔離になるのではないかという危惧を表明した。しかし、樋渡局長は、精神障害が改善されないまま再び同様の行為が行われることになれば、本人の社会復帰に重大な障害になるから、医療を確保することが必要であるという答弁に終始した。

このように、本法案は社会防衛的な「保安処分」ではないことが強調されたのであるが、それが「重大な他害行為を行った精神障害者」という対象の限定にそぐわないのではないかという疑問は残されたままである。(1)

2. 小泉発言と本法案の関係

江田議員は、ここでもまた、小泉発言の問題性に触れ、「刑法の見直し」という全くのピント外れの軽率な発言が本法案を促進したことは不当だとして反省を迫った。しかし、森山法相は、それが刑法の見直しを指示したものではなく、一般論として、心神喪失等の状態で重大な他害行為を行った者による不幸な事態を繰り返さないようにするための対策が必要であるという趣旨の発言であったとの答弁を繰り返すのみであった。池田小学校事件が本法案の対象とは違うということは、政府側も認めたが、小泉発言が精神障害者に対する偏見を助長したという主張は認めず、反省もしないままに終わっている。

この問題は、福島議員も取り上げ、池田小学校事件がこの法律を促進する材料には全くならないにもかかわらず、実際には重大なきっかけとなり、促進材料になったという点を問題にした。森山法相は、池田小学校事件が精神障害に起因する犯行ではないと考えているとはいったものの、この事件をきっかけとして、精神障害と犯罪との関連があるとすれば対策が必要であるという声が多くなったという事実経過は認めたのである。

この事件は、結果的には本法案とは関係がないとされたものの、当時は精神障害者による犯行であると疑われ、わが国の触法精神障害者処遇制度の欠陥を露呈させる典型例であるとさえいわれた（山上皓）ことを考慮すれば、時の総理大臣が「刑法の見直し」を指示するというのは、軽率な発言という程度では済まされない重要な意味をもつものであったといわざるをえないように思われる(2)。

3．修正案の評価

修正案の評価として、民主党の江田議員は、付則の三条と四条は評価するとしながらも、犯した犯罪行為が重大であるということと医療上の必要ということとは必ずしもイコールではないことを考慮すれば、修正案は筋の通ったものではなく、木に竹をついだもので、いろいろな制度がごちゃ混ぜになっていると批判した。この点は、修正案の提案者である塩崎議員が、民主党案にも魅力的なものがあって、本当は言ってみれば合体してもいいのではないかと理解を示したのに対して、江田議員が、医療の必要性と社会復帰の促進をいうのならば、精神保健福祉法を改正して措置入院制度の改善を図るべきであると主張したことと関連する。それは、修正案の矛盾と整合性を指摘した趣旨として重要だと思われるが、この点は、入退院の要件の変更の問題として後に問題にする。

次に、浜四津議員が修正案の提案者に対して、提案の動機と理由を正面から問うたのに対して、漆原議員は以下のように答弁した。

触法精神障害者の処遇をめぐる問題については、過去にいろいろな経緯があり、例えば、一九七六年の改正刑法草案に保安処分が規定されたことをきっかけに、その導入の是非が激しく論議され、また最近でも一九九八年の精神保健福祉法の一部改正の際にも、国会でこの問題について早急に検討を進めることが附帯決議に盛られた。また、日本の精神医療は諸外国に比べて随分と立ち遅れており、医療の中でもいわば日の当たらない領域で、その実情が他の分野の医療関係者にすらよく理解されないという実情があり、中でも触法精神障害者の処遇をめぐる問題が深刻かつ重大な問題となっている。この問題については、意見も様々であるが、その解決とともに、わが国の精神医療、保健、福祉を充実強化することが緊急の課題であることに異論はない。そこで、このような状況を進展させるためにも、この法律案を成立させることが必要であると考えるが、これまで衆議院において政府案に対して行われてきた様々な批判の中には十分の理由があるものもあって、与党としてはそのような批判は正面から受けとめて、問題点をできる限り明らかにしながら、これらを踏まえて、この制度を少しでも良いものにすることが大切だという思いで、修正するところは修正するという観点から今回の修正案をまとめた。

以上が、修正案の提案者自身の提案理由であるが、質問者の浜四津議員は、これに対して何らの再質問もしないままに終わっている。しかし、これで、修正案の趣旨が明確になったのかという点こそ検討を要するはずである。たとえば、保安処分論の歴史的経過の認識をさらに明確化するとともに、政府案に対する批判の中で、何に理由があり、何に理由がないと判断されたのか、またその判断基準はどこにあるのかという点をこそ問題として追求すべきであったといえよう(3)。

4. 入退院の要件の変更

入退院の要件（法四二条）が「入院をさせて医療を行わなければ心神喪失又は心神耗弱の状態の原因となった精神障害のために再び対象行為を行うおそれがあると認められる場合」から、「対象行為を行った際の精神障害を改善し、これに伴って同様の行為を行うことなく、社会に復帰することを促進するため、入院をさせてこの法律による医療を受けさせる必要があると認められる場合」に変更されたことが、修正案の最大の問題点であっただけに、この法務委員会でも質問が集中する結果となった。

まず、佐々木議員が修正の理由を質問したのに対して、塩崎議員は、衆議院の審議において、入院の決定を受けた者をいわば危険人物としてレッテルを張るような結果となったり、あるいはかえって本人の円滑な社会復帰が妨げられることにならないか、あるいは漠然とした危険を感じさせるような場合まで本制度の対象になってしまうのではないか、あるいは特定の具体的な犯罪行為やそれが行われる時期の予測といった不可能な予測を強いるのではないかといった様々な批判が院内外を問わず出てきたので、修正案では、本人の精神障害を改善するための医療の必要性が中心的な要件であることを明確化するとともに、このような医療の必要性の内容を限定して、精神障害の改善に伴って同様の行為を行うことなく社会に復帰ができるようにという配慮をすることが必要と認められる者だけを本制度の対象にしたものであると説明した。

このような説明は、すでにこれまでもなされていた答弁を単に繰り返したものであり、全く新味のないものであったが、佐々木議員はそれ以上追求しなかった。しかし、与党の浜四津議員は、さらに、修正前の要件と修正後の要件はどこが異なるのかという形で説明を求めた。これに対して、漆原議員は、修正前の要件には医療の必要性とか対象者の社会復帰といった観点が明記されていないのに対して、修正後の要件では、対象行為を行った際の精神障害を改善するためにこの法律による医療が必要と認められた者に限り、さらにその中でも、精神障害の改善によって同様の行為を行うことなく社会に復帰できるよう配慮することが必要な者だけが対象になることが明記されている点が異なるとした上で、たとえば政府案に対しては、単に漠然とした危険性のようなものが感じられるにすぎない場合も本制度による対象になるのではないかとの批判があったが、修正案では、このような場合であっても対象行為を行った際と同様の症状が再発する具体的、現実的な可能性もないような場合には、その精神障害のために再び同様の行為を行う可能性もないので、本制度の対象とはならないと答えている。

これは、従来の答弁と同様な趣旨に見えるが、修正前の「再犯のおそれ」との関係が間接的ながらも少し見えてきているように思われる点に注目すべきである。それは、修正案が医療の必要性と社会復帰への転換をいいつつも、再び同様な症状が再発する可能性（おそれ）と同様の行為を行う可能性（おそれ）にも言及しているからであり、ただそのような可能性（おそれ）がない場合を除外するという形で位置づけられている点を見逃してはならない。結果的に、要件が修正前よりも限定されたというのは疑問であり、巧妙な論理のすりかえが存在しているように思われる(4)。

江田議員も、この入退院要件について質問し、「再犯のおそれ」から「医療の必要性」への転換には矛盾があり、整合性を欠くのではないかと食い下がったが、塩崎議員は、二重のハンディを背負った対象者には一般に手厚い専門的な医療の必要性が高く、再び同様な行為が行われることになれば、本人の社会復帰に重大な障害となることから医療の確保が不可欠であると繰り返すのみで、この論理は自らも「禅問答」的なところがあることを認めるという有り様で、それ以上に論議は煮詰まらなかった。

一方、共産党の井上議員も、この問題を追求したが、そこでは「自傷他害のおそれ」との関連が問題とされた。塩崎議員は、一方では、「自傷他害のおそれ」を判断するというのはこの法律の枠組みでの要件には当たらないとしつつ、しかし他方では、自傷他害のおそれのあるものという範疇の中に当然、この法案の手厚い医療を施す必要がある人たちが入っているともいい、その重なりはかなり違うと答えるなど、混乱が見られる。それは、措置入院の要件とこの法律の要件との関係という最も基本的な問題が、未整理なままに置かれているという「不整合」を顕在化させるものであったといえよう。

最後に、福島議員もこの要件論に触れて、なぜ重大な他害行為を行った精神障害者に対する強制入院が正当化できるのかという根本問題を提起したが、樋渡刑事局長は、一般に手厚い専門的な医療の必要性が高いのでその医療を確保することが不可欠であるという答弁を繰り返すにとどまっている。ここでは、福島議員が、隔離された施設に無期限に収容することの人権侵害の危険を強調したのに対して、政府側は、社会復帰を促進するという本法の目的に照らして、予め入院期間の上限を定めることは適当でないといった具合に、平行した理念論争に終わってしまったのが惜しまれる(5)。

5. 審判の合議制と裁判官の関与

審判における裁判官と医師との合議制についても、すでに多くの議論があり、この法務委員会でも取り上げられた。

佐々木議員は、精神科医と司法精神医学には素人同然の裁判官がかかわった場合、裁判官には精神科医の意見を評価するほどの識見がなく、精神科医のいうがままになりかねないという危惧を表明したが、樋渡刑事局長は、医学的知見が極めて重要であることは当然であるが、本制度による処遇は自由に対する何らかの制約や干渉を伴うものであるから、医師による医療的な判断に併せて裁判官による法的な判断が行われ、両者のいずれにも偏らないような適切な処遇を決定する仕組みであるという模範的な答弁を行っている。問題は、裁判官の法的判断とは何かという点にあるが、それは医学的判断の合理性、妥当性を吟味するとともに、対象者の生活環境にかんがみ、継続的な医療が確保されるか否か、同様の行為を行うことなく社会に復帰できるような状況にあるか否かといった点を考慮するものだと答えている。ここでも、それが「再犯のおそれ」の判断とどのようにかかわるのかという点が不明確なところに問題を残している(6)。

この合議制の審判の性格については、江田議員もこれを問題とし、本法案の審判の手続が刑事手続なのか民事手続なのかという質問をしたのに対して、最高裁事務総局の大野刑事局長は、そのいずれでもなく、非訟事件に当たるのではないかと答弁している。江田議員は、これが刑事事件の部類に入る新しい手続であると理解した上で、憲法三一条の適正手続との関係を質問した。これに対して、法務省の樋渡刑事局長は、本法案による処遇制度が刑罰に代わる制裁を科すことを目的とするものではなく、継続的かつ適切な医療を行い、また医療を確保するため必要な観察を行うことにより社会復帰を促進するための制度であるから、その手続が刑事訴訟法と同様なものでなければならないという理由はなく、より柔軟で十分な資料に基づいて適切な処遇を決定することができる審判手続によることが最も適当であるとし、それは憲法三一条の趣旨に反するものではないと答弁している。

たしかに、本法案の定める審判手続は刑事手続による刑事処分ではないが、しかしそれが「自由に対する制約や干渉を伴うもの」であることは認められているので、それに相応しい権利保障がなければならず、本法案の手続が対象者の権利保障にとって十分なものかという点が、とくに少年法の保護手続との関連において、さらに検討されなければならず、安易に医療による社会復帰目的（パレンス・パトリエ）を強調することには問題があるといえよう。(7)

6．指定医療機関と治療内容

佐々木議員は、新しい指定医療機関がどれくらいの数を予定しているのかを問うたが、厚労省の上田保健福祉部長は、現時点ではいまだ的確なことはいえないとしつつ、一年間の入院対象者は最大四〇〇人程度ではないかとし、措置入院の患者が半年で約五〇%が措置解除になっていることを参酌すれば、本制度施行後、約一〇年後に全国で約八〇〇から九〇〇床程度になるであろうと答弁している。しかし、この段階になっても、全国のどこに何カ所設置されるかも分からないという不明確な状況にあることのほか、措置入院の解除率がどの程度参考に出来るのか、もっと長期の入院期間になるのでないかという疑問も残されている。

それよりも問題なのは、この指定医療機関における医療の内容についてである。佐々木議員は、この法案に基づいた治療内容が措置入院で入った人の治療内容とどこが違うのかという鋭い質問をしたが、これに対する上田部長の答弁では、この指定医療機関では、厚労相が定める基準に基づいて、医療関係者の配置を手厚くし、あるいは医療施設の十分整った病棟において高度な技術をもつ多くのスタッフが頻繁な評価と治療を行い、また医療費も全額国庫が負担するなど、他の一般の医療機関あるいは措置入院にくらべて手厚い精神医療を行うものだというのである。この点は、浜四津議員も同様の質問をしたが、上田部長は、上記の答弁を繰り返した後、さらに、本制度は最新の司法精神医学の知見を踏まえた専門的なものであり、たとえば欧米諸国の司法精神医療機関で広く実施されている精神療法を導入するなど、高度かつ専門的な精神医療を行うことにしていると答えている。

この点も、すでにこれまで度々問題にされてきた点であるが、とくにこの指定医療機関において予定されている「手厚い専門的な医療」の中身は何なのかという最も肝心な点が依然としてはっきりしないもどかしさがある。ここで注目すべきは、福島議員が修正案の提案者に対して、端的に、修正案の下での治療には政府原案とは別の治療方法が考えられているのか、強制入院させた人には特別の治療法があるのか、それとも通常の治療と一緒なのかと問うたのに対して、塩崎議員は、医療の質という面では原案と修正案とではとくに変わったところはなく、「手厚い専門的な医療」によって社会復帰を促進するという観点は変わっていないと答えている点である。それは、「再犯のおそれ」か「医療の必要」かによって「手厚い専門的な医療」の中身は変わらないことを説明したものであるが、そこでは医療における「保安」と「警備」の問題が終始回避され続けていることに注目しなければならない。

これらの答弁の中には、矛盾とジレンマが含まれていることも指摘しておく必要がある。それは、指定医療機関だけにスタッフの充実などで特段の配慮をするということになると、他の措置入院や一般の精神医療の場合とのアンバランスを生じ、平等性の原則に反するだけでなく、なぜ重大な他害行為者だけが設備の充実した医療を保障されるのかという批判を受けるおそれがある。そこに決定的に欠けているのは、これらの施設が一般よりも「保安」と「警備」が厳しいものであることが意識的に隠蔽されているところにあり、諸外国でも、地域「保安」病棟という名称が一般であることを想起すべきであろう(8)。

7．精神鑑定と簡易鑑定

佐々木議員は、法三七条の定める「対象者の鑑定」が、責任能力の鑑定とどれほどの観点の相違があるのかと質問したのに対して、法務省の樋渡刑事局長は、刑事事件における責任能力の鑑定が行為者の刑事責任の有無およびその内容を判断するために、是非善悪を判断しかつその判断にしたがって行動する能力を判定するものであるのに対して、新たな処遇制度における鑑定は、裁判所が処遇の内容を決定するに当たって、対象者が精神障害者であるか否か、対象行為を行った際の精神障害を改善し、これに伴って同様の行為を行うことなく、社会に復帰することを促進するためにこの法律による医療を受けさせる必要があるか否かに関する専門家の意見を聴取するものであるから、責任能力の鑑定とは、鑑定の目的においても鑑定事項の点においても異なるものだと答えている。

この質問はこれで終わっているが、佐々木議員は、さらに、捜査段階の精神鑑定、とくに簡易鑑定に対する批判をどのように受けとめ、どのように改善していくのかという質問も提起した。この質問に対して、法務省の樋渡刑事局長は、これまで関係各方面から鑑定のための体制、鑑定を嘱託する側の検察官の対応、鑑定を行う精神科医側の対応について、様々な観点から問題があるのではないかとの指摘があり、その中には、地方の実情を踏まえた各地検の工夫を反映したものであったり、個々の事案の性質や鑑定の手法の違いによるのではないかと思われるものもあるが、検察官と精神科医との意思疎通が十分かどうかなど、鑑定をより適正に実施する上で耳を傾けるべき指摘も少なくなかったので、法務当局としては、簡易鑑定のあり方についてさらにその適正な運用が行われるよう専門家の意見も踏まえつつ、一つは捜査段階における精神鑑定の事例を集積し、精神科医等をも加えた研究会等においてこれを活用すること、二つ目としては、検察官に対していわゆる司法精神医学の研修を充実させること、三つ目には、鑑定人に被疑者に関する正確かつ必要十分な資料が提供されるような運用を検討することなどの方策を講ずることを検討したいと答えている。しかし、この点も、質疑はそれ以上には進まなかった。

ここでは、まず前者の問題について、審判段階における精神鑑定の対象と範囲が、四二条の入院要件の変更に伴って、原案にあった「再犯のおそれ」ではなく、修正案の「医療の必要性」に変わったために、複雑怪奇なものになったことを指摘しておかなければならない。しかも、この精神科医による鑑定事項が、そっくりそのまま裁判所による入退院の要件と重なるという構造になっており、その重複は鑑定の判断がそのまま入退院の判断に事実上踏襲されるという運用を生み出すことが予定されているように思われる。

一方、後者の「簡易鑑定」については、法務検察当局は一応低姿勢で、いくつかの改善項目をあげているのは前進であるといってよいが、問題の根はもっと深く、検察当局と特定の精神科医の癒着ともいうべき関係を、第三者的な目からチェックする制度がなければ、「適切な運用に努力する」ことで終わってしまうおそれがあるというべきであろう(9)。

8. 社会的入院と精神医療の現状

最後に、いわゆる社会的入院を含めて、精神医療の現状をめぐる論議にも関心が集まった。まず、浜四津議員は、わが国の精神医療一般の改善と底上げの問題に関連して、約七万二千人といわれる社会的入院を生む原因がどこにあったのか、またその解消に向けてどのような取り組みを考えているのか、また最終的に精神病棟の八割を占める民間精神病棟をどのように誘導していくのか、そのための財政的裏付けはどうするのかといった重要な質問を提起した。

これに対して、厚労省の上田部長は、社会的入院に至る背景は個々の患者により様々であるとした上で、諸外国に比べて精神病床数が多いこと、入院中に患者に対するリハビリ、あるいは早期退院に向けた家族等への働きかけ、相談、指導等が十分に行われていないなど、医療機関における問題点もあること、あるいは退院後の住まい、また福祉サービスといった地域での受け皿が不十分であることといった問題があるとし、したがって、こうした点を改善し、今後一〇年のうちに七万二千人の退院、社会復帰を進めていくために、ホームヘルプサービスなど、在宅生活を支援する福祉サービスの充実、あるいはグループホームなどの確保、また社会復帰施設の整備などを進め、地域住民の理解の促進などに取り組んでいくことにしていると答弁している。さらに今後、急性期医療の充実による入院期間の短縮とか、あるいは社会復帰施設の充実等による退院促進等々に取り組むことによって、入院患者の減少を促進し、ひいては精神病棟数の減少を促したいと考えているとし、また一方、民間病院を始めとする精神病院にとっては、精神病棟を減少させることに伴い、そこに働いている医師や看護師のスタッフを手厚い人員配置を必要とする急性期病棟とか専門病棟に再配置するとか、地域ケアを行うスタッフを活用することなどを通じて、より良い精神医療を実現するよう取り組みたいとしている。

以上は、厚生労働省としての精神医療改善のプランをかなり具体的に示した模範答案であるが、しかし仮にその通りになったとしても、三三万人にも及ぶ大量の入院者数の中で、本来は入院の必要がないはずの七万二千人の社会的入院をしかも一〇年間で解消するというきわめて微温的な解消策にすぎないことをあえて指摘しておかなければならず、しかもその上に、民間精神病院を代表する「日本精神科病院協会」自体が、このような社会的入院の解消策にさえ批判的な立場にあるというきびしい現状を決して見逃してはならない[10]。

このような日本の精神医療の現状は、この法務委員会での井上議員の質問の中で、より実証的な形で明らかになった。井上議員は、新障害者プランにおける訪問看護を始めとする在宅医療サービスなどの地域医療の拡充が具体的には「すべてこれから」というもので、五年後の数値目標が余りにも低く、目標通り整備されたとしても実態を好転させるにはほど遠いこと、保健所の役割が言われながら実際にはその数が三割も減少していることなどの点を具体的にあげたが、自信をもった答弁は結局なされないままに終わっている。

なお、精神医療の現状に対するきびしい見方は、与党の浜四津議員からも出ていたことを指摘しておく必要がある。そこでは、日本の精神病院の八割が私立であって三〇万人以上の入院者を抱えており、私立の精神病院は医師一人当たりの患者数が一般病院の三倍の四八人まで許容され、精神科特例の下で大量の患者を入院させることにより経営を成り立たせてきたという事実が指摘され、世界の精神医療が入院中心主義から地域精神医療へと大きく動いている中で、イタリアのトリエステでは、一九七八年以降入院治療を廃止して地域医療への大転換を図り成果をあげていることは、時として起こる不幸な事件、とりわけ初めての事件を防ぐには、精神医療の改善と充実こそが重要であることを証明しているとさえ明言されていたのが、きわめて注目されたのである[11]。

(1)　重大な他害行為を行った精神障害者ほど一般的に手厚い専門的な医療の必要性が高いという政府側の論理からすれば、軽い他害行為を行った精神障害者、さらに他害行為を行っていない精神障害者には、手厚い専門的な医療の必要性が低いといわざるを得ず、これはおかしな論理である。ここでは「手厚い専門的な医療」とは何かが問題であって、立法者の意図は、入院・通院の「確保」によって、再発と再犯を防止する必要性が高いという点にあるというべきであろう。それが、強制的な医療を確保する必要性を意味するのであれば、精神医療の本来の姿からは遠い「隔離」に至る危険を内在させることになるであろう。

（2）　この問題については、自由党の平野議員も質問事項に取り上げており、そこでは、法務省あるいは検察側として、あの事件を通して反省すべき問題があったのではないかと迫り、上述した山上氏のコメントも援用して法務省の見解を質した。しかし、樋渡刑事局長は、池田小学校事件については、当時、新聞等でいろいろ書かれていたが、決して精神障害者による犯行というわけではないので、そのことで本法案を作成し提案しようとしたわけではないと答弁し、山上氏の当時の発言についてもコメントを避けている。たしかに、事件当時は精神障害の疑いが問題になったことは事実であるが、無関係であるとわかった後では、小泉発言を含めて、その誤解を解消するために努力することこそ当局のとるべき誠実な対応ではあるまいかという感を深くする。

（3）　修正案が政府案に対する批判を正面から受けとめたというのであれば、修正案自体が政府案を批判するという位置づけになる可能性もある。一方では、それが理念的な修正であれば質的な変化が問題になるが、他方では、単なる表現上の変更や付け足しであれば、それは本質にはかかわらない派生的なものにとどまることになる。今回の修正案がそのいずれなのかということ自体が不明確である点に、本質的な限界があり、それが修正案に対する評価を分けることにもなったのである。

（4）　修正前の「再犯のおそれ」については、その予測の困難性から漠然とした危険性を含むという批判があることを察知した修正案の提案者は、医療と社会復帰の必要性を表の要件に出した上で、明らかに再発と再犯のおそれがない場合は対象から除外するという形で、いわば「消極的な要件」として取り込んだものと思われる。それは、「再犯のおそれ」の立証責任を免れるというメリットがあり、実際には医療と社会復帰の必要性を広く認めることによって、重大な他害行為を行った精神障害者を広く対象者に包含することが可能になるものと思われる。

（5）　しかし、これは単なる理念論争の問題ではないはずである。入院中心主義といわれる現在の精神病院内の患者の処遇状況の中に、すでに「閉鎖病棟」や「保護室」への隔離という形で、精神病院の警備と保安の問題が内在し、患者の人権侵害がしばしば不詳事件として現れているという現実がある。そのような状況の中で、重大な他害行為を行った精神障害者の入院だけが、手厚い専門的な医療の保障による社会復帰の促進として理念的にイメージされることの意味を再吟味しなければならない。この法律が精神医療全体の抜本的な改善の第一歩であるといってはばからない手ばなしの楽観的な感覚はどこから出てくるのであろうか。

（6）　自由の制約や干渉を伴うから裁判官が関与するというのであれば、人権保障の機能が予想されているように見えるが、強制入院の根拠が医療の必要と社会復帰の促進にあるとすれば、身柄拘束のチェックよりもむしろ医療を確保する必要を認める方向に裁判官の判断が傾くことが予測され、それは実際には「保安」の機能を果たすのではないかという危惧を払拭することができないことになるであろう。

(7)　なぜ裁判所が関与すべきなのか、そしてその際の裁判官の役割についての論議が、最初から制度の原則論としてきわめて不十分であったことを指摘しておく必要がある。これは、行政的な医療処分としての「措置入院」か、司法的な「保安処分」(治療処分) かという形で論議されてきたものであるが、本法案の制度は、結果的にはその中間的な性格のあいまいなものに落ちついたということができよう。さらに、少年審判との性格の異同と比較という点も、原則的な問題として検討されるべき課題である。

(8)　医療の外部的な条件整備の「手厚さ」とならんで、「専門的な医療」といわれるものの内容が問われるが、これについても、政府側の答弁は「司法精神医学」の知見にもとづいた専門的な医療というのみで、その内容としては、欧米の司法精神医療機関における「怒りのマネジメント」や「精神療法」を例にあげているにすぎない。しかも、それらは、欧米の保安処分制度の下で、人格障害者を含む治療方法として開発されてきたものであって、本制度のように最初から原則的に人格障害を対象者から除外したような施設の治療法として果たして相応しいかのかという原則的な疑問がある。なお、浜四津議員は、人格障害犯罪者の処遇体制の充実および専門家の養成が今後の課題であると指摘しているが、その例として北九州医療刑務所などで行われている「九州モデル」が成果をあげているといわれている点についても、その内容について、さらに検討を加える必要がある。

(9)　江田議員は、池田小学校事件に関連して、起訴前の精神鑑定の問題性を指摘し、民主党案にある起訴前の精神鑑定の適正化こそが妥当な対応策ではないかと主張したが、これに対する直接の回答は示されないままに終わっている。折角、修正案の提案者である塩崎議員が、民主党案とは必ずしも相矛盾するものではないという一般的な答弁をしながら、この起訴前の鑑定の適切さを精神鑑定センターにおいて客観的に保障するという民主党案が審議の対象にもされなかったのは、不公正のそしりを免れないであろう。

(10)　「日精協」は、二〇〇二年一一月六日の声明の中で、何ら今まで国の精神医療政策に対する本質的な議論もなく今回一方的に七万二千人の社会的入院を持ち出してきたことは、国民に精神医療、とくに精神科病院の現状を大いに誤解させるものであり、断じて容認できないと明言している (日精協・政治連盟ニュース、二〇〇二年一一月三〇日)。さらに、本法案が成立する直前に、日精協政治連盟から木村義雄厚生労働副大臣ほかの厚生労働族議員に巨額の政治献金がなされた事実が暴露され、「金まみれの法案」であると批判されたという泥々した事実は消えない。

なお、今回の法案の成立によって、新しい施設の設備費などに予算が計上され、それが精神科医療を部分的にでも潤すものという期待があったが、その反面、精神障害者の社会復帰施設の実に八割について二〇〇三年度の国の補助金がゼロになるという深刻な事態が発生していることが報じられていることは (朝日新聞二〇〇三年六月二七日)、精神医療の改善と充実に対する予算的裏付けがいかに危ういものであるかを端的に示したものといえよう。

(11)　このような考え方は、民主党や日弁連などがこの法案に反対してきた観点と基本的に共通するものであり、そこから法案に対する賛成の結論がどうして導かれるのか、理解し難いものがある。なお、井上議員は、刑務所内における精神障害者の処遇を問題とし、その抜本的な改善を要望しているが、森山法相はそれが困難な問題があることを認めた上で、行刑改革会議の論議も踏まえて、精神障害を有する受刑者の社会復帰につなげるよう鋭意努力したいと答えるにとどまっている。この問題は、次の法務委員会で集中的に論議されるようになったのである。

四　参議院法務委員会の質疑（3）

第三回目の参議院法務委員会は、二〇〇三年五月一三日に開催されたが、午前中は、名古屋刑務所での不祥事を受けて、法務及び司法行政等に関する調査のうち、矯正施設の処遇に関する件が議題とされた。この審議には、菊田幸一（明治大学法学部教授）と黒田治（東京都立松沢病院精神科医長）の二氏が参考人として招かれ、行刑改革会議の発足と並行して、この法務委員会でも主として刑務所の改革問題について質疑が行われた。

この刑務所改革問題は、受刑者の精神医療という観点から、心神喪失者等医療観察法案にも関連する点が存在するのであるが、この問題についてはそれほど立ち入った論議はなされていないので、本稿では、その内容の紹介と検討は省略することにする(1)。

当日の午後の審議は、再び心神喪失者等医療観察法案をめぐる質疑に移ったが、そこでは、三人の参考人の意見陳述があり、これをめぐって論議が行われた。参考人は、伊賀興一（日弁連心神喪失者等「医療」観察法案対策本部事務局長）、岩井宜子（専修大学法学部教授）、浦田重治郎（国立精神・神経センター武蔵病院副委員長）の三氏であった。

ここでも、参考人の意見に対する質疑を個別的にフォローすることはせず、質疑のテーマとなった問題ごとに、その内容を整理して紹介し、これに必要なコメントを加えることにする。

1．修正案の評価と「再犯のおそれ」

三人の参考人のうち、法案に反対したのは伊賀氏だけで、他の岩井氏と浦田氏は基本的に賛成の立場から意見を述べたので、法案の性格にかかわる修正案の評価や「再犯のおそれ」の要件の削除をめぐる問題は、質疑の中でも、あまり正面から問われることがなく終わっている。

しかし、民主党の朝日議員の質問に答えて、伊賀氏は、原案と修正案を比較して、「再犯のおそれ」が入退院の要件から削除されてはいるが、第一条には対象行為の再発防止の目的がかかげられ、新しい要件でも同様の行為を行うことなく社会復帰ができるようにという用語が残っているので、この処遇要件が「再犯のおそれ」という社会防衛的観点、もしくは将来の危険性除去という理念を全く排除したものとはいえず、結論的には、処遇要件は変わったけれども基本的な理念は共通するといわざるをえないのではないかという疑問を日弁連としては留保していると指摘していた点に注目しなければならない。

この点は、修正案が「再犯のおそれ」を処遇要件から削除し、これに代えて「医療の必要性」と本人の社会復帰の促進を中心としたことの意味をめぐって、依然として理解の相違があり混乱を生じている状況の中で、そこには理念的な転換でなく連続性と共通性の側面があることを明確に指摘したものとして意味があるといえよう。ただし、修正案の提案者が、「再犯のおそれ」という要件を規定上から削除することによって、医療の必要性と社会復帰の促進という目的を強調しようとした主観的な意図と、そのために新しい要件を構想しこれを根拠づけようとする努力が存在したという事実は、それなりに評価されてしかるべきものと思われる(2)。

むしろ、この問題で注目されるのは、精神科医の浦田氏の見解である。浦田氏は、朝日議員の質問に答えて、修正案が処遇の要件を変更した点に関して、原案の「再犯のおそれ」のままでも別に違和感があるわけではないとし、再犯の予測はリスクマネジメントの手法として当然のことであり、余りにもこの問題を避けすぎたのではないかと明言している。そこには、再犯の予測は胸を張ってできるとはいえないが、努力すればやっていけるという精神科医の一つの立場が表明されており、これによれば、「再犯のおそれ」を変更する必要は必ずしもなかったという評価につながるのである。

しかも、このような指摘は浦田氏の個人的な意見というよりは、わが国で「司法精神医学」の確立を主張する有力な一派（山上晧氏などを中心とする）に共通に見られる主張であることに注意しなければならない。この本命的な見解は、「再犯のおそれ」を要件とする原案の理念に対応するものであって、修正案の趣旨とは異なるものであることを、しっかりと確認しておく必要があるというべきである。(3)

2．**新しい制度の必要性とその理念（医療と司法の連携）**

新しい制度を作るためには、現行の制度とその運用に対する評価が必要であるが、ここではまず、岩井氏の評価を見ておく必要がある。

岩井氏は、精神障害者による他害行為がなされた場合には、その保護されている状態にほころびが露呈されたことを意味するとした上で、現行の制度上の問題として、精神保健福祉法上の措置入院の制度があるが、不起訴となって措置通報される者が多すぎるという批判があり、結果が不明瞭であるという不満が行為者にも被害者にもあること、措置入院を受けた者は一般の精神病院で一般の患者と一緒に治療を受けるわけで、そこにはいろいろな問題があり、かなりの精神病院内で他の患者への危険性が混在していること、さらに措置入院後のフォローも各病院長の判断に委ねられて、地域差があり、その治癒状況が不確実で、不当に早い退院がなされたり、不当に長い拘束がなされたりということがあること、退院後のフォローをなし得ないことから再犯率が高く、それは措置入院になった後かなり早く退院しているという結果、その直後に再犯が行われているだろうことが示されていることなどの点をあげた上で、そのような保護のほころびが露呈されて他害行為を行った者に対しては、国が刑事司法によって何らかの対応をする必要があるというのである。

次に、浦田氏も新しい制度の必要性を認めるのであるが、現行の制度上および運用上の問題として、まず精神障害者自身が法の外におかれ市民権を奪われていると考えられ、裁判所の判断を受けておくことが大事ではないかということ、治療の場面でも、一般の患者と同じ病棟に入院することによって、問題行動が起こりやすい場合にはその対応に大変苦慮すること、また患者間でも人間関係が緊張の高いものになりやすいことなどから、そのような患者は病棟のセッティングを別にして、それなりの病棟を作った方がよいと言われるのである。

ここで重要なことは、これらの現行法制度とその運用の実態に対する論者のアプローチの仕方である。岩井氏は、精神障害者による他害行為が「保護のほころび」を露呈したものであるとしつつ、その原因が現行の措置入院制度とその運用にあるとするのであるが、その際念頭に置かれているのは、措置入院制度に地域差があり、結果が不明瞭であり、その結果、病院からの退院が早すぎて再犯に至りやすく、治療の面でも、一般の精神病者と一緒に治療することは危険が伴うという現状認識であって、そこから国の刑事司法で対応する必要性が導き出されているという点である。そして、この点では、浦田氏も同様であって、治療の場面における同一病棟での治療が危険なので、別の病棟をセッティングすることが必要であるという現状認識が前提とされている。「再犯のおそれ」の予測も可能であって、そのことを隠す必要はないと言われていることも、上述した通りである。

しかし、それは現行の制度と運用に欠けている「保安」の利益を「司法」(刑事司法)によって確保しようとするものであって、それはまさに「保安処分」の思想につながるものであることは否定し難いといわなければならない。そして、この点は、法務委員会での質疑の中にも現れている。

たとえば、佐々木議員が保護観察所における社会復帰調整官の役割について質問したのに対して、岩井氏は、執行猶予者で保護観察を受けたり、社会処遇システムで保護観察を受けている人達は、いろんな形で補導援護、指導監督を受けているわけで、そういう援助を確保するという役割を社会復帰調整官が果たすことになると答えている。これは、まさに刑の執行猶予者に対する保護観察を本法の指定医療機関からの退院者にも適用しようとするアプローチを示したものということができる。そこでは、行動のコントロールと強制治療の「確保」による再犯の防止が念頭におかれているのである。(4)

一方、浦田氏は精神科医であるので、治療と社会復帰に重点を置き、社会復帰調整官の役割についてもソーシャルワーカーとしての福祉的側面を強調しており、その観点からは、社会復帰調整官が法務省の所管である保護観察所に所属するのは違和感があると主張されているのは筋が通っているといえよう。しかし、保健所や精神保健センターでやれという議論もあるとしながらも、保健所では困難であるとして、結局は所属にはこだわらないと譲歩されるのである。

そして、より重要なのは、重大な触法患者を別の病棟で処遇することは「隔離」にならないのか、その場合に特別な治療方法というものがあるのかという井上議員の質問に対する浦田氏の回答である。浦田氏は、そういう人ばかり集めたら大変なことになりますよという話は決して無視しないとしつつも、医療の専門性の問題として、重大な他害行為を行った者に対しては、心理・社会的な「精神療法」的なアプローチが非常に重要であると答えている。ここでは、医療内容としてはイギリスの場合でもとくに変わらないといわれていた前提自体が疑われている点で、問題は重大であるといわなければならない。(5)

以上の点を除けば、本法案による新しい制度が、医療と司法との協力と協働から成るもので、それは審判前の精神鑑定から始まって、審判における裁判官と精神科医との合議による入退院の決定、さらに退院後の社会復帰調整官による地域医療との連携活動に至るまで、連携が期待されるという形で、賛成論が主張されている。そこに新たな「司法精神医学」の確立が展望されているというのが、本法案の見取図であるといわれるのである。

しかし、それが医療と社会復帰の促進をうたいながらも、対象者の「保安」と「隔離」に向かうおそれを隠然として内在しているのではないかという疑いを払拭し得ないところに「建前」と「本音」の交錯を見てとる必要があるといえよう(6)。

3．司法関与と精神鑑定

触法精神障害者に関する現行の措置入院制度は、検察官等の通報に基づいて、知事が二人以上の指定医に診察を命じ、その者が精神障害者であり、かつ医療および保護のために入院させなければその精神障害のために自身を傷つけまたは他人に害を及ぼすおそれがあると認めたときは、その者を国もしくは都道府県の設置した精神病院または指定病院に入院させることができることになっている（精神保健福祉法二九条）。これは、精神科医の判断に基づく知事の行政命令であって、司法機関（裁判所）の関与はいっさい認められていない（行政・医療モデル）。

これに対しては、かつてから欧米諸国のように、刑罰を補充するものとして、裁判所が治療施設への収容を言い渡す「保安処分」制度の導入が提案されてきたが、改正刑法草案（一九七四年）に採用されたものの、今日までその成立は実現しないままに終わっている（中山・刑法改正と保安処分、一九八六年）。

問題は、この法案が裁判所の関与を認め、一定の要件の下で指定医療機関への強制入院を認める点で、保安処分と共通しながらも、公式には保安処分とは性格が異なるといわれる所以はどこにあるのかという点である。

この点について、浜四津議員は、刑罰と保安処分との典型的な二元制を本法案が採らなかったのは、日本の実情を考慮したものとして理解できるが、不徹底ではないかとの批判もあるとして、岩井氏に質問した。これに対して、岩井氏は、そういう二元制のシステムがきちんと実現するならそういう対応でもよかったのではないかとした上で、今度の法案は、ある程度イギリスの病院収容命令に近いものを導入したものと評価している。それは、措置入院制度とそう違わない医療優先の下で、適正な手続を加えるという折衷案のようなもので、そういう形で精神医療と刑事司法とが協働するというシステムもいいのではないかといわれるのである。

論議はそれ以上には進まなかったが、そこには本法案の制度の性格と位置づけについて、なお検討を要する原則的な問題が含まれている。地方裁判所が入退院を決定するとしながらも、それが刑事手続上の「保安処分」ではなく、少年審判に類似するような一種の非訟事件手続であるともいわれるのである。しかし、全件が家裁に送致される少年法とも異なり、事件が捜査機関（検察）によって振り分けられるという点では、現行の措置入院制度と同様であって、その意味では「特別措置入院制度」ともいい得るが、しかし裁判所の関与という点では、決定的に異なる。そのメリットは、適正手続の導入にあるといわれるが、医療による社会復帰の促進が優先するとすれば、果たして司法関与による人権の保障が確保されるのかという疑問が残る。さらに、より重要なのは、裁判所の判断が強制医療の「確保」という「保安」の利益に傾くおそれがあるという点である。措置入院制度との関係も、明確な形で位置づけられているとはいえないのである(7)。

次に、精神鑑定については、この法務委員会でも質疑が続行された。

井上議員は、起訴前鑑定、とくに「簡易鑑定」に問題があるのではないかと質問したのに対して、伊賀氏は、起訴前の簡易鑑定にはルーズな面があるので、安易に数時間というのではなく、少なくとも二、三日、早期に、逮捕勾留期間中に判断を検察官ができるようにすべきこと、実務上も、鑑定人を個別に絞っていたのが徐々にいろんな人に頼んでいくという方向での是正が進んでくると思われるが、もっと明確にそういう議論を国民的にも起こしていく必要があると答えている。

一方、岩井氏は、法務省の資料によれば、簡易鑑定のみで措置入院がなされたケースは親族間の殺害行為というようなケースで、起訴することなく治療に委ねた方がよいと判断されやすいという感じがするが、検察官がこの法案の下で起訴するか審判に委ねるかを判断する際には、かなり責任能力の判断にとって重大なわけであるとした上で、ただ簡易鑑定を行った段階で病院治療が適当であると判断されるような場合には、審判の段階での鑑定も期待されるのだから、それでもよいのではないか、ただし一日、半日だけの問診という程度では少し安易すぎるので、慎重な手続が必要ではないかと答えている。

この検察段階における精神鑑定、とくに簡易鑑定の問題は、これまでにもすでに度々取り上げられ、さらに今後の審議の中でも問題とされる重要な論点であるにもかかわらず、実は今ひとつ論議が煮詰まらないという印象が深い。その理由は、これまでの措置入院の手続における検察段階での振り分けの実態、とくにその際の判断基準について、検察当局が必ずしも積極的に明らかにしようとせず、基本的に「適正な裁量」に委ねられてきたという点に由来すると思われる。検察当局も、地域的なばらつきや特定の鑑定人への集中といった問題があることは認めつつも、適正に処理するよう努力するという答弁にとどまっていたのである。この壁を破らなければ、前進は見込めないであろう(8)。

4. 人格障害者の問題

人格障害者ないし精神病質者の問題については、公式には本法案の対象外であるとして、あまり正面からは論議されてこなかったが、浜四津議員はこの問題を取り上げて、三人の参考人に意見を求めた。

伊賀氏は、これは大変難しい問題で、日弁連でもその施策について模索しているとした上で、イギリスの現在の司法精神医学も、事件を起こしたか否かにかかわらず、いわゆる人格障害者に対してどのような治療もしくは施策が妥当かということが法律案を伴いながら検討されていると聞いているので、日本も、おくれたヨーロッパの保安処分に追い付こうとするよりは、最先端の理論に検討のスタンスを変えた方がいいのではないかと思っていると答えた。

次に、岩井氏は、薬物使用者や人格障害者の場合には責任能力があるとされるので、なかなか本法の対象にはならないとしつつ、心神耗弱という判定の下でもし治療体制が整えば、治療に委ねた方がよいかもしれないが、その処遇は難しいだろうとし、しかし社会治療処遇というものがスイスやオランダなどでかなり工夫されているので、刑事責任能力があるとすれば、刑務所の処遇の中に組み込むように体制を整えるべきだと答えた。

一方、浦田氏は、純粋の人格障害はほぼ責任能力があるが、精神病状態と合併している場合には、人格障害の部分にどう対応していくのかという点が、どうしても回避できない今後の困難な課題であるとし、ただ覚せい剤を使用した精神病状態については、きちんと治療した上で、精神状態が収まった後も、覚せい剤の乱用については別途の問題が残ると答えている。

この問題は、直接は本法案の対象ではないとされながらも、上述した検察段階での振り分けの際に、心神耗弱で不起訴となる者の中に含まれて本法の審判に付され、指定精神病院に収容される可能性も残されるほか、責任能力があるとして起訴され、刑務所に収容される場合にも、どのような治療的処遇が可能なのかという問題として残ることになる。それは、「処遇困難者」の対処方法として論じられてきた問題であるが、「触法患者」の対処方法という切り口とどのように関連するのかという点をさらに検討しなければならないであろう。(9)

（1）　ただ、二、三の問題を指摘しておくと、刑務所内の医療が法務省の管轄にあること自体を再考する必要があるのではないかという質問に対して、黒田氏が、ヨーロッパなどでは、刑務所の中でも、医療については、たとえば日本の厚労省のようなところから予算も人も付けて運営するというのが次第に広がってきているので、法務省の中で処理するのでなく、外部の目というものが必要であると答えていること、精神科医は患者が保護房に入るについてどのように関与しているのかという質問に対して、同じく黒田氏は、保護房に入る段階で必ずしも一般の刑務所で精神科医が診察、評価して入れるということは難しいと答えている点などを記憶にとどめておくべきであると思われる。

(2)　修正案の提案者も、「再犯のおそれ」を「医療による社会復帰の必要性」によって完全に代替し得ないことは自覚していたはずである。そうなれば、一般の「医療保護入院」との区別がつかなくなるからである。そこで、重大な他害行為を行い再犯のおそれのある者は、医療を確保して社会復帰させる必要性がより高いという論理によって、何とか「再犯のおそれ」に対する社会防衛処分という論理から逃れ出ようとしたのである。しかし、修正案の論理を貫くと、措置入院でさえ「自傷他害のおそれ」を要件としているという点との整合性を欠くことにもなる点で、全体の制度の内部で原則的な矛盾が生じるおそれを内含するものであったといえよう。

(3)　これらの精神科医にとっては、「再犯のおそれ」の要件の変更は、それほど大きな問題として関心を呼ぶものではなかったといえよう。現に、浦田氏は、修正案の要件の変更によって、自分の頭が混乱したが、ただ修正案になって、もっと治療や社会復帰に重点をおけということかなという程度で、しかし基本的なベースはそれほど変えていないと明言している。そこには、修正案の提案者が、なぜわざわざ「再犯のおそれ」を入退院の要件から削除し、そのためにどのような苦しい答弁をしなければならなかったのかという点についての理解が全く姿を見せていないのである。

(4)　ここでは、指定医療機関から退院した本法案の対象者と、保護観察に付された刑の執行猶予者とを制度的に同一視することの根拠が真剣に問われなければならないはずである。保安処分の刑事局案骨子には、退院後の「療後観察」の規定が定められていたが、それは、刑に代わる「保安処分」制度であることの帰結である。本法案は、決して「保安処分」ではないといいながら、なぜ退院後の「観察処分」を正当化することができるのであろうか。さらに、刑の猶予者と病院からの退院者という制度目的上の決定的な相違が意識的・無意識的に無視されている点にも、より深刻な問題が存在する。

(5)　ここでは、重大な触法精神障害者の「隔離」ではなく「セッティング」が問題であるとされている点、および特別な「精神療法」といわれているものの実体は何かという点が問題である。警備が頑丈な場所への「隔離」と閉じ込めになるのではないかという疑問は、福島議員からも出されていたが、浦田氏は専門性のメリットとのバランスであると答えている。問題は、何を基準としたセッティングかという点にあるが、浦田氏は、イギリスの地域保安病棟の例をあげ、そこでは症状に応じた分類がなされているというのである。しかし、これでは、「触法」の重大性を基準としたセッティングのモデルとは言い難いであろう。それに、イギリスの施設も、地域「保安」病棟と呼ばれている限り、「警備」の問題に言及しないのは無責任のそしりを免れないように思われる。

さらに、最大の問題は「精神療法」といわれるものであるが、これが触法患者に特有の「専門的」な医療であることの立証はまだできていない。政府側がこれまで答弁していた「怒りのマネジメント」や自己反省の療法などとは違うものかという点も、是非明らかにしてほしいものである。

(6)　岩井氏も浦田氏も、外国の状況として、盛んにイギリスを援用し、制度のモデルも、治療の方法も、退院後のケアも、これに習うべきことがしばしば強調されている。しかし、触法患者の処遇を問題とする前に、浦田氏自身も、イギリスでは、一般の精神医療が充実しており、病床数は人口比で日本の五分の一位、病棟では人員の配置も手厚くなされおり、開放的で、隔離も極めて少なく、たとえ隔離されるときでも数時間であり、拘束をすれば人権問題となって大変なことになること、治療が多彩で手厚くなされており、また社会生活を支える地域医療が司法精神医療と同様に活発であって、わが国とは格段の差があることを指摘されているので、まずは精神医療一般の改善を求めるのが本来の筋であるというべきであろう。さらにいえば、福島議員が、そのイギリスでも、最高保安病院に拘禁されている人たちの中には、治療が終わっても拘禁され続ける人もあり、審査に参加する知識のある専門家が不足し、地域でのケアが不足しているために、回復しても出口がない状態にあるという新聞記事も存在すると指摘しているので、決して問題の解決が容易ではないことを忘れてはならない。

(7)　本法案の処遇制度の性格は、原案から修正案への変更があったことによって、ますます複雑で理解困難なものになったことは否めない。処遇の要件から「再犯のおそれ」が削除され、医療による社会復帰の必要性が強調されることによって、保安と社会防衛の色彩が緩和されたように見えるが、裁判官の法的判断はなお必要とされ、さらに退院後のケアに中心的な役割を期待される「社会復帰調整官」は、依然として「法務省」の管轄下に置かれており、重大な他害行為を行った精神障害者に対する「再発と再犯の防止を目的とした医療の確保」という要請は基本的に貫徹されているということができよう。

(8)　すでにこれまでにも、検察段階での振り分けが、一方では、措置入院の通報の方に傾きすぎる（精神病質者も精神病院に入院させられる）という評価とともに、他方では、起訴処分に傾きすぎる（精神病者も刑務所に送られる）という評価もあり、基本的なデータの不十分さが指摘されていた。さらに、本法案の下では、従来の基準自体が再検討されるのかという点も不明確なままである。措置入院では、警察も措置入院の通報権をもっていることとの関連も、再検討が必要である。なお、岩井氏が検察段階での鑑定と審判段階での鑑定とがともに責任能力に関係するかのように理解されているとすれば疑問であることを付言しておきたい。後者は、医療の必要性（再犯のおそれ）に関する鑑定として位置づけられているからである。

(9)　外国の「司法精神病棟」や「地域保安病棟」と呼ばれる施設が、どのような性格の患者を収容しているのか、「刑務所」との振り分けの基準はどこにあるのか、実際にどのような治療や処遇が行われているのかという点が、いまだ必ずしも明らかではない点に大きな問題が残されている。この点を明らかにした上で、これと比較しつつ、日本の現状の中で本法案の制度の性格と射程範囲を位置づけることが必要である。

五　参議院法務委員会の質疑（4）

第四回の参議院法務委員会は、二〇〇三年五月一五日に開催されたが、当日の午前中は、前回に引き続き、例の名古屋刑務所での不詳事に関連して、法務及び司法行政等に関する調査を議題として、矯正施設の処遇に関する件について、活発な質疑が行われた。その中には、刑務所における医療、とくに精神医療のあり方等の問題も含まれているので、興味があるが、心神喪失者法案には直接の関連はないので、ここでは内容の紹介を省略することにする。

当日は、午後一時から四時二五分まで、心神喪失者法案についての審議が行われたので、その質疑の内容をいくつかの問題点に整理して紹介し、これに必要なコメントを加えることにする。

1．いわゆる「日精協」の献金問題

まず挙げておかねばならないのは、この法務委員会の質疑の中で、木村義雄厚生労働副大臣に対する「日本精神科病院協会」からの献金問題が取り上げられ、かなり緊迫した微妙な質疑が行われたという事実である。

この献金問題については、すでに前日の五月一四日の衆議院厚生労働委員会で集中審議がなされた問題であったが、この法務委員会では、江田議員が取り上げて質問した。

江田議員（民主党）は、日精協という社団法人が日精協政治連盟という政治団体ももっており、木村副大臣が毎年政治献金をもらっていること、木村副大臣が自民党第二選挙支部の支部長をつとめていて、政党としても個人としても政治献金をもらっていることなどを確認した上で、以下のような趣旨の質問を提起した。日精協政治連盟が、二〇〇二年の一〇月、一一月、一二月、この当時は衆議院の法務委員会あるいは厚生労働委員会で今議題となっている法案を審議している真っ最中であり、その真っ最中に木村副大臣だけではなくその他多くの人に政治献金がなされ、あるいは、パーティー券を購入していたといわれているが、日精協というのは厚生労働省の監督、所管の社団法人であり、副大臣は厚生労働省の最高幹部の一人であるから、この団体及び関連の政治連盟などが行った昨年のその頃、あるいは昨年一年間の献金を調べて、これをリストとして出して頂けるかというのである。

これに対して木村副大臣は、日精協はわが省の所管であるが、政治連盟の方はおそらく総務省の所管だろうとした上で、その団体が資料を出すかどうかはその団体が考えることであって、私個人の問題ではないと思うと答弁した。そこで、江田氏は、委員長（魚住裕一郎氏）にリストの摘出を要

求し、委員長は、後刻、理事会で検討すると答え、いったんはおさまったかに見えたが、後になってこの点が紛糾することになった。

江田議員は、次の問題に転じて、この国会での副大臣としての答弁は、副大臣の公務員としての職務行為であるという認識はあるのかという点を確認した後、木村副大臣が昨年一一月六日の日精協全国集会に来賓として出席し、できるだけこの法案の早期成立に一生懸命に頑張ってまいりたい、省をあげて取り組んでまいりたいという趣旨の発言したというのは事実かと質問した。木村副大臣は、この法案がわが国の精神保健対策の充実という観点から提出されたものであり、そういう趣旨で述べたものであると答弁している。

そこで、江田議員はさらに、法務省の刑事局長に対して、刑法一九七条の定める収賄罪では、公務員が職務を曲げたわけでもなく、正しい職務をきっちり行ったときでも、お金をその職務に関連して受け取ったら、五年以下の懲役になるという趣旨なのかと質問している。樋渡刑事局長は、一九七条の構成要件は、公務員がその職務に関して賄賂を収受、要求または約束したときに成立するもので、その収受された利益が職務に対する不法な報酬であることを認識、認容していたことが必要であると答弁した。そして、国会での質疑も捜査の端緒になり得るのかという質問に対しては、なり得ると答えている。

そこで、江田議員は再び最初の問題にもどって、木村副大臣が厚生労働省の最高幹部の一人として、この法案審議の真っ最中に日精協から献金をもらい、衆議院の法案審議でも答弁をしているという事実は、この法案審議の舞台そのものが犯罪行為の場であって、その結果として法案が生まれたということになったら大変なことになるとして、献金リストの提出を求めてその結果を見なければここでの審議はできないと委員長に要求したが、委員長は、後刻、理事会で協議すると繰り返した。

江田議員は、さらに法務大臣に対しても、木村副大臣の献金問題について法務大臣として調査をしてこの委員会に報告してほしいと要求した。しかし、森山法相も樋渡刑事局長も、捜査機関の具体的な活動にかかわることについてはお答えいたしかねると答えるのみであった。そして、結局は、魚住委員長が、立案過程における不正行為云々という調査については、委員会として調査するか否かを含めて、後刻理事会で協議するほかないとしておさめることになった。

しかし、江田議員がそのまま審議に入ることに納得しないので、審議は一時間ほど中断し、再開後も木村副大臣がリスト提出の直接の権限がないので約束できないと答弁したので、法務委員会の審議は再び一〇分ほど中断し、二度目の再開後、木村副大臣がリスト提出について努力しますという答弁をしたことによって、ようやく審議が再開されるというハプニングが生じた。法務省の調査という点については、結局、法案の提出者として、経緯につき関心をもって十分に受けとめるという答弁にとどまってしまった。

以上が、日精協の政治献金をめぐる問題についての法務委員会での質疑の経緯であるが、この時期になって、厚生労働省の木村副大臣をはじめとする厚生労働族議員に対して、わが国の精神医療を実質的に支配しているといってもよい民間精神病院団体の政治連盟からの献金問題が表面化したことは、実に象徴的な出来事であったということができよう。しかし、問題がそれ以上には広がらず、引き続き法務委員会の審議が継続するようになったという全体的な「経緯」にこそ、この問題の政治的な背景の深刻さがあらわれているように思われる。(1)

しかし、この事件は、心神喪失者法案の内容とその動機や効果という点を、何よりも「日精協」にとっての利害関係という観点から、実質的に再検討して見ることとの重要性を示唆するものであったといえよう。

2. 入退院の判断基準の客観性

この点については、まず荒井正吾議員（自民党）が、入退院の判断について、強制入院とか隔離政策であるとか、入院積極、退院消極であるとかの批判もあるので、客観性と正確性を担保する保障がどこにあるのかという質問をした。

これに対して、上田茂厚労省障害保健福祉部長は、この法律による医療を受けさせる必要があるか否かの判定に際しては、まず裁判所から鑑定を命じられた医師が、症状や行動を注意深く観察し、必要な身体及び心理検査を行い、また行為当時の精神症状と対象行為の関係、またその際の心理的、社会的状況、あるいは病歴と過去の他害行為の有無等を調査し、また諸外国の司法精神医療機関で用いられている評価尺度等も参考にしながら、さらに入院中の種々の治療に対する反応性も考慮することにより、この法律による医療を受けさせる必要があるか否かを総合的に判断することになるとし、次いで、合議体の医師である精神保健審判員は、その専門的な知見に基づき鑑定結果の妥当性や客観性について改めて検証することによって、医師による鑑定が十分に客観的で説得力のあるものになると答弁している。一方、樋渡利秋法務省刑事局長は、鑑定入院においては、医師としての専門的見地から処遇の要否に関する鑑定を行うとともに、入院中の対象者の言動や病状等を医療的見地から観察することによって、個々の対象者の病状に応じた正確な判断が行われるような仕組みとしており、またこのような鑑定結果を受けた裁判所においても、裁判官と鑑定医とは別の精神科医である精神保健審判員が付添人等から提出された資料をも踏まえ、それぞれの専門的知見を生かして、鑑定結果の合理性、妥当性を十分に吟味するなどの方法により、個々の対象者の病状に応じた最も適切な処遇を的確に決定することができる仕組みとしていると答弁している。

以上の説明は、あらかじめ合意したかのように、鑑定医の意見の合理性と妥当性を裁判官と精神保健審判員が十分に検証し吟味することによってその判断の客観性と正確性が担保されることを自信に満ちた表現で模範的に語っている。しかし、質問者は、先日の参考人の浦田氏から聞いたところでも、なかなか判断の難しいところであるといわれたと指摘した上で、現在の最良の判断をして頂きたいと希望を述べるにとどまっており、これで問題が解決したとはいえない余地を残している。

ここでの根本的な疑問は、上田部長の説明によれば、鑑定医の判断がすでに「この法律による医療を受けさせる必要」があるか否かの総合的判断であるとされていて、医師による医療的判断の範囲を越えているのではないかという点であり、一方、樋渡局長の説明によれば、裁判所の最終判断も個々の対象者の病状等に応じた最も適正な処遇の決定にあるとして、むしろ医療判断が優先することを思わせるなど、一貫した説得性があるとは思われない。それは、むしろ本法による措置をとることを前提として、その際の考慮事項を挙げたにすぎないようにさえ思われるのである[2]。

このような疑問は、井上議員および福島議員の質問に現れている。

井上哲士議員（共産党）は、前回に引き続いて、入退院の要件における「自傷他害のおそれ」との関係に固執して質問を続けた。それは、本法においても「自傷他害のおそれ」が認められない者は社会復帰の観点からの配慮を要するとは認められないというのであれば、自傷他害のおそれのあることが一つの基準になっているのではないかという趣旨の質問であったが、塩崎氏は前者の点は認めつつも、本法では自傷他害のおそれを要件として判断するという構造にはなっていないと答えるにとどまった。井上議員は、それは医療が必要な者には医療を行うのだという意味での同義反復にすぎないと批判したが、結局、論議はすれ違いに終わっている。

さらに重要なのは、井上議員が、措置入院の場合には「自傷他害のおそれ」について、厚生省の告示第一二五号で、自傷他害のおそれの判定基準が示されているのであるから、本法でも、より具体的な判断基準を示すことが必要ではないかと問うた点である。そして、これに対する答弁は、微妙に分かれた。塩崎氏は、今回の新たな処遇制度においては、処遇の要否、内容の決定は精神保健判定医による鑑定を基礎として行うこととされており、その際に考慮すべき事項が法律に具体的に規定されているので（三七条二項）、その判断基準をこの法律以外に定めるということがなくても、十分に客観的で適正な鑑定が行われることになると答えたのに対して、上田障害保健福祉部長は、昨年一二月六日の衆議院法務委員会における坂口厚労相の答弁では、鑑定を行う精神保健判定医には、鑑定に際して必要とされる検査や調査あるいは考慮すべき事項等についても資料を作成した上で判断することを予定しているという趣旨のもので、その具体的内容については現段階において検討中であると答えている。しかし、いずれにしても、それは判断の困難性を意識した上での基準の具体化という趣旨のものではない点で、質問者が求めたような限定作用を期待することはできないであろう。

次に、福島瑞穂議員（社民党）も、とくに退院の要件に関連して、病気は一応治っても社会的に同様の行為を行う可能性があるのでさらに治療が必要であるとして、どんどん入院が長期化するのではないかと質問した。これに対して、修正案の提案者の一人である漆原氏は、入院の要件には二つあり、一つは対象行為を行った際の精神障害を改善するために入通院の必要があること、そして今一つは同様の行為を行うことなく社会復帰できるかどうかということにあるが、病状が全部回復したというのであれば、第一の要件がもうないのであるから、その後の入院の必要はないことになると答えている。

これは、病状が回復したら退院させてもよいと解される点で、注目すべき発言と考えられたが、塩崎氏はこれに次いで、いわゆる二重のハンディ論を持ち出して、仮にそのような精神障害が改善されないまま再び同様の行為が行われることになれば本人の社会復帰に重大な障害が出るので、このような医療を確保することが一番大事であるという、これまでの持論に戻ってしまった。そこでは、端的に、医療の「整備」よりも医療の「確保」が本命の目的であることが明言されているのである。(3)

3. 指定医療機関における手厚い専門的な医療

この問題についても、すでに多くの論議が行われてきているが、この法務委員会では、荒井、福島の両議員が質問をした。

まず、荒井議員は、指定医療機関がわが国における司法精神医療のメッカとなるような専門性と人員の配置等の体制確保が期待されるとしつつ、そのような専門性の高いスタッフの確保あるいは待遇は十分に保障されるのかと質問した。これに対して、厚労省の上田部長は、厚労省令によって医療関係者の配置を手厚くすることを定めるとともに、十分なスペースを取り設備が整った病棟において、高度の技術を持つ多くのスタッフが頻繁な評価や治療を実施し、医療費も全額国庫負担とするなど、一般の医療機関に比べ、国による全面的な支援の下に、手厚い精神医療を行うとし、さらに本制度は最新の司法精神医学の知見を踏まえた専門的なものとすることが求められ、例えば欧米諸国の司法精神医療機関で広く実施されている精神療法を導入するなど、高度かつ専門的な精神医療を行うことも考えていると答弁している。

この答弁は、従来の政府側の答弁を繰り返したにすぎないものであるが、しかしここでも、欧米諸国で広く実施されている「精神療法」とは、一体、どのような患者に対するどのような治療方法なのかという肝心の点は、依然として不明である。欧米の地域保安病院をモデルにするというのであれば、保安のための「警備」の手厚さについても、もっと率直に語るべきであろう。

次に、福島議員は、この法案の医療と一般の精神医療との関係を問い、この法案の対象者が退院後に地域の病院に入院することがあるのか、さらに、より基本的な問題として、この法案の医療は通常の医療と違うのか、同じなのかと質問した。これに対して、法務省の樋渡局長は、前者の点については、本法の医療が一般の精神医療に優先して適用されると し、本法によって退院の決定を受けた者でも、一般の精神医療を受けることは排除されておらず、地域の病院に入院することもあり得るとし、また後者の点については、この法案による医療が国の責任において行われる手厚い高度かつ専門的な精神医療であることを繰り返したにとどまった。質問者は、一般の治療と質的に違うとすればそれはなぜでどこが違うのか、「同様の行為を行うことなく」とは実は「再犯のおそれ」の言い換えにすぎないので、これが入ることによって、治療の本質は変わらないにもかかわらず、裁判所が関与して、より出にくくなるのではないかという問題意識から質問しているが、的確な回答がないまま、質疑としてはここで終わっているのが惜しまれる。(4)

4　社会復帰調整官の役割

退院後のアフターケアが患者の社会復帰の促進にとって極めて重要であり、新設の「社会復帰調整官」がその際のコーディネーターとしての役割を果たすべきものであることについては、何人も異論のないところである。しかし、それが果たして実効性のあるものとして機能するのかという点については、地域医療の実態との関係においても多くの課題があることが問題となった。

まず、荒井議員は、保護観察所の社会復帰調整官がコーディネーター役となって、退院後のアフターケアのネットワーク作りをするというのは大変いい制度だと思うが、その実効性が確保されるのかと質問した。これに対して、津田法務省保護局長は、社会復帰調整官が、指定通院医療機関を始め保健所等と協議して、地域社会における処遇の実施計画を定め、この計画に基づいて各機関が行う医療、援助等の処遇が適正かつ円滑に実施されるよう関係機関の間で緊密な連携の確保に努めることとしていると答弁している。質問者もこの模範的な答弁に満足したようであるが、ここでも実施上の困難な点などはいっさい触れられていない点に、かえって不安を覚えるほど、現状が厳しいことを念頭におくべきであろう。

次に、浜四津議員（公明党）も、この問題を取り上げ、地域社会における根強い偏見と差別の中で、その解消に向けてどのように取り組むのかという点を質問した。これに対して、津田局長は、保護観察所の長が本制度の対象者に対する民間の支援活動を促進するとともに、民間と連携して、対象者の円滑な社会復帰に対する地域住民の理解と協力を得るよう努めなければならないとし、具体的な取組としては、例えば精神障害者の社会復帰を支援するボランティア団体等の協力を得て、本制度の対象者の社会復帰について理解と協力を得るための啓発活動を実施し、あるいは地域の実情に即して対象者やその家族と地域住民との交流の機会を設けるなど、地道に息の長い活動を続けていくことが考えられると答弁している。そして、本件の新たな処遇制度を実施する過程で対象者が円滑に社会復帰する実績を積み重ねていくことが、長期的に見れば精神障害者に対する差別や偏見の解消につながっていくものと考えているというのである。

しかし、この論理が実証されるためには、社会復帰調整官の投入によって本法の対象者を含む退院後の精神障害者のケアと社会復帰が実際に促進されるという「実績」が獲得されなければならないが、そのことの実現自体を精神障害者に対する差別と偏見の存在が困難にしているという現実が忘れられてはならない。しかも、重大な他害行為を行って特別な指定医療機関に入院させられた者への差別と偏見が最も大きいという状況の中で、これらの者の社会復帰をその他の者から優先して実現することもできないであろうから、本法による特別な処遇の創設が長期的に見れば精神障害者に対する差別と偏見の解消につながるという論理の実現は決して容易ではないというべきである。

そして、井上議員の質問は、新設の社会復帰調整官を保護観察所に置いて、保護観察所に社会復帰の役割を担わせるという本法の仕組みが、処遇の決定と入院の段階までは刑事司法と切り離しながら、最後の社会復帰の役割を担う主体を法務省の所管の保護観察所に行わせるという意味で、保安処分的な発想に基づくものではないかという原則的な疑問のほかに、今の保護観察所の状況から見て、新しい仕事を担えるような状況なのか、保護観察事件の状況と今後の見込みはどうか、保護観察官の人数はどうなっているのかという現状への懸念を表明するものであった。

これに対して、まず第一の制度問題については、法務省の津田保護局長が、本制度の地域社会における処遇に保護観察所が関与することの理由として、国の機関が中心となるべきこととともに、保護観察所が全国に五〇カ所あって、そのネットワークを利用した統一的かつ円滑な処遇の実施が可能になることから、保護観察所が最も相応しいと答弁している。そして、社会復帰調整官の仕事の中心が医療の確保にあるとすれば、むしろ厚生労働省が担うべき仕事ではないかという質問に対しては、厚労省の上田保健福祉部長が、対象者や職務遂行上の専門的知識は異なっても、裁判所への申立て手続など、保護観察所の従来の業務と類似する点もあり、全国的なネットワークとして的確に対応し得る点で、保護観察所が担うことが適当であると答えている。

しかし、この問題は、全国的な組織として保護観察所が最も相応しいとか、裁判所への申立てなど類似する側面があるというだけで正当化されるようなレベルを越えた制度全体の性格にもかかわる本質的な問題であり、さらなる批判的な検討が必要であることを指摘しておかなければならない(5)。

次に、第二の現状に関する問題について、法務省の津田局長は、保護観察事件は毎年増加して平成一〇年からの五年間に四千件増しとなっており、中でも刑務所や少年院を仮釈放となって保護観察を受けている者の件数が近年著しく増加しており、一方環境調整事件も、この五年間で一万三千件の増加になっている事実を認めた。しかも、これを担う保護観察官の人数は、従来の保護観察部門でいえば、平成一〇年には千百二名であったものが、平成一四年には千八十一名に、平成一五年には千七十四名へと減少傾向にあることも認めた。

そこで、井上議員はこれを受けて、一人の保護観察官が担当する平均件数は全部で大体二百件くらいになり、それが今後もさらに増加することが予測されるという深刻な状況にあるとし、その中に社会復帰調整官が入っても、その担当件数は多くなる可能性があり、それだけのことを担当していけるのか疑問であると質問した。

これに対して、森山法相は、保護観察所の任務は非常に重くなってくるので、必要となる社会復帰調整官を確保して十分な準備をしていきたいと述べるにとどまり、津田局長も、精神保健観察は千数百名程度になることが予想されるとし、衆議院の答弁で対象者は一人あたり五名から一〇名程度といったのは、もっぱら精神保健観察に従事するとした場合の予測であるとし、最後に木村副大臣は、厚労省としても、社会復帰調整官に研修等が行われる際に、必要に応じて医療機関、精神保健福祉センター、保健所等の関係各機関の協力が得られるように努力したいと一般論を述べるにとどまった。

保護観察所の本来の業務がどのような状況にあるのかという、最も肝心な問題を実証的に明らかにしないままに、趣旨の異なる新たな精神保健観察が加えられた場合には、理念的な説明や努力目標は示せても、本当にやっていけるのかという疑念を払拭することは困難であるといわざるを得ないであろう(6)。

5．刑務所の医療と人格障害の問題

荒井議員は、刑務所内の医療、とくに精神医療にも本法案

のいうような最先端の医学の向上の成果を取り入れられないかという質問をしたが、法務省の横田矯正局長は、刑務所における精神医療が刑の執行機関という枠組みの中で精神障害を有する受刑者に治療を行うことを目的としたもので、当局としては、できるだけその充実に努めることが重要であると考えているとし、本制度が施行された場合には、指定医療機関における実践で得られた司法精神医学の成果も取り入れつつ、精神障害者に対する適正な医療の実施に努めたいと答弁したが、しかし同時に、矯正施設の医療には医師や医療スタッフの確保を始めとして難しい問題が多いことを認め、矯正局内に発足させた矯正医療問題対策プロジェクトによる検討や行刑改革会議の論議も踏まえて、一層の向上を図りたいと答弁している。

質問者は、よろしくお願いしますとして引き下がったが、名古屋刑務所事件で明らかになった刑務所内の医療の暗い現状の中での刑の執行という枠組み自体を前提としながら、どうして本法が予定するような「手厚い高度に専門的な医療」の保障が可能になるのかという根本的な疑義があることを指摘しておかなければならない(7)。

次に、浜四津議員も、刑務所内の精神障害者に対する処遇を問題とし、その向上を図るためにどのような取り組みを考えているのか質問した。これに対して、横田矯正局長は、さきほどと同趣旨の一般的な答弁とともに、医療刑務所では、精神療法、作業療法、薬物療法等の治療を行って、病状が改善すれば一般の刑務所に移すことにし、精神障害が軽度な者については、一般の刑務所において、近隣の医療機関の協力を得ながら必要に応じて投薬等の治療を行いつつ刑務作業を行う矯正処遇を行っていると答弁している(8)。

浜四津議員は、この問題にはそれ以上質問を続けなかったが、関連する問題として、池田小学校事件が本法案の直接のきっかけになったとし、この事件の加害者が精神病質の中でもサイコパスといわれる特質を有しており、こうした理解し難いような異常犯罪を行うサイコパスを始めとする精神病質または人格障害といわれる人達の社会治療処遇について、日本でも早急に真剣な取り組をされることを要望するとして、質問を終わっている。

これこそが、「手厚い専門的な医療」の対象ではないかというのが、質問者の趣旨ではないかと思われるが、これに対する答弁はないままに終わった。精神病質は、形式的には本法の対象外であるとされながら、実質的には処罰と治療の限界点にあり、放置することのできない困難な問題であることが自覚されつつあるといえよう(9)。

6. 措置入院との関係

措置入院については、まず、浜四津議員が、精神保健福祉法二五条の検察官通報がこれまで安易に行われる傾向があり、本来は処罰されるべき者が医療に送られ、医療側に過大な責任が押しつけられているという声が精神医療の現場にあるがどうかと質問した。

しかし、これに対しては、法務省の樋渡刑事局長が、検察官に科されている通報義務が精神の障害により医療および保護の必要がある者には広く医療等を受ける機会を与えるためのものであって、その者の責任能力の有無・程度はもとより、措置入院の要否にもかかわりのないものであるとした上で、仮に検察官の通報後の手続において措置入院の必要がないとされ、あるいは精神障害者ではないと判断された場合であっても、検察官が安易に通報しているという批判は当たらないと反論した。

ここでも、質問者はそれ以上追及しなかったが、この答弁には見過ごせない問題が含まれている。それは、検察官の通報義務が他害行為を行った精神障害者に広く医療等を受ける機会を与えるためのもので、責任能力や措置入院の要件（自傷他害のおそれ）にはかかわりがないとする点である。それは「簡易鑑定」の機能とも符合しないだけでなく、警察官通報の場合には「自傷他害のおそれ」が要件とされていることとも矛盾するという問題性をかかえており、通報が適正に行われているという言明だけでは、説得的であるとは思われない。(10)

なお、さきに入退院の要件のところで指摘したように、井上議員は措置入院の要件である「自傷他害のおそれ」と本法案の「この法律による医療の必要性」との関連を問題とし、自傷他害のおそれがない者は本法の対象にはならないという答弁からは、自傷他害のおそれも一つの基準になっているのではないかと質問したが、修正案の提案者である塩崎氏は、本法は「自傷他害のおそれ」の存否を要件とするものではないと答え、全くすれ違いに終わっていた。

立法者の解釈では、措置入院については「自傷他害のおそれ」が要件となるが、本法では「再犯のおそれ」が消えたことから「この法律による医療の必要性」が要件となるが、その際、自傷他害のおそれがないことは医療の必要性のないことを示す事由の一つだというのであろう。しかし、それは「再犯のおそれ」がないという判断にも及び、いわば消極的要件として考慮されるということになるのではないかと思われる。しかし、なぜそのような構造になるのかという点については、根拠が全く示されていないのである。(11)

（1）　木村副大臣が責任をとって辞職に追い込まれたわけでもなく、刑事告発に対して法務省が実際に動きを見せたわけでもなく、この問題が早々と終息してしまったのはなぜであろうか。「金まみれの法案」という汚名を着せられながらも、この法案は、結局、成立してしまうのである。素朴な国民の目からすれば、日精協と政界（自民党）ないし官界（厚生労働省）とのおそるべき癒着の深さを思い知らされたという以外には、いうべき言葉もないというべきであろう。

(2)　たしかに、本法案の規定によれば、検察官による申立ての際の基準も（三三条）、対象者の鑑定の際の基準も（三七条）、裁判所による入院等の決定の際の基準も（四二条）、すべて同様の内容であって、「対象行為を行った際の精神障害を改善し、これに伴って同様の行為を行うことなく、社会に復帰することを促進するため、入院させてこの法律による医療を受けさせる必要」があるか否かにすべて統一されている。これは、原案にあった「継続的な医療を行わなければ心神喪失又は心神耗弱の状態の原因となった精神障害のために再び対象行為を行うおそれ」の有無という要件を変更したものであるが、「再犯のおそれ」が「医療の必要性」に変更されたために、一方ではその判断の困難性（再犯予測の困難性）が回避されたように見えながら、他方では「医療の必要性」が広く認められ、限界性を失うという結果を招来したように思われる。医療的判断とそれを前提とした法的判断との関係も、より一層不分明にならざるを得なかったのである。

(3)　ここで医療の「確保」とは、精神障害のために同様の行為を行うことを防止するための強制医療措置を意味するものであって、これを本人の社会復帰の促進のための医療と言い換えたとしても、その本質的な性格は変わらないはずである。これを二重のハンディを持った人への二重の救済措置と考えるのは、あまりにも現実から遊離した観念論といわざるを得ない。「再犯のおそれ」は削除されたのではなく、その表現が回避されただけで、修正案の新しい要件の中に組み込まれていると解さざるを得ない。ただし、修正案の提案者の中にもニュアンスの差があり、漆原議員の方が、より医療優先論の方向に傾き、社会防衛のためにこの制度が乱用されないように警告するという姿勢を明確にしているということは認めてよいであろう。しかし、事態がそうなるという保障があるわけではない。

(4)　本法の立案者が、人格障害者を本法の対象外であるとしながら、指定医療機関において実施される精神医療の内容が一般の精神医療の内容とは異なるとすることについては、すでに早い時期から問題があることが自覚されていた。「手厚い高度で専門的な医療」といわれるものが、設備やスタッフや医療費などの外部的条件だけでなく、医療の内容においても一般医療と質的に異なるのかという問題は、触法患者に特有の精神医療というものがあるのかという根本的な問題につながるものである。これまでは、「怒りのマネジメント」などが例として挙げられていたが、最近の答弁の中では「精神療法」などが援用されるようになってきているので、それらが「司法精神医療」に相応しいとされる根拠とその実質的な内容をさらに明確化していくという課題が残されている。

(5)　ここでは、何よりも、原案の「精神保健観察官」という名称が、修正案では「社会復帰調整官」に変更されたという事実を想起する必要がある。これは、退院後の「精神保健観察」を「保護観察所」が行うという制度をそのまま維持した上で、新設の「精神保健観察官」という名称を「社会復帰調整官」に変更したものであるが、提案者はその変更の理由として、これまでの観察官という言葉がいかにも監視のイメージが強いので、これをコーディネーターとしての役割に相応しいものにしたことをあげていた。しかし、それならば、それが「保護観察所」に所属することも、法案の名称が医療及び「観察」という表現を残していることも再検討されるべきあったと思われるにもかかわらず、その方は不変のままであり、保護観察所による本来の「保護観察」（刑事処分）との厳密な線引きはなされないままに終わっている。保護観察所の役割が強調されれば、保安の医療化よりも、医療の保安化に流れる危険がつきまとうのである。

(6)　衆議院での審議からも、この退院後の社会復帰の問題については、制度の仕組みと関係団体との連携が語られるのみで、現実的な観点から実施可能な「シュミレーション」の構築とその調査さえ、ほとんど示されないという状況が続いている。何よりも、保護観察や退院後のケアに実際に携わっている人達の意見を聞き、これを集約するという基礎的な作業が地道に行われないままに、社会復帰のための適正な仕組みと社会復帰調整官をコーディネーターとする関係各機関の連携の必要性のみが繰り返し答弁されるのは虚しい感じがする。

(7)　ただし、ここでは貧困な医療環境（医師や医療スタッフの著しい不足）をそのままにしてもなお、本法が予定する「司法精神医学」の成果が取り入れられる可能性があるのかという点を問題としておく必要がある。それは、「司法精神医療」というものが設備やマンパワーなどの外部的条件に関係なく、精神医療の内容自体にもかかわるものなのか、その内容にもかかわるとすればそれは従来の医療とどこが違うのかという点に関連するからである。

(8)　ここでも気になるのは、医療刑務所で行われているといわれる治療方法の中に、作業療法や薬物療法とともに、「精神療法」が含まれているという点である。これは、すでに本法案の対象者（重大な他害行為を行った精神障害者）に対する「司法精神医療」の例として、政府側の答弁者がたびたび援用したものに対応している。そのことは、責任能力があるとして刑務所に収容された受刑者に対する「精神療法」が、本法案の指定医療機関（精神病院）における「精神医療」と共通性をもつことを示している。それが、現代の司法精神医学の最先端をいく手厚い専門的な医療であるといわれるものの実体を表すものだとしても、刑務所の医療、とくに精神医療の貧困な実態との距離からは、なかなか実感が沸いてこないのである。

(9)　人格障害者は、刑務所においても精神病院においても「処遇困難者」として扱われるのが一般であり、いずれも処遇の実効性に乏しいことが問題視されてきたといってよい。人格の矯正が困難であるだけでなく、人権にかかわる問題であるとすれば、環境調整しか残されていないことになるが、それが精神病院でも果たし得ないのであれば、刑務所に拘禁するという消極的な対応しか期待できないのではないかというのが、やむを得ないとする現状認識の背景にあるといえよう。

(10)　検察官が限界事例を不起訴にして、措置入院の方に安易に送り過ぎるので、人格障害者もその中に含まれて、医療側の負担になっており、これを逆送できないという不満が現場の医療側から出ていることは事実であり、当局はそれらの事例について、より具体的に通報の妥当性を論証すべき責任があるというべきであろう。しかし、他方では、検察官が病状を軽視して、安易に起訴して裁判所に送っており、それが刑務所内の精神障害者の増加を促しているという逆の指摘もあるので、この問題は、簡易鑑定の問題とも関連して、より実証的に検討しなければならない基本的な問題である。

(11)　このような解釈は、「再犯のおそれ」の予測が困難なので、これを積極的な要件とするのは避けて、「この法律による医療の必要性」を要件とした上で、再犯のおそれが微小なときは医療の必要性を否定するという方向で処理するという構造を予定したものともいうことができよう。これは現実的な解決策のように思われるが、すでに「医療の必要性」が広く推定されており、その積極的な論証が回避されている点に、より大きな疑問があるというべきである。

六　参議院法務委員会の質疑（5）

第五回目の参議院法務委員会は、二〇〇三年五月二〇日の午前中、約二時間にわたって行われたが、当日は、三人の参考人からの意見陳述が行われ、これに対する質疑がなされた。

参考人として意見を述べたのは、藤丸成（社団法人日本精神科看護技術協会会長）、高木俊介（ウエノ診療所精神科医）、蟻塚亮二（津軽保健生活共同組合藤代健生病院名誉院長）の三氏である。いずれも精神医療の現場の専門家である。

以上の三氏の意見とこれに対する質疑の個々のやりとりは省略し、共通に現れた問題点をあげ、論点を整理した上で、これに必要なコメントを加えることにする。

1．「再犯のおそれ」とその予測

修正案は、入退院の要件から「再犯のおそれ」を削除して「この法律による医療の必要性」に変更したことが大きなインパクトと混乱をさえ招いていたのであるが、この点は、この法務委員会での質疑でも引き続き取り上げられた。

高木参考人は、意見の中で、「再犯予測」の問題に言及し、原案について当時の古田刑事局長がこの法案は自由への干渉が強いので再犯の予測が必要であるとし、坂口厚労相も再犯の予防が大前提であるとしていたので、それがもし変わったとするのであれば、はっきりした明言を求めたいと述べていた。そこで、朝日議員（民主党）は、修正案によって「再犯のおそれ」が本当に消えたのかと質問したのに対して、高木氏は、修正案でも「医療の必要性」以外の要件が必ずあるはずで、明言は避けられているが、少なくとも再犯の予防がこの法案の根本的な骨格、目的であると読み取れると答えている。

同様な質問に対して、蟻塚参考人も、修正案の性格については、高木意見に賛成であると答えているので、精神科医の間でも、修正案が「再犯のおそれ」の要件を削除したことによって法案の性格が変わったとする理解が生じたとは必ずしもいえず、むしろ表面から隠蔽されたにすぎないと考えられているのではないかと思われる。

しかし、この問題は、医療と社会復帰を前面に押し出すことによって、本法案の処遇が「利益処分」であるかのような印象を与え、違法な処分に対する「補償」を否定する根拠にも用いられるという効果にも連動していることに注目しなければならない(1)。

2．専門病棟の必要性と処遇内容

重大な他害行為を行った精神障害者のために特別な「専門病棟」を創設することの必要性については、三人の参考人のうち、藤丸氏は賛成、高木氏と蟻塚氏は反対という形で、意見が分かれた。

藤丸氏は、現場の看護者としての立場から、現状を改善していくためには、多大な看護力を必要とし、一般精神病棟での処遇は困難なので、専門的な治療施設が必要であるという現場の声に耳を傾けるべきではないかという意見を述べ、佐々木議員（自民党）がこれを受けて、同様の認識を持っていると賛同の意を示した。しかし、一方では、朝日議員（民主党）が、一般の精神医療の看護基準を前提に専門病棟が必要というのはいかがなものかと質問したのに対して、藤丸氏は、一般の精神科看護の基準が上がれば特別に司法精神病棟が必要かについては大変迷うところであると告白した上で、そのような底上げは今までの経過から見て無理ではないかと思うと率直に認めているのが、現場感覚の実情をあらわしていて興味深い。

そして、佐々木議員が本法の指定医療機関における医師や看護師の人員配置について質問したのに対して、藤丸氏は、やはりマンパワーが少ないという点こそ問題であり、とくに看護師は病院内にしか配置されない限界があると答弁している。

なお、藤丸氏の意見の中では、専門治療病棟の設置に当たっては、現状の暴力行為に対する職員の安全確保体制が不十分であるという指摘も踏まえて、諸外国に例のあるセキュリティースタッフの導入などが幅広く検討されるべきであると指摘している点、さらに具体的な看護についても、より専門的な治療プログラムが開発される可能性があり、触法精神障害者の中核となる治療プログラムは、怒り等の否定的な感情や問題行動のセルフコントロールに根ざした生活再建の支援にあるとの報告もあるとしている点が注目される。

前者の指摘は、専門病棟の「警備」問題を指摘したもので、政府側の説明と答弁が一貫して避けつづけてきた「保安」の問題を浮かび上がらせた点で重要である。また、後者の指摘は、指定医療機関の治療プログラムが実は刑事施設収容者に対する「社会治療」[2]と重なるのではないかという問題性を含むものといえよう。

一方、蟻塚氏は、佐々木議員が指定医療機関における人員配置について質問したのに対して、私はそもそもそのような施設は必要がないと思っているので、お答えできませんと開き直っているのが注目される。蟻塚氏は、現行の措置入院からの退院後の継続的な医療の確保という点についても、私が見ている限りでは、退院後にドロップアウトする人はまずほとんどいないとし、本人が来なければ往診して出掛け、絶対にドロップアウトさせないと答え、佐々木議員が、ほかの精神科医もそのようにされたら問題はないということかと念を押したのに対して、その通りであると答えている。この点は、新設の制度を作る前に、現状の調査と改善の必要があるという当然のことを見事に指摘したものといえよう。

蟻塚氏によれば、法案のいうような専門病棟は、単に不必要であるというにとどまらず、手厚い医療の名の下に、暴力と長期入院の悪循環が生じるというデメリットがあるという。帰るべき家族を持たない、仕事もないという人たちが、精神病院に長期に入院するという形態が改善されないままに悪化するという。そして、イギリスやノルウェーの保安病院でもスタッフが沈殿して駄目になってしまう。したがって、別に保安病院などの新しい施設を作らなくても、作ることの弊害の方が大きいので、むしろ地域を中心とした医療に日本全体の精神医療を再編成し直すことの方が大事であるといわれるのである。

また、高木氏も、福島議員（社民党）の質問に対して、他害行為を行った精神障害者であっても非常に穏やかで平和的な人が多いという点を指摘するとともに、特別な病棟に入れるという形でラベルを張ることは、悪循環によって、ますます社会復帰を困難にすることになると答えている。

以上の質疑は、重大な他害行為を行った精神障害者だけを扱う専門病棟を新設する必要性とその処遇効果という点について、さらに議論を深める必要があることを示唆しているといえよう[3]。

3．精神鑑定、とくに簡易鑑定

精神鑑定については、この法務委員会の質疑でも、とくに起訴前の「簡易鑑定」に関していくつかの論議が展開された。

まず、浜四津議員（公明党）が、起訴前鑑定の問題点を質したのに対して、高木氏は、精神鑑定を行う精神科医が非常に限られており、特定の人が非常に短い時間で鑑定をし、しかも検察寄りの判断を出す傾向があること、精神病質という診断があっても不起訴で措置通報される例もあることなどの点を指摘し、検察はきちんとした資料を出すべきであると答えている。

一方、井上議員（共産党）の質問に対しても、高木氏は、簡易鑑定の結果にばらつきがあって、起訴前鑑定の基準というものが全くなく、精神科医の経験だけでやっているという面があるとし、鑑定の公正を期すという点からも、今のように鑑定医が一方的に司法の側から選ばれるという体制は良くないのではないかと指摘し、基準ができたら、精神科医の一つの仕事として、そういう鑑定をする組織を作り、医療が主体となって司法と連携していくべきではないかと答えている。

また、蟻塚氏も、日本の精神科医のトレーニングの中で司法鑑定のトレーニングはなく、医学教育の中にもないというのが現状であるとし、各地域ごとに一定数の鑑定をする精神科医のグループを集めてトレーニングをすべきであると提案している。

この問題は、本法案が、一方では、現行の措置入院の判断とその処遇がばらばらだから、国の責任で裁判所と保護観察所の司法ルートを使って統一することが新法の趣旨であるとしながらも、他方では、起訴前鑑定も同じくばらばらであることを認めつつ、しかしこの点は検察官と法務省による自主的な改善に委ね、法案には全く触れるところがないという不均衡をかかえていることを示している。そして、すでに触れたように、法務省側は、その運用が基本的には適正であるとしてゆずらないのである[4]。

4．退院後のケアと社会復帰

退院後のケアと社会復帰の重要性については、とくに修正案が医療の継続による社会復帰を強調したこととあいまって、ほとんど一致した合意が成立し、そこから種々の改善提案が見られるようになり、この法務委員会でも、多くの質疑が行われた。

まず、藤丸氏に対しては、浜四津議員が、新設の社会復帰調整官の役割を含めて、本法による社会復帰に向けたアフターケアの具体的なイメージを質したが、これに対して藤丸氏は、司法精神医療では、現在の精神科医療における社会復帰の困難性と同じような、またそれ以上の困難があることを率直に指摘した上で、社会復帰調整官の数というのは絶対に必要なマンパワーであるが、現在の状況では、到底そういう役割を担うことはできないだろうという悲観的な予測を語っている。そして、マンパワーの確保とともに、看護師による訪問看護も必要ではないかといわれるのである。

また、井上議員も、藤丸氏に対して、地域ケアの問題について、とくに政府が提起した新障害者プランの水準で地域ケアと医療の全体を引き上げることができるのか、むしろ現状では結果として長期入院になる懸念はないのかと質問した。これに対して、藤丸氏は、現在のところ、受け皿が不足で、社会復帰施設が近くになく、グループホーム、住居の問題がないために、退院が大変難しくて長期化するというケースが多々あることを率直に指摘したのである。

また、井上議員の質問に対して、蟻塚氏も、日本ではイギリスなどに見られる住居ケアという概念がなく、その点が非常に単純、お粗末で、今のところ、グループホームだとか、援護寮、生活訓練施設、福祉ホームというものしかなく、援護寮にしても二年間または三年間という期限があり、まるで受験競争のように期限付きで出ていけというのは日本だけであると答弁している。

一方、朝日議員が、社会復帰調整官という名前になったものの、それを保護観察所に置いて果たして社会復帰のコーディネートができるのかと質問したのに対して、蟻塚氏は、保護観察所が一県に一カ所で果たして手が回るのかという問題があり、今ですら忙しいといわれている状況から疑問を呈し、ヨーロッパあるいは欧米の世界的な流れとしては、キャッチメントエリア方式というものがあって、大体人口三〇万人でチームを組んで、医者とか福祉とか心理とかいろんな人がチームに加わり、地域の中でケアしていこうとしていると し、一カ所で全体をコーディネートすることは不可能だと思うと答えている。

この退院後の社会復帰システムの問題は、とくに修正案の提案者が医療による社会復帰を強調しただけに、法案にとって重要なウエイトを与えられるはずのものであるが、実際には、三人の精神医療の実務家の目から見ても、大変困難な状況にあることが一致して認められたことは、法案全体に重大な影を落とすものであるといわなければならない。

立法の提案者は、この法務委員会での参考人の意見と質疑をいかに受け止めたのであろうか。(5)

5．司法関与と対象者の人権

参考人が三人とも精神医療の専門家であったこともあって、処遇決定への司法の関与についての制度的な問題については直接に質疑の対象にはならなかった。しかし、精神障害者の「裁判を受ける権利」については、いくつかの論議が行われたので、この問題を中心に質疑の内容をフォローしておくことにする。

まず、佐々木議員の質問に対して、蟻塚氏は、いわゆる精神疾患を持っている者たちを余りにも無能力と思っているのではないか、むしろ彼らにもきちんとした権利、責任を持たせるといっては横柄になるが、きちんと手続に沿って裁判をやればよい、それは当事者たちも裁判を受ける権利をくれといっているわけだから、そういうレベルで解決していけばよいと答えている。

また、浜四津議員の質問に対して、藤丸氏も、アンケート調査の中で意見が出たので、考えてみたところ、やはりまず、患者が裁判を受けることは基本的人権ではないか、その結果として、心神喪失または心神耗弱ということが裁判で決まれば、次の段階として医療という形になるというのが、この意見の趣旨であると答えている。藤丸氏は、平野議員（自由党）の質問に対しても、やはり基本的人権ということから考えると、裁判を受ける権利というものがあり、そこから入っていくべきではないかと思われると指摘している。

このような藤丸氏の意見は、とくに起訴前鑑定が措置入院のための鑑定ということになり、短時間で決まってそのまま措置入院になっていくことは、患者の裁判を受ける権利を侵害することになるという認識に根ざすものであり、それは本来が司法の責任で取り扱われるべきものが全面的に医療側が担うことを余儀なくされてきた経過があるという現状認識に由来するものであるといえよう。そこから、藤丸氏は、本人に罪を犯したという自覚があり、罪の償いをしたいという思いがある人にとって、刑法三九条（責任能力）の適用がよいのか疑問であるとし、医療ではなく司法を中心とした処遇を推進すべきだということまで主張するのである。

一方、高木氏のこの点に関する意見は、必ずしも明確ではないが、福島議員の質問に対して、本法案が人権侵害の可能性を考慮して司法の関与を必要とすることを提案者側も認めているのではないかと思うとし、危険性の予測というのは誤る可能性があるので司法の関与が必要という論理になっていると解釈している。しかし、司法（ここでは検察官）が結論を医療に押しつけるという関係を不当としつつも、そこには対象者の裁判を受ける権利というものは想定されているとは思われない。そこでは、むしろ、「医療は迅速に、司法は慎重に」というスローガンが予定されているといえよう。

さて、この問題については、藤丸氏が精神障害者についても、責任と自由と権利が人間としての尊厳の基本にかかわるもので剝奪されることはないと主張される限り、その正当性は疑うべくもない。しかし、そこから、すべての触法精神障害者に「裁判をうける権利」があるから司法関与が優先するという論理が出てくるとすれば疑問が生じる。責任能力のない者は刑罰を科されないという原則は、精神障害者の「人権」を守るための大前提であって、これを崩せば、典型的な「保安処分」制度に直結することになる。むしろ問題は、捜査段階から「医療」を迅速に保障される権利をこそ追求すべきであり、精神医療の中に含まれる人権侵害をチェックするために司法の役割を位置づけることが必要であるというべきではなかろうか。(6)

6．精神病質と人格障害

精神病質ないし人格障害は、公式的には本法の対象外であるとされながら、実際には深い関連があり、解決困難な問題であることが意識されてきている。

この問題については、前回に引き続き、浜四津議員が取り上げて、高木氏に対して質問した。これに対して高木氏は、精神病質とは、そもそも疾病ではなく、ある正常な性格の偏りと定義されているとした上で、周りだけが悩んでいて、本人には治療の意欲がない場合には、医療の対象にはなり得ず、治療の可能性もないので、一時的な緊急避難の問題としてだけ預かっているのが現状であるとする。したがって、司法の方が、精神病質だからということで精神医療の方にもってこられても、これは精神医療としては対処のしようがないといわれるのである。ただし、たとえば精神病質の人が酩酊状態にあった場合、その場合の酩酊になる前提について本人が責任をもって分かっていたはずだという議論もあるので、そういう議論がまずはきちんと尽くされるべきで、安易に精神医療の対象にするというのは混乱を招くことになると答えている。

質疑はこれで終わってしまっているのであるが、高木氏は、その意見の中で、本法の対象者という観点からこの問題にかなり触れていることに注目しなければならない。それによれば、政府が本法には精神病質は含まないと再三いっているが、しかし現実には、覚せい剤中毒や精神病質で不起訴になっている者、あるいは責任能力なしとされている者が多くあり、これらの者がどのような経路を通っているか、司法判断があった後にどのような医療のルートに乗っているのかという点についての資料が何ら出されていないので、これを要求するとしている。そしてその上で、本法案の対象者として最初のころに述べられたのは、重大事件を繰り返す者は精神障害者であるとともに強い犯罪傾向を併せもっている、他害行為を繰り返す者の八割は発病前から何度も事件を起こしている者である、つまり、この法案の対象者の八割の者は精神病質という範疇に含まれる可能性がある、しかも再犯を繰り返す要因は、精神病ではなく精神病質の部分にあるということが答弁の中で明らかになっているというのである。

これは重大な発言であるが、高木氏はさらに、議論が混乱して、本法案の審議の中で実は精神病質の問題が延々と繰り返されているといい、前回の伊賀参考人の発言も、精神病の犯罪はこういう新法を作らなくても現行制度の運用でやっていけるという主張の中で出たものであって、それでは不可能な対象として精神病質を挙げているけれども、精神病質の再犯率の高さを延々と議論しても、結局は精神障害者は危険であるという誤解を招いてしまうだけである。法案が精神病者、精神障害者への偏見や差別をなくすといいながら、議論の中では、再犯率の高い特殊な範疇、カテゴリーを挙げて議論するというのはおかしなことで、精神病質は日本では刑法の問題なので、医療の問題として語るべきではないと結論付けられるのである。

たしかに、これまでの議論には混乱があり、それが司法と精神医療との関係についての十分な調査がなされず、精神医療の悲惨な状態を放置して、追い詰められた人を対象にして法律をつくるからだといわれるのにも、十分の理由があるように思われる。しかし、なおこれまでの理解と高木発言との関係には不分明なところが残されている。しかも、議論をさらに混乱させているのは、法案自体が表面上は「再犯のおそれ」を要件から削除したことの影響であって、それが本法の対象者の範囲とこれを限界づける基準自体をますます不明確なものにしてしまったという点である。

本法の主たる対象者が、精神病者ではなく、実は精神病質者ではないかという高木氏の問題提起を真剣に受けとめて、何よりも調査と検討が行われなければならない。指定医療機関における「手厚い専門的医療」の内容にも、上述したように、精神病質者を対象としたと思われるところが含まれており、「保安病院」[7]のイメージもつきまとうことを否定できないのである。

7．措置入院との関係

現行の精神保健福祉法上の措置入院制度との関係も、これまでたびたび論じられてきたが、この法務委員会では、井上議員がこの法案では措置入院制度の改善は何もなされていないのではないかとして、その点を高木氏に質問した。

これに対して、高木氏は、措置入院についは非常に問題が大きいとしつつ、一つは、退院に際してどうしても社会的、防衛的な性格を医師が引き受けてしまって部分があるので、何らかの制度的な手当てが必要であろうとする。さらに、現実の運用として、なぜ措置入院がこうも長期化するするのかが問題であるとし、それだけの手厚い治療が要る措置入院の患者で、この法律の対象者と同じように手厚い医療が要るはずの人が現在の非常に手薄な医療の中で処遇されているところに問題があると答えている。

質疑はこれで終わっているが、そこにもいくつかの問題がある。一つは、現行の措置入院の中で、とくに退院の判断に当たって精神科医が社会防衛的な役割を引き受けてしまっているという指摘であるが、それはある程度やむを得ないとしても、これに対する制度的な手当てとは具体的にどのようなことが考えられているのか知りたいところである。退院の判断は厄介だから裁判所に委ねたらすむという問題ではなく、より一層社会防衛的な方向に傾くおそれも存在する。精神医療審査会に準じるような制度が考えられているのであろうか。

次に、措置入院の運用が入院の長期化をもたらしているという認識は、本法の賛成者が措置入院の欠陥として、安易に早く退院させすぎるという点をあげていた点と真っ向から矛盾するという点である。このような評価の著しい落差を解消するためにも、是非とも客観的な調査資料の作成とその開示が必要であるという感を深くする。水掛け論がなお多すぎるのである。

最後に、措置入院患者に対する医療の内容が問題であるが、高木氏ははっきりと「手薄な医療」であることを認めている。そして、本法の立案者も、重大な他害行為を行った精神障害者に対する「手厚い専門的な医療」を語る際に、措置入院患者ならば「手薄な医療」でよいと認めるわけでもあるまい。では、その両者について、医療の内容にどのような異同があると考えられているのであろうかという疑問が残る。これは、犯行の重大性の程度によって、与えられるべき医療の内容が異なるのかという周知の疑問につながるものであるといえよう。[8]

(1)　修正案の提案者は、原案にあった「再犯のおそれ」を削除したことを強調し、それが本法案を社会防衛処分的な性格から「医療と社会復帰」的な性格へと転換させたことを意味するとし、それ以後の政府側の答弁でも、重大な他害行為を行った者は、より危険だから特殊病棟に収容するのではなく、医療を確保して社会復帰を促進する必要性がより高いからであるという趣旨に答弁を統一することになった。しかし、「再犯のおそれ」が本当に削除されたとは明言せず、法案に賛成する法学者にも精神科医にも「再犯のおそれ」の判断がなお残っていることを否定する者はいないのが現状である。一方では、自由の干渉と制限を予定した手続を用意しながら、それが「利益処分」であるから「補償」の対象ではないとすることは、明らかに論理矛盾であることは誰の目にも明らかであろう。そして現に、藤丸氏は、本法案が成立しても、現在千人を越えると推測される現在入院中の触法精神障害者が、この法律による専門的な手厚い医療を受けることができず、取り残されてしまうことを不当とし、あたかも本法の「利益処分」が遡及適用されるべきことを示唆されているようにさえ思えるのである。

(2)　ここで注意すべきは、専門病棟の必要性に賛成する藤丸氏の主張が、一般の精神病棟での処遇の困難性、とくにスタッフの不足と警備の不足という現場の看護職員の声を代弁したものであるという点である。それは、主として人的・物的設備の不備を念頭に置いたものであるが、法案の提案者は「手厚い専門的医療」というだけで、「警備」と「保安」の問題には触れようとしないのである。一方、肝心の医療の内容については、藤丸氏のいう治療プログラムの性格が依然として明確でなく、怒りのマネジメントとは何かが問われなければならない。藤丸氏自身も、「症状に対する看護は行えても、犯罪行為にはどのような看護をすればよいか分からない」と述懐している。

(3)　ここではさらに、日本の精神医療全体の状況に対する蟻塚氏の指摘を付け加えておく必要があろう。蟻塚氏によれば、三三万というベッド数は、イギリスとの比較では五万床に対応し、二八万人が理由もなく精神病院に抑留されていることになるとした上で、世界中で精神医療を民間が主体となってやっているところはほかにはなく、それにもかかわらず延々と民間にやらせてきた日本政府の歴史的な政策の誤りがあるとし、外来診療だけでやっていける診療報酬を保障せよという一九六八年のクラーク勧告を厚生省が無視した点に決定的な問題があったといわれる。そして、高木氏とともに、地域のサービスを充実させれば、初犯は減るといい、保健師さんが地をはうような努力によって病院にかかろうとしない人を一生懸命説得して病院に連れてきているという現実をあげ、再犯については高木氏のいうように低いのであるから、何らこの法律は必要がないといわれるのである。そこからは、本法が安上がりの収容と保安を目的とするものだという厳しい評価が出てくることになるであろう。

(4)　たとえば、京都では一人の精神科医がほとんどの簡易鑑定を引き受けているという実例も出され、府県によってばらつきがあるということも公然たる事実となっている。しかし、その具体的な改善策が一向に提案されないのは、検察庁の秘密主義のあらわれであると批判されている（高木）。しかし、鑑定医を希望する人が少ないという現実も無視できないであろう。まずは、高木提案にあるように、鑑定人の選任手続を改めるべきで、そのためには、鑑定人グループを確立し、これに推薦母体としてのイニシャチブが与えられるような体制の整備を図るべきであろう。

(5)　これまでの政府側の答弁では、新設の社会復帰調整官がコーディネーターとなって、保護観察所を中心に、関係する地域の諸団体の協力と連携によって、退院者の社会復帰を図っていくという枠組みと展望が繰り返し語られていたのであるが、現状の実務を前提とすれば、それが決して容易なことではないことを真剣に自覚すべきであろう。しかも、この地域ケアの場面では、重大な他害行為を行った者だけを別途に「手厚く」処遇するという方法をとれないだけに、むしろ他の一般の精神障害者よりも社会復帰は困難であることを認めざるを得ないというジレンマが存在するのである。

(6)　裁判をうける権利という発想の背後には、精神障害者による犯行について、事実認定がおろそかにされたままで、自傷他害のおそれがあるとして措置入院という医療処分に移されてしまうという問題性が意識されているといえよう。無実を訴える場がないというのである。起訴便宜主義という現行の制度の下では、検察官の裁量に委ねるほかないように思われるが、措置入院制度の改革案として、「措置入院審査会」が事実認定にもかかわり、警察・検察への事件の逆送をも認めるという制度を検討すべきではないかと思われる。

(7)　ここで改めて問われるのは、法案がなぜとくに重大な他害行為を行った精神障害者を別枠として処遇するという切り口で問題を処理しようとしたかという点である。しかも、それが一般の措置入院患者よりも危険だから、再犯の防止のために、より保安的な入院措置をとるというのならば、それなりの一貫性がある（保安処分）。しかし、修正案は「再犯のおそれ」を削り、「医療の必要性」を要件としたので、責任でも危険性でもなく、医療による社会復帰の必要性がより高いという論理をとらざるを得ないことになった。しかし、これは精神病質者に対する「社会治療」の困難性を背負い込み、治療が不可能であるとか、病気は治っても受け皿がなく、または危険があるので退院が長期化するという隘路に入り込まざるを得なくなることが危惧されるのである。

(8)　高木氏は、その意見の中でも、措置入院との関係に触れ、政府側は、一方では、かつて「自傷他害のおそれ」の判断ができるから「再犯のおそれ」の判断もできるという答弁をしながら、他方では、措置入院が全然うまくいっていないから別の法律が必要であるとするなど、論理が矛盾していることを指摘した上で、一体、措置鑑定や入院が不備だからこの法律が必要なのか、それとも措置鑑定や入院がうまくいっているからこの法律も大丈夫だというわけなのかという点を正面から問うている。これに対しては、おそらく政府側は、本法では「再犯おそれ」ではなく「医療の必要性」を要件としたので、両者には直接の関連はないとするのであろうが、措置入院の「自傷他害のおそれ」はそのまま残るのであるから、その関連を一貫して説明すべき重い責任が残っているといわざるを得ないであろう。

七　参議院法務・厚生労働委員会連合審査会の質疑（1）

参議院法務委員会の質疑は、すでに五回にわたって行われてきたが、衆議院の場合と同様に、法務と厚生労働の両委員会の連合審査会の一回目が、二〇〇三年五月二六日の午後二時から五時二〇分まで、三時間余りの時間をかけて開催された。

この連合審査会では、武見敬三（自民党）、朝日俊弘（民主党）、風間昶（公明党）、小池晃（共産党）、西川きよし（無所属）、大脇雅子（社民党）、森ゆう子（自由党）の七議員が質問に立ち、政府案および民主党案について質疑を展開した。朝日議員のほかは、本案の委員会質疑では初顔であるが、全員が厚生労働委員会の委員である。

以下では、個々の質疑応答の内容は省略し、質疑の中に共通する重要な問題をいくつか抽出して、問題点を整理し、これに必要なコメントを加えることにする。

1．社会的入院

この連合審査会では、厚生労働委員会の委員が本法案と精神医療の実態との関連を問う質問が多かった。中でも、いわゆる社会的入院をめぐる問題が注目を呼んだ。

まず、武見議員は、先日報告のあった精神保健福祉の改革に向けた今後の対策の中間報告の中で、受け入れ条件が整えば退院可能な七万二千人の社会的入院患者の早期退院と社会復帰の実現という問題に関して、この七万二千人という数字がどういうふうに算定されたのか分からないとしつつ、実際に新障害者プラン等の財源の規模などを見ても、カバーできる部分は一部に限られているような気がするとして、厚労相の所見を尋ねた。

これに対して、坂口厚労相は、かつて統計をとったときに約七万二千人という数字があがっていたが、実際に出発するときにもう一度しっかりと統計を取り直す必要もあるとした上で、十年掛かるというのは人材の養成を含めて一朝一夕にはいかないからではないかといい、平成十六年に少なくとも第一歩を踏み出せるような予算措置をお願いしたいと答弁している。ここでは、七万二千人という数字の根拠と予算措置の成り行きに注目しておく必要があろう。

次に、小池議員は、初犯に対して効果のない本法案よりも、精神医療全体の水準と地域ケア体制の整備こそが重要であるとした上で、とくに社会的入院が七万二千人と言われている根拠を質した。これに対して、厚労省の上田保健福祉部長は、平成十一年の患者調査によれば、入院患者約三三万人のうち、生命の危険は少ないが入院治療を要する者が十九万七千人、生命に危険のある者が約五千人、受け入れ条件が整えば退院可能である者が約七万二千人、その他の者が五万六千人という結果が出ていると答弁した。

さらに、小池議員は、実際にはもっと多いのではないかという指摘が衆議院でもなされ、当時の部長は実態調査の検討を行うと答弁されたが、その結果はどうかと質問した。これに対して、上田部長は、精神障害者の社会復帰推進施策の基礎資料を得ることを目的として、委託調査を実施中であり、その調査は現在集計中であると答えた。しかし、小池議員は、その調査がどこに委託されたのかと質し、それが「日精協」であることを確認するや、その日精協こそ、この七万二千人の社会的入院という数字が机上の空論だといっている団体ではないか、そんな団体に約九千万円もの委託費を払って調査を委託するのはきわめて問題ではないかと詰め寄った。上田部長は、その他の団体にも協力してもらっているという苦しい答弁に終始したのである。

小池議員は、さらに、木村厚生労働副大臣の責任を追及したが、木村氏は事実関係をいまだ十分に理解できず、今日はじめて聞いたので答えにくいと責任を回避する発言を行った。しかし、小池議員は、木村副大臣が日精協の全国集会に出席して法案成立に努力するとアピールしたほか、日精協との委託契約がなされた時期に日精協政治連盟から献金をもらっている事実は、委託契約の見返りの献金ではないか、重大な疑惑があるので責任をとって辞任すべきではないかと鋭く追及した。これに対して、木村副大臣は、副大臣として公共の利益のために職務を遂行しており、委託の話は今日はじめて聞いたので、関係はないと逃げの答弁に終始した。そして、坂口厚労相も、自分も今日はじめて知ったところであるとして、木村副大臣を擁護する側に回った。

木村副大臣への献金問題は、すでにさきの法務委員会でも、江田議員によって収賄の疑いという微妙な法律問題としても追及されたところであるが、ここに来て、社会的入院を含む実情調査がこともあろうに献金先の日精協であったという事実も顕在化し、いよいよ本法案と日精協との暗い関係が浮かび上ることになった。「金まみれの法案」というイメージを拭い得ないことになったのである。(1)

2. 精神鑑定、とくに簡易鑑定

精神鑑定の問題は、これまでも度々取り上げられてきたが、この連合審査会でも、いくつかの質問が出された。

まず、武見議員は、とくに起訴前の精神鑑定を的確に行うべき必要性を質したのに対して、法務省の樋渡刑事局長は、精神鑑定の手段、方法についても適切な選択が行われているとした上で、さらに捜査段階における精神鑑定の事例を集積し、精神科医等も加えた研究会等でこれを活用するとともに、検察官等に対し、いわゆる司法精神医学に関する研究を充実させ、さらに鑑定人に正確かつ必要な資料が提供されるような運用を検討するなどの方策を検討したいと答弁した。

さらに、武見議員が精神鑑定に関連して、現在の被告人の病状、そして将来にわたって再び同様の犯行を行う可能性の予測には非常に高度な専門的知識が必要になるとし、先進国の中には、こうした精神鑑定のトレーニングを積んだ司法精神医という専門医がいて、ある程度の確率で再犯を予測できるようであり、わが国でもこのたび国立精神・神経センターの精神保健研究所に司法精神医学のセクションが設置されるそうであるが、この点についての厚労省の見解を聞きたいと質したのに対して、厚労省の上田保健福祉部長は、本法案が成立し、司法精神医学のフィールドともなる指定入院医療機関が整備されるようになれば、わが国にも治療と社会復帰を中心とした司法精神医学の基盤が強化されていくであろうと答えている。

これは、わが国にも司法精神医学を確立するという方向での模範的な質疑のように思われるのであるが、武見議員がその内容として「再犯の予測」という点を公然と指摘したことを見逃してはならない。上田部長は、さすがにこの点には触れなかったが、「司法精神医学」とは何を調査・研究の対象とするものなのかという点の再検討を迫るものであるといえよう。(2)

次に、朝日議員も、簡易鑑定の実施状況について非常に地域差、個人差があるという点を指摘した後、平成一四年度厚生科学研究である「責任能力鑑定における精神医学的評価に関する研究」報告の中身の説明を求めた。これに対して、上田部長は、それが起訴前の簡易鑑定の実態を明らかにする目的で、平成十二年度に実施された二千百三十四件の起訴前鑑定を分析し、全国十七施設からの鑑定書、百四十六通の鑑定書を収集し、比較検討したものであるとした上で、その結果として、一つは地検別データの解析で、少数の医師が多数の鑑定を行う地域と多数の医師が分担する地域があること、また鑑定の結果、精神障害と診断される率、その者が不起訴となった率には地域差があること、それから十七施設の百四十六通の鑑定書のうち五十八通について分析がなされ、鑑定場所、鑑定日数、作成日数などの状況がまとめられ、また家族歴、生活歴、既往歴等々、記載が不十分な鑑定書が見られたという。そして、考察としては、少数の鑑定医に依頼する地域では個人の偏りを反映しやすく、多数の鑑定医が交代で行う地域では基準の不均一が生ずるおそれが高いこと、あるいは精神鑑定について幅広い議論を展開することが必要であり、また精密性と迅速性のバランスの取れた簡易鑑定書の様式を作る必要がある等々の内容となっていることが明らかにされた。

これは、貴重な報告書として全面的な公開が期待されるが、その内容は、これまで法務検察当局が答弁し、この法務委員会でも法務省刑事局長や森山法相が一致して釈明している現状認識と改善策よりも、はるかに具体的であることが推測されるのである。

次に、風間議員も、簡易鑑定が、どちらかというと、特定の医師に集中している現象が見受けられると指摘しており、大脇議員も、簡易鑑定については地域差や精度差や個人差等によって様々な落差があり、公平な鑑定がなされるかどうかについて危惧が述べられてきたと指摘し、さらに西川議員も、政府案における司法精神鑑定のあり方を問題にしたのに対して、森山法相は、より一層適正な運用を図りたいとして、先程の樋渡刑事局長の答弁と全く同様の答弁を単に繰り返しているにすぎず（おそらく文書を読んでいるのではあるまいか）、反省の弁は聞かれないままに終わっている。(3)

3. 警察官通報と本法の関係

本法案では、重大な他害行為を行った精神障害者の処遇要否を地方裁判所に申し立てるのは検察官に限られているが（三三条）、現行の精神保健福祉法上の措置入院制度の下では、警察官にも通報権が与えられている（二四条）。そこにはギャップが存在するのであるが、朝日議員は、毎日新聞の記事を取り上げて、本来であれば今審議中の本法に基づいて対象となる事例が、警察官通報による措置入院制度で処理されていたという事例があるとの報道を問題とし、実態はどうなのかという質問をした。

これに対して、警察庁の栗本刑事局長は、そのような重大事件については、平成十四年中に二百七件の報告があり、そのうち百五十一件についてはすでに捜査を遂げ、検察庁に送付し、残りの五十六件のうち三十六件については現在捜査中であり、捜査を遂げ次第、検察庁に送付する予定であると答えた。しかし、朝日議員は納得せず、平成十四年ではなく、毎日新聞の調査で二〇〇一年度に少なくとも二百九十七件あったという報道が正しいのかどうかを質した。厚労省の上田保健福祉部長は、保健所の調査による資料だとして、平成十二年の五月と十一月に資料が得られた千百九件のうち、通報の原因となった行為として、本法案の「重大な他害行為」に相当するものは、殺人が一例、放火が六例、強盗が一例となっていると説明した。

しかし、朝日議員は、新聞記事の中では、たとえば措置入院の鑑定申請があり、あるいは入院している事例の中にも証拠不十分で送検できなかったり、通報後に送検された事例もあると書いてあるが、それは事実なのか、厚労省としてはフォローアップはしていないのかと詰め寄り、調査をすべきであると要求したが、上田部長は、その後の経過の確認は法が求めていないとするにとどまった。しかし、坂口厚労相は、都道府県から調査すればできると思うので調査をするという形で落ちついたのである。

今後は、重大事件は警察から検察に送検された上で、裁判所に申し立てられることになるであろうが、精神障害者による刑事事件の捜査段階での取り扱いは、とくに「事実認定」の適正さの保障という観点からも重要な課題として残されることになる。(4)

4．指定医療機関と治療プログラム

風間議員は、指定医療機関の病棟が全国で三十カ所程度というか、三十病棟くらいを作るということであるが、設置基準が明確になっておらず、入院設備に必要な、たとえば逃走防止のための施設も必要であるが、開放的で人間的な明るい施設をつくることも大事であるとして、入院設備の基準は何かと質した。

これに対して、厚労省の上田部長は、一ユニット三十床の病棟を考えているとし、スペースを十分確保し、可能なかぎり開放感があることが治療上重要であると同時に、医療従事者の安全が十分に確保されることも重要であり、こういった施設については欧米の司法精神医療施設を参考にして、開放的な治療環境と安全の確保のバランスを十分配慮しながら適切な基準を設けたいと答えている。また、地域の中でのコンセンサスについても、関係者の理解を進めながら、一般医療の充実も併せて進めていきたいとした。

ついで、風間議員は、患者の社会復帰に関連して、治療プログラムを立てることが大事であるとし、アメリカでは犯罪を犯したということを自らが認識して再犯を防止する特別のプログラムが存在するようであるが、それも必要ではないかと質問した。これに対して、上田部長は、厚生労働省としては、適切な治療プログラムの策定のために、平成十四年度から司法精神医学に関する研究に助成を行うとともに、今年度から精神・神経センターに司法精神医学に関する研究部を設置し、治療に関する研究を進めていくことにしていくと答え、欧米では、一般の精神障害に対する治療だけでなく、自身が行った重大な他害行為や被害者に対する認識を高めるような治療プログラムが導入されているので、こういった例を参考にしながら、対象者の社会復帰に有効な治療プログラムを今後策定していきたいと答えている。

この問題については、何よりも一ユニット三十床の病棟というだけで、指定医療機関がどこにどれだけ作られるのかということさえ、明確になっていないという状況にあることを改めて指摘しておく必要がある。さらに、その設置基準もはっきりせず、開放的な治療環境と職員の安全のバランスが、果たして一般の精神病棟における現在の設備状況とどこが異なるのかという点も一向にはっきりしていない。とくに、「警備」と「保安」の側面は意識的に回避されているので、むしろ一般の精神病棟よりも開放感があるかのような印象を受けるのである。

一方、治療の内容がより問題であるが、ここでも重要なのは、重大な他害行為を行った患者に相応しい特別な治療方法というのがあるのかという点であり、欧米の司法精神医療施設における「特別な治療プログラム」とは何か、それが本法の対象者に相応しい治療方法なのかという点を立ち入って検討すべきであろう(5)。

5. 退院手続と判断基準

この問題についても、風間議員が取り上げ、退院と再入院との関係について、退院の申立ては本人または保護者あるいは付添人が行えるが、一方では、現行の精神保健福祉法と異なって、保護観察所長の申立てによる再入院の制度があるので、本人側と保護観察所側との意見が異なる場合には、退院あるいは再入院また退院ということが繰り返されることが危惧されるので、退院についての明確な判断基準が必要ではないかと質問した。

これに対して、法務省の樋渡刑事局長は、裁判所が、対象者について、対象行為を行った精神障害を改善し、これに伴って同様の行為を行うことなく社会に復帰することを促進するため、入院をさせて、この法律による医療を受けさせる必要があると認める場合には、入院をさせ、または入院を継続させる旨の決定を行うこととなり、入院までの必要はないものの、この法律による医療を受けさせる必要があると認める場合には、入院によらない医療を受けさせ、またはその期間を延長する旨の決定を行うことになり、いずれの場合にも当たらないときは、この法律による医療を行わない旨、または終了させる旨の決定を行うことになるとした上で、対象者が退院許可の申立てをした場合でも、保護観察所長が再入院の申立てをした場合でも、裁判所は同一の基準に基づいて本制度における処遇の要否及びその内容を判断することになっていると答弁した。

しかし、この答弁に風間議員は満足せず、だから明確な判断基準は一言でいうと何かと再度質問したが、樋渡局長は、要はこの法案による社会復帰を促進するため、入院をさせてこの法律による医療を受けさせる必要があるか否かということが判断基準であると答えた。風間議員はしかし、その答弁は判断の仕組みの話であって、一言で分かりやすくいうとこうなるという答弁があってしかるべきでないかと食い下がった。しかし、樋渡局長は、要は、その対象者の病状、それから社会復帰の場等を考慮して、今申し上げた法律の要件を判断することになろうかと思いますと答えるのみで、質問者は、どうもすっきりしない部分があるがといいつつ、これで質疑は終わっている。

以上の質疑のやりとりは、本法の修正案に導入された入退院の要件が、いかに複雑怪奇なものであって、質問を準備した議員にすら理解し難く、一言でいえばどうなのかと聞いても、なおすっきりしないと印象を残すほど、法律の条文としても最悪のものといわざるを得ないことを、はしなくも露呈したものといえよう。原案が「再犯のおそれ」を要件としたことはたしかに問題であったが、これを削除して作られた要件の方が、はるかに複雑で理解し難いものとなったことは否定できないのである。(6)

6. 社会復帰と一般医療との関係

本法が社会防衛ではなく、医療による社会復帰を目的とすることを強調したことによって、精神医療一般のレベルアップの問題が浮かび上がってくるのは当然の帰結であった。

この問題については、まず西川議員が、この法案が全国各地で地道に取り組まれている精神障害者支援の活動に水を差すものではないか、新たな差別感情をあおることになるのではないかという不安や懸念がいわれているがどうかと質問した。これに対して、民主党案の提出者の立場から、江田議員は、精神障害者が危険だから野放しにしてはいけないという偏見や差別が社会にある中で、社会の中でこういう皆さんも一緒に暮らせるような施策を取っていなかなければならないのに、政府の施策はそういう社会内処遇をレベルアップするところにはいかず、池田小学校事件、小泉発言、そして今回の政府案は、これらの皆さんの努力にいわば水を掛け、あるいは逆撫でることになっていると指摘した。しかし、一方、坂口厚労相は、精神障害者全体のレベルアップは必要であるとして、来年度予算から本格的にその改善を始動させたいとしつつも、重大な他害行為を行った精神障害者については、被害者に深刻な被害が生じるだけでなく、本人にとっても大変に不幸なことなので、完全に社会復帰できるような体制を整える必要があり、そのことによって全体的なレベルアップをしていくという方針であると答弁している。

ここでは、精神医療全体のレベルアップという点については、意見に相違がないにもかかわらず、なぜ重大な触法患者に対する特別な処遇の新設の必要性とその効果については、民主党案と政府案との間に決定的な相違が生じるのかという基本的な視点の相違が顕在化している。一方は、このような特別法がかえって一般の精神医療との差別を助長するというのに対して、他方は、それが一般の精神医療のレベルアップにつながるというのであるが、その対立が何に由来するのかを突き詰めて検討する必要がある(7)。

また、森議員も、社会復帰問題に関連して、一方では、被害者保護の問題を提起するとともに、他方では、社会復帰調整官の役割について質問したが、その際、地域でのケアをまとめる意味で、保健師の役割が大変重要であることを指摘した。これに対して、上田部長は、保健所あるいは市町村等で勤務する保健師は、専門的な知見と技術に基づき地域住民の保健指導に従事しており、また地域の精神障害者に対しても、医療機関との連携の下で、保健指導や社会復帰支援を行っているので、本制度による通院患者に対しても、社会復帰調整官と連携しつつ、保健指導などの面において重要な役割を担うことになると考えているという答弁がなされている。

これが、そのように模範的に動くのかどうかについては、これまでにも、保護観察所や保健師が現に置かれている状況から見て、疑問視する意見も出されていたが、ここでは、とくに、上田部長が、なお保健所および市町村の保健師については、平成十三年度から十六年度までに千三百五十五人の増員を行うことができるよう所要の地方財政措置が講じられていると指摘している点が注目される。前回の法務委員会の質疑の中では、保護観察官の定員がむしろ減少しているといわれており、保健所の統廃合の傾向も指摘されているだけに、保健師の増員という計画についても、より実態的な検討が必要であろう。

7．保安と人権

本法案に対しては、一方では「隠れた保安処分ではないか」という批判があり、他方では対象者の手続上の人権（適正手続）が図られているのかという指摘も存在してので、この法務委員会でも、法案の性格にかかわる原則問題が取り上げられた。

まず、風間議員からは、市民団体の人たちによる陳情の中でも多いのが、この法案が刑事手続上の保安処分ではないかという点にあったので、その相違を明確にしてほしいという質問が出された。これに対して、法務省の樋渡刑事局長は、かつての改正刑法草案や刑事局案における保安処分が刑事裁判所による刑事処分として法務省所管の保安施設への収容を想定していたのに対して、この法律による新たな処遇制度は、刑事裁判所とは別の精神科医をも構成員とする合議体が刑事手続とは別個の審判手続で処遇の要否を決定するもので、刑事処分とは異なるものであり、また処遇を受けた者は厚生労働省所管の病院に入院または通院することになっているとし、さらに、制度の目的としても、かつての草案が刑法に規定されていたことから、社会防衛ということが直接の目的とされていた部分もあったが、この法律による処遇制度は、対象者に継続的かつ適切な医療を行うこと等によってその社会復帰を促進することを目的としていることからも、保安処分とは全く異なるものだと答えている。

このような回答は、すでにこれまでにも繰り返し行われてきたもので、事新しいものではないが、修正案が「再犯のおそれ」を削除し、医療の必要性と社会復帰を強調したことによって、この法律が保安処分的な性格をもつという批判を回避することが可能になったように見えることは事実である。しかし質問者の風間議員でさえ、今の説明では反対の陳情はまだ多くなると思われるので、もうちょっと明確に、カットできるような答弁をして頂きたいと要望したくらいであるから、決して保安処分との相違が自明なものになったと言い切ることはできないであろう(8)。

そのことは、森議員の質問に対する森山法相の答弁からも読み取ることができる。法相によれば、これまで法務省が二回にわたって法案の提案にこぎ着けたこともあったが、なかなか議論が熟さず、あるいは環境が十分でなかったので、実現しなかったところ、被害者の気持ちや世間全体に与えた問題を考えて、何とかしなければならないということになって、厚生労働省と法務省で協議が始まり、そこに池田小学校の事件も契機となってこの法律案に至ったという経過があったというのである。このような経過説明からは、かつての保安処分案が挫折したのは、機が熟さず、環境が十分でなかったためであり、今回はその機が熟し、環境が整ったために初期の目的が実現したというように解釈されるのが通常であって、そこにはかつての保安処分案に対する批判も反省も見られないので、むしろ今回の法案との実質的な連続性を感じ取ることができるといわざるを得ない。今回の法案がかつての保安処分案と「全く異なる」というのであれば、なぜそのようになったのか、どこに性格の相違を生み出す根拠があったのかという点をこそ明確にすべきであろう(9)。

(1)　社会的入院の七万二千人という数字自体は、依然として根拠が明らかでないままに一人歩きしてしている。再調査するとも言われているが、その主体が「日精協」のイニシャチブの下にある限り、客観的な説得性が保障されるものとは決して思われないであろう。しかも、その七万二千人を十年間で解消するという「遠大」な目標なのである。入院患者の三三万人の歴史的な根拠に手を付けなければ、問題の解決につながらないことが十分に自覚されながらも、現状を肯定するためのつじつまあわせが優先し、政策転換の見通しが立たず、立てようとしないところに問題の根源があるというべきである。

(2)　この武見議員の質問が、再犯のおそれの予測を司法精神医学の重要な論点として指摘したことは、それが先進国のモデルにならうという共通の基礎に対応するものであるとされていることからも、きわめて示唆的であるといえよう。本法案の修正案が「再犯のおそれ」を削除し、「医療の必要性」に転換したのであれば、司法精神医学もまた、「医療の必要性」をこそ対象とすべきことになるはずである。しかし、司法精神医学が「再犯の予測」を除外し得ると考える精神医学者はいないのではなかろうか。そうであるすれば、「再犯のおそれ」は、修正案においても消えていないのではないかという重大な疑問がまたぶり返してくるのである。

(3)　この点では、かえって坂口厚労相の方が、江田議員の指摘するように、起訴前の精神鑑定の運用に不十分な点があることは、私たちも反省していかなければならないと率直に認めているのが注目されよう。しかし、この起訴前の精神鑑定では主として責任能力の判断が問題になるのであるから、この場面で、法相や厚労相が、司法と精神医療の連携とか司法精神医学の知見とかを強調するのは筋違いではないかと思われる。本法案では、審判段階以降の精神鑑定について、医学的判断とともに「医療の必要性」の判断も求められているのであって、両者を混同してはならない。

(4)　検察官通報よりも警察官通報の方が数も多く、疑問も多いという指摘はこれまでにもなされてきていたが、もし事実認定がルーズになされているならば、事件性のないものが安易に措置通報によって強制入院させられてしまうというおそれはそれだけ現実的なものとなるであろう。しかも、今回の修正案の提案者がいうように、医療による社会復帰が本人の利益にもなるという論理からは、適正手続の要請が軽視されるおそれがそれだけ大きくなることを警戒しなければならない。

(5)　「自らが認識して再犯を防止する特別のプログラム」という発想は、心神耗弱者ないし人格障害の傾向があって「再犯のおそれ」のある患者を対象者に予定したように思われるが、それは本法案が予定する対象者とは明らかにずれている。触法患者にもいくつかのタイプがあるのであって、これを「触法患者に対する治療プログラム」としてまとめるというのは、理論的にも実務的に疑問があるというべきである。「手厚い専門的な医療」の実像はまだまだ手探りの状況にあるといえよう。

(6)　風間議員が質問した、本人側の退院申立てと保護観察所長の再入院の申立てとの関連についていえば、裁判所が退院の申立てを認める可能性の方が相対的に低く、保護観察所長の再入院の申立てを認める可能性の方が相対的に高いといえよう。それは、裁判所が退院後の受け皿の一般的な貧困さを前提とすれば、退院後の事故や再犯のおそれに警戒的にならざるを得ないという現実的な判断に基づくからである。仮に、本法における裁判所の判断が甘くなれば、現在の措置入院の判断が甘すぎて退院が早すぎるという一部の批判がまた再燃することが予測される。本法にいう「継続的な医療の確保」とは、本人の利益のように見えながら、実は入院と通院による「身柄の確保」を意味していることを忘れてはならないであろう。

（7）ここで注意すべきは、坂口厚労相が、重大な他害行為者のケースでは、深刻な「被害」が発生していることをあげて、この点が特別な取り扱いの理由として位置づけられているという点であり（再犯の防止と危険につながる）、今一つは、一般の精神医療の改善が来年度予算から本格的に始動すると明言している点であるが、この方にも実は問題があり、平成一五年度の新規精神障害者社会復帰施設整備費の補助が大幅に削減される動きも報じられているので（朝日新聞二〇〇三年六月九日夕刊）、決して楽観を許さないものであることを指摘しておく必要がある。

（8）すでに何度も指摘したことであるが、本法案がかつての草案の保安処分と共通し類似する点を備えていることも無視されてはならない。たとえば、特定の重大な他害行為を行った者を対象者としていること、かつての保安処分も「治療処分」と呼ばれていたこと、刑事局案では治療施設を国立の精神病院とすることを検討するとされていたこと、退院後の「療後観察」も構想されていたことなどの点をあげることができる。修正案が「再犯のおそれ」を削除することによって、原案の骨格そのものを変えることになったのかという点が、なお真剣に問われ続けなければならないというべきである。

（9）この点は、裏を返せば、本法案と現行の精神保健福祉法上の措置入院制度との関係がどのように捉えられているのかという問題にも関連する。本法案の提案者達は、修正案の提案者を含めて、なぜか措置入院との関係についても問題を回避し続けているようにしか思われないのは、はなはだ遺憾であるというほかはない。その矛盾の一端は、措置入院の要件にある「自傷他害のおそれ」を再検討することなく、本法案が「再犯のおそれ」を削除してしまうという点の不整合性にも現れているといえよう。

八　参議院法務委員会の質疑（6）

第六回目の参議院法務委員会は、二〇〇三年五月二七日の午前一〇時から午後零時二五分まで、二時間二五分にわたって開催された。それは、前日の五月二六日に法務・厚生労働委員会の連合審査会が行われた翌日のことであって、本国会の会期中に成立を目指そうとする集中的な審議日程を思わせるものであった。

この法務委員会の審議についても、これまでと同様に、質疑の対象となった主要な問題をいくつか抽出して、その内容を整理した後、若干のコメントを加えることにする。

1．法案の立法過程と「日精協」の問題

今回の法案が参議院法務委員会に係属する過程で、わが国の最も有力な民間精神病院の団体である「日本精神科病院協会」政治連盟から、厚労省の木村義雄副大臣を始めとするいわゆる厚労族議員への政治献金問題がマスコミに現れるようになったので、この法案の内容の質疑とともに、むしろその前提として、法案の立法過程における「日精協」との関連が重要な問題として浮上した。そして、この法務委員会でも、この問題が引き続き取り上げられることになった。

まず、江田議員（民主党）は、すでに前回の法務委員会でもこの問題を取り上げ、日精協政治連盟の政治献金リストの提出をめぐって委員会が二度にわたって中断するという異常事態があったことを確認した上で、木村副大臣への質問に移る前に、昨日の連合審査会における小池議員の質問に関連して、日精協への精神障害者社会復帰サービス等の調査委託の問題を取り上げた。

江田議員は、この問題について、当局は、日精協以外にも全国自治体病院協議会、国立病院・療養所精神神経科医師協議会、精神医学講座担当者会議、全国精神障害者社会復帰施設協会にも協力してもらったというが、委託費の約九千万円はこれらの団体にはゼロであることを指摘し、それからこの調査は、精神保健福祉対策本部の中間報告の中の七万二千人対策のところに、「現在実施中の精神障害者ニーズ調査の結果及び今後の退院の状況を踏まえて必要に応じ見直しもする」と書いてある通り、七万二千人対策と密接な関連があることは間違いないかと問い、厚労省の上田保健福祉部長がその通りであると答弁した後、七万二千人という数字に反対している日精協だけに九千万円近い委託費を出し、しかもその日精協政治連盟が例えば二〇〇〇年の総選挙の年に何千万円かの陣中見舞いを出したりしているのは問題ではないかと追及した。そして、この委託の決定には、厚生労働大臣や副大

臣の決裁もないというのも納得し難いとして、誰が決定したのかと質し、結局、上田部長名で行われたことが判明したのである。

そこで、江田議員は、木村副大臣に対して、献金リストの提出にどのような努力をされたかと質問したのであるが、木村副大臣は、自分に対する政治献金については日精協政治連盟に紹介してその通りであるとの回答を得たが、他の議員の分については、本人からの要請がないので公表しかねるという返事であったと答弁した。しかし江田議員は納得せず、厚生労働省の監督権限として日精協の献金リストの公開を求めたわけであるとして、委員長に対して、後刻、理事会で協議するよう要請し、認められた。

江田議員は、さらに総務省に対しても、平成十四年分の政治資金収支報告書を当委員会に提出するよう要請したのであるが、総務省の高部選挙部長は、九月の期限までは公表できないと答弁した。しかし江田議員は納得せず、日精協政治連盟が昨年（二〇〇二年）の秋、どのような政治献金を行ったかということは、この法案の帰趨に随分かかわることなので、この点も委員長に要望して、理事会での協議事項となった。

以上の質疑は、日精協と木村厚生労働副大臣を始めとする厚生労働族議員との間に、政治献金という形での金銭的な癒着関係があることを顕在化させた点で、生々しい緊迫感が伝わって来るのであるが、とくに社会的入院七万二千人というモデストな数字についてさえこれを認めることに公然と反対している「日精協」にこの問題にも関連する調査を九千万円もの委託費を払って委託したという事実は、通常では考えられない異常な関係の存在を象徴するものであったといえよう。(1)

次に、平野議員（自由党）は、正面から、この法案が立案されて、衆議院で修正議決され、参議院に送られてきたという立法過程の中での不透明な部分を取り上げたいとして、かなり詳しい事実経過を具体的にあげながら質問を展開した。

その趣旨は、この法案が精神障害者の立場を余り考えず、どうも日本精神科病院協会と同政治連盟側の立場を有利にするように立案されたのではないかという疑いであり、この日精協政治連盟の政治資金の動きを立法過程でチェックする必要があるというものであった。

平野議員は、まず、上野官房副長官の秘書が代表している四団体に対して、平成十三年八月と十二月に合わせて百五十万円の寄付が行われており、これが五月に政治資金規制法違反の疑いで告発されているという事実の確認を求めたが、樋渡刑事局長は告発の事実を認め現在所要の捜査が行われていると答えた。

ついで、平野議員は、厚生労働省に対して、民間精神病院に対する国庫補助として、様々な公的補助金が出されているが、過去五年くらいにおける状況を聞きたいと質問し、厚労省の上田保健福祉部長は、保健衛生施設等施設整備費補助金および医療施設等施設整備費補助金にわけてその内訳を開示したが、たとえば、平成十四年についていえば、前者が約十五億八千万円、後者が六十三億千四百万円という膨大なものであった。平野議員は、日精協の政治資金が、病院の経費の中から献金するわけだから、意地悪くいえば、税金を政治献金、政治寄付として換金し、還元されているという見方もできるとした上で、今度は総務省に対して、日精協政治連盟の収支報告書から支出総額の確認を求めた。総務省の高部選挙部長は、平成十一年から十三年までのデータは開示したが、肝心の平成十四年分は現在審査中であるとして留保した。

　そこで平野議員は、具体的な議員の名をあげて、丹羽雄哉、臼井日出夫、長勢甚遠の諸氏について、平成十二年について、どのくらいの寄付がなされているかと質問した、これに対して、高部部長は、当該県の選挙管理委員会の調査では、丹羽、臼井議員については寄付の記載がなく、長勢議員については三百万円の寄付を受けた旨の記載があると答弁した。そこで、平野議員は、とくに長勢議員が翌年の五月六日の衆議院法務委員会で保護観察的司法制度の整備を主張しているが、これは日精協の立場からの様々な陳情と関連があり、贈収賄にも関係するのではないかという重大な疑惑があるとするとともに、さらに保岡議員については、平成十二年に日精協政治連盟から百万円の寄付を貰ったことを届けていること確認した上で、保岡議員の動きを時系列的に見ると、平成十一年に精神保健福祉法改正案が審議されたときに、この触法精神障害者対策について幅広い観点から検討を行うという問題の附帯決議があった後、これに基づいて、保岡議員が私的勉強会を始めているのは、日精協側の制度導入をどうすべきかについての私的勉強会だったと思うとしている。そして、保岡議員は、翌十二年の総選挙の後には法務大臣に就任し、辞任する十二月までの間に、この問題についての法務・厚生労働合同検討会を作るように働きかけ、二〇〇一年の一月からその合同委員会が発足し、いよいよ法制化が始まるという経過があったとし、このような経過については、当時の「日精協誌」も具体的な形で伝えていたことからすると、いかに保岡議員が日精協と親密であったかがわかるとして、こういういきさつをどう思うかと、法務大臣に質問した。

　しかし、森山法相は、この法案が国会における議論や国民的な問題意識の高まりを踏まえて提出されたわけであり、とくに一部の団体等のために立案したわけではなく、その働きかけによって内容が変ったということもないので、保岡議員もそんな考えではなかったと思うとして、平野議員のいう疑惑を否定する答弁をしている。しかし、その答弁はきわめて形式的なもので、事実関係が一切ないと反駁するわけでもな

く、この問題にはかかわりたくないという冷たい姿勢を示すにとどまっている。(2)

また、福島議員（社民党）も、この法案の真意が一体どこにあるのか、この法案が誰のために、どういうお金の使い道で作られているのかという疑問を提起し、いくつかの質問をした。

まず、修正案の提案者である塩崎衆議院議員に対して、日精協政治連盟からどれだけ献金を受けているかを問うたが、塩崎議員は、平成十二年からの三年間に、パーティー券を含めて、百三十四万、八十万、百三十万円であると答え、ただし政治資金規制法によって適正に処理していると付け加えた。日精協の金は広く渡っているのである。

福島議員は、ＫＳＤ事件に触れた後、医療法の特例および特例外しの経過が日精協の献金と関係がないのかという点を問題にし、二〇〇〇年十一月に日精協は精神病床の設備構造等の基準に関する要望書の中で、看護師や医師の数が何対何でなければいけないかという基準について、それではやれないので特例を維持してほしいと要望しており、実際にもなぜこれが維持されたのか、その経緯を知りたいと質問した。これに対して、厚労省の上田部長は、公衆衛生審議会においては、総合病院等の精神病棟においては一般病棟と同じ水準を確保することとし、その他の精神病棟については看護職員配置の実情を踏まえて、今後適切な人員配置を検討していくという方針が決まり、それを受けて、大学病院では一般病棟と同じ基準を十五年四月から適用するが、その他については、平成十八年三月から、医師は四十八対一、看護職員は四対一を適用することになったと説明した。

しかし、福島議員は、なぜ看護協会や日本自治体病院協会、厚労省事務局などから意見が出ているのに、日精協の意見が通ったのかとさらに追及したところ、上田部長は、当初は関係者の間で意見の相違があったが、専門委員会の場で十分な協議が行われた結果、それを受けて、実現可能という視点から、上述した基準に至ったと説明した。これに対して、福島議員は、この問題でも先程の献金問題などでゆがめられているのではないかという懸念が残ると指摘している。

さらに、福島議員は、そもそもこの心神喪失者処遇法案が出てきた経過について、岩手県の北陽病院から措置入院の患者が逃げ出して殺害をし、多額の民事賠償金を払わざるを得なくなったことから、日精協が一九九八年一月に精神保健福祉法の改正に関する要望を出し、触法精神障害者対策の特別措置の導入を提言し、同年九月の声明では、この触法精神障害者対策が入れられなければ、措置受け入れを拒否するとまでいっている中で、様々な国会議員と族議員に献金が集中し連続した結果として、これらの議員達がそれに向けて動いたと考えられると指摘し、江田議員からの要望に加えて、実は動きは一九九八年から起きているので、二〇〇〇年、二〇〇一年の献金も含めて開示を求めたいと要望して、質問を終わっている。

以上のように、日精協政治連盟による献金問題は、この法案の立案当初からの立法過程全体にかかわる論点として浮上してきたものであるが、政府側はこの問題を何とかして回避しようとし、内容的な点では最低限度におさめてしまおうと苦心したものと思われる。本来ならば、審議を中断して、調査をし真相の究明と疑惑の解明に努めるのが立法府としての当然の義務であると思われるにもかかわらず、審議の続行に固執したのは、通常国会の会期が迫っており、もしまた継続審議にでもなれば、法案の成立自体も危うくなるという危機意識があったからではないかと思われる[3]。

2. 本法制定の必要性と根拠

触法精神障害者については、現行の精神保健福祉法上の措置入院制度があるにもかかわらず、なぜ重大な他害行為を行った精神障害者についてのみ、新しい特別な処遇の手続と施設を新設しようとするのかという点は、国会審議の最初から問題とされ、これまでにもすでに度々質疑の対象にされてきたところである。そして、これに対する提案者側からの答弁も、すでに繰り返し同様の趣旨のことが述べられてきていた。

江田議員の質問に対する樋渡刑事局長の答弁も、このような模範答弁の繰り返しであった。それによれば、心神喪失等の状態で重大な他害行為を行った者は、精神障害を有していることに加えて、重大な他害行為を犯したという言わば二重のハンディキャップを背負っているので、このような者が有する精神障害は一般的に手厚い専門的な医療の必要性が高いと考えられ、また、仮にそのような精神障害が改善されないまま再び同様の行為が行われることになれば、本人の社会復帰の大きな障害となることからも、やはりこのような医療を確保することが必要不可欠であると考えられる。そこで、このような者には、国の責任において手厚い専門的な医療を統一的に行い、また退院後の継続的な医療を確保するための仕組みを整備すること等により、その円滑な社会復帰を促進することが特に必要と考えられるというのである。

これに対して、江田議員は、ご丁寧な説明であるとしつつ、その必要は、法益侵害に対する社会保全としてのサンクションという意味なのか、それとも対象者のハンディを除くための医療上の必要の意味なのかを問い、本法は対象行為を行ったことによって負担している対象者の医療上の必要ということに尽きるのかと質問した。そして、これに対しては、樋渡局長は、単にご指摘の通りであると答弁している。

江田議員は、この点について、それ以上の質問をしないで終わっているが、少なくともこの質疑は、立法者が、対象行為に対するサンクションないし社会保全の利益という点には全く触れることなく、基準を「医療の必要性」において、重大な他害行為を行なった者には一般よりも「手厚い専門的な医療」の必要性が高いことを根拠としていることを示している点で、重要な意味をもつというべきであろう。

このような趣旨の答弁は、修正案が入退院の要件を「再犯のおそれ」から「医療の必要性」に変更したことと対応しているように見えるが、そこには、なお基本的な疑問があることを指摘しておく必要がある。第一は、対象者が他害行為を行なったかどうか、その他害行為が重大なものであったかどうかによって、「医療の必要性」に制度上の質的な相違が見出されるのかという点である。他害行為を行っていない精神障害者の「医療の必要性」は低く、措置患者は中くらいで、本法の対象者が一番高いといえるのであろうか。そこには、すでに「医療」以外の隠れた基準が予定されているのではないかという疑問がある。第二は、他害行為とその重大性によって「医療の内容」に違いがあるのかという疑問につながる。「手厚い専門的な医療」の内容と、それを他から区別する基準は、依然として不明瞭であるといわざるを得ないのである。(4)

一方、福島議員は、本法案の骨子が他害行為を行なった人たちを入院させる国立の施設を作り、その入院、退院について裁判所が関与して審判をするという点にあるとした上で、精神科医の判断として、他害行為をするかどうかは短期的スパンで可能であるが、同種の犯罪をするかどうかはよく分からないといわれていることからすれば、症状は治っても、同種の犯罪をするおそれがあるとして、なかなか退院が進まず遅れてしまうことになるのではないかと指摘した後、本法案は、面倒な患者は国が引き取って隔離してくれという日精協の要請を推進するものではないかという点に、精神障害者がこの法案に大変な危惧を抱く理由あると批判した。これに対する政府側の答弁はなされていないが、おそらくこのような解釈を全面的に否定し、医療を通じての社会復帰こそ本法の目的であると答えることは目に見えている。しかし、同じ本法案について、なぜこのような理解の著しい差が生じるのかという点を再考して見る必要がある。そのいずれにも理由と根拠があり、実際にも、そのいずれの方向にも流れる可能性を秘めている点にこそ、本法案の真の問題点があるといえよう。(5)

3．審判手続と憲法三一条

江田議員は、すでに五月八日の法務委員会でも、この点について質問しており、本法の審判手続が刑事手続とは違うが憲法三一条の趣旨に反するものではないという答弁がなされていたことを前提として、この法務委員会では、さらに、本手続にも憲法三一条の適用はあるのかという点を確かめる質問をした。

これに対して、法務省の樋渡刑事局長は、本法が必要な医療を確保するためとはいえ対象者の人身の自由に対する制約や干渉を伴うものであるから、その意味で憲法三一条による保障が及ぶものと解し、審判には弁護士である付添人を必ず付け、あらかじめ対象者および付添人に対し告知、聴聞の機会を与え、また審判において意見を述べ、資料を提出する権利を認めるとともに、決定に不服があれば抗告する権利を認め、さらに入院の決定を受けた者には原則として六カ月ごとに裁判所が入院継続の有無を確認するとともに、入院患者の側からも裁判所に退院許可の申立て権を与えるなど、対象者の適正な利益を保護するための様々な権利を保障していると答えている。

江田議員は、憲法三一条の保障が本法にも及ぶというのは消極的であって、適用があるというべきだとしたが、それ以上には追及せず、本法案の対象者の自由の剝奪、制約の程度からすると、少年審判の場合以上に適正手続の保障がなければならないとし、少年法の場合との比較を問題にしたが、森山法相は、感覚的にいってほとんど同じだと思うと答弁している。

そこで、江田議員は、具体的に、付添人には記録の閲覧権とともに謄写も認めるべきではないか、付添人には独立した抗告権を与えるべきではないか、さらに措置入院に対しては取消しの行政訴訟ができるのと均衡を失するのではないか、弁護士との面会の制限はないというのは原則であると理解してよいのかといった点を質問した。これに対して、樋渡局長は、記録の謄写についても裁判所は広く認めるであろう、抗告権については選任した保護者の意思が尊重されるべきなのは少年法と同じである、行政命令に対する取消手続とは一概に比較できないのではないか、付添人との面会は最大限保障されるであろうと答えている。

以上からは、本法案の提案者側も、審判手続における適正手続の保障と対象者の人権を認める方向で答弁しているように見えるが、その前提問題として、少年手続における「適正手続の保障」と本法におけるそれを、捜査段階を含めて、審判における事実認定、要保護性または医療の必要性の認定、決定に対する不服申立て、さらには再審や補償問題までを視野に入れた比較的な考察が是非とも必要であることを指摘しておきたい。また、江田議員は、一九九一年の国連の精神障害者の保護およびメンタルヘルスケア改善のための原則との関係についても質問しているが、この点のさらなる検討も必要であろう(6)。

4．簡易鑑定

精神鑑定、とくに起訴前の簡易鑑定についても、これまで度々取り上げられてきていたが、この法務委員会では、井上議員（共産党）がかなりくわしいデータに基づいて、具体的な改善策を質した。

まず、起訴前鑑定で責任能力なしと判断された場合に起訴となる割合はどうなっているのかという質問に対して、樋渡刑事局長は、簡易鑑定の診断結果と検察官の事件処理の関係については、統計的な把握はしていないとしつつ、検察官は鑑定医の診断結果を参考にして、最終的には、有罪判決を確定する見込みがあるかという観点から所要の捜査を遂げ、他の関係証拠も十分考慮した上で、被疑者に責任能力がないと判断すれば心神喪失による不起訴処分をし、責任能力があると判断した場合には、限定責任能力の場合を含め、犯罪の軽重や情状等に照らして適切な処分を行うもので、結論的には、鑑定医が責任無能力の診断をしているのに起訴するということは実務上ほとんどあり得ないと答えている。

井上議員は、この点を認めた上で、しかし起訴便宜主義の下で、起訴したら一〇〇%有罪にしなければならないことが優先され、裁判で無罪になることを恐れて、検察の意向に近い鑑定医に依頼して安易に不起訴にしてきたのではないか、さらにいったん起訴すればもう責任無能力を認めないというダブルスタンダードがあるのではないかという問題がある。また、医療の側からは、本来、司法の側に回るべき人が医療に回されているという批判もあり、精神障害の当事者からは、裁判を受ける権利が奪われているという声もあるという点を指摘した。そして、昨日の連合審査会で紹介された厚生科学研究の報告の中でも、簡易鑑定の実施状況には、鑑定の精度や人権擁護の観点から無視できない地域差、病院差、個人差があることが指摘されているとして、当局の現状認識を問い直した。

これに対して、樋渡刑事局長は、精神鑑定、とくに簡易鑑定については様々な意見や批判があることは承知しており、それにかんがみて、鑑定事例の集積と分析、司法精神医学に関する理解の徹底、鑑定人への情報提供のあり方等について検討すべき点があるので、一層適正な精神鑑定の運用を図るという観点から検討したいと答弁するにとどまった。これは、従来からの答弁の繰り返しに過ぎなかった。

そこで、井上議員は、法務省が提出した資料に基づいて、簡易鑑定の実施状況として、どういう場合に鑑定に回すのかという検察側の基準が、最高の那覇地検と最低の福島地検とで、実に二十倍以上の開きがあるので、ガイドラインを作るべきではないかと質した。しかし、樋渡局長は、検察官が簡易鑑定を行うか本鑑定を行うかは、事件の内容や被疑者の状況等に応じて判断しているので、これはガイドライン化にはなじみにくいと答えている。

また、検察から鑑定に回って精神障害者と鑑定された率も、大体八割を越える地検は十六、五割未満が十一というように、ここでも非常にばらつきあり、さらに、鑑定医一人当たりの担当件数でも、大阪は一人で百二十八、神戸は百六、京都は三十五というように、非常な開きがあり、一人で年間百件以上も鑑定するという例もあると批判した。これに対して、樋渡局長は、地域により鑑定医数や鑑定医一人当たりの件数に差異があることは承知しているが、これは簡易鑑定を適時に依頼することができるよう、各庁の事件数や依頼可能な医師数等の実情に応じて、一部の庁においては例えば精神診断室を設けて特定の医師に定期的に依頼するなど、各庁において工夫を行っている結果、比較的少数の医師に集中的に簡易鑑定を依頼するところとそうでないところがあると思う。このように、地域差について、鑑定制度のあり方や人権擁護の観点から問題があるとは一概には言えないとしつつ、各検察庁においては鑑定医の確保に今後も努力するものと承知していると答えている。

しかし、井上議員は納得せず、地域の実情といわれても、大阪、京都、神戸などでは精神科医は多いわけで、特定の人が十数年にわたって一人で全部鑑定するというのは異常ではないか、一人で百件以上持つというのは問題ではないかと迫った。これに対して、樋渡局長は、その懸念はよく理解できるとしながらも、各庁が実情に応じてやっていることも事実であるとし、さらに検討を進めていきたいと答えている。

次に、鑑定書の内容について、井上議員は、わずか七行という簡単なものもあるので、鑑定内容の水準を担保すべきではないかとし、最高裁の家庭局の出している「新しい成年後見制度における鑑定書作成の手引」のようなガイドラインを提示すべきではないかと質問した。これに対して、樋渡局長は、検察官が独任制の官庁として執務する上で医師の鑑定を重要視しているところであり、サンプルを作るということを否定するわけではないが、あくまでも精神科医の鑑定を一つの頼りにしながら検察官が判断していくものであると答えている。

以上の質疑は、簡易鑑定の問題点をかなり煮詰めたものとなっているが、法務省と検察当局側の対応は、批判があることは認めても、現状には問題があるとは一貫して認めないというかたくなな態度に終始しているように思われてならない。現状にはそれなりの理由があることは理解できるとしても、一定の基準の提示にさえ消極的であるというのは、検察庁の裁量への信頼性をかえって疑わせることになることを自覚すべきではないかと思われる。(7)

5. 退院の時期

福島議員は、五月八日の法務委員会での答弁として、措置入院患者の半数が半年で退院していることが根拠にあげられていた点を問題とし、措置解除になった後も直ちには退院とならず、他の入院に移行するだけとも聞いているので、措置患者は入院から何年で退院するのかと質問した。

これに対して、厚労省の上田保健福祉部長は、平成十三年度の厚生労働科学研究の結果では、平成十二年度中に検察官通報による重大犯罪ケースで措置入院となった患者が半年で約五〇%が措置解除になっているとあるので、これを参考にして本法の指定医療機関の必要病棟数を推計したものであると指摘したが、なお、措置入院後に入院形態の変更等を経て退院するまでの期間については把握していないと答えるにとどまった。

そこで、福島議員は、半年で措置解除になっていることは、半数の患者が半年で退院しているかのように聞こえるが、今の答弁では、その後退院になっているかどうかは分からないといわれるので、さらに長期に入院している人もいることになるとし、その辺の追跡データはどうなっているのかと追及した。

これに対して、上田部長は、重大な他害行為を行った者の措置解除後の入院継続者九十二名のうち、措置解除後の入院継続が七十二名で、内訳は、任意入院が十六名、医療保護入院が三十三名、入院形態不明が二十三名となっており、退院等が十四名、不明が十六名であると答えた。

以上の質疑で明らかになったことは、措置入院の患者の半数が半年で措置解除になっているというこれまでの答弁の内容が、あたかも半年で退院するかのように誤解されていたことが判明したことである。この誤解が放置されていたことは重大であるが、それ以上に問題なのは、厚生労働省が措置入院解除から退院に至るまでの期間について「把握していません」とすまして答えるところにあり、これは実に驚くべきことである。(8)

(1)　しかも、厚生労働大臣も副大臣も、知らなかったといって責任を回避するだけでなく、その委託決定を撤回しようともしないのは、厚生労働省の全体の業界依存的な体質をあらわすものであって、到底国民一般の理解を得ることはできないであろう。なお、江田議員の質問に対して、木村副大臣は、二〇〇三年になってから二回政治資金パーティーをしたが、日精協からは公表基準を上回るパーティー券は購入してもらっていないと開き直り、政治資金は九月までは公表されないことになっていることを理由として述べており、反省の弁は一切聞かれなかった。

(2)　この点では、平野議員の方が、はるかに情熱的で、国会議員の「政治倫理綱領」まで引用して、法務省の出す法案に「汚れ」があってはならないとし、疑惑を追及するという姿勢が顕著な点と対照的であるといえよう。献金問題が明らかになった段階で、法相が清廉潔白の態度を堅持して、その裏面関係の調査に動き出すという経過になったならば、この法案の帰趨を越えて、わが国の精神医療のこれまで隠されてきた裏面史（日精協と厚労族議員との癒着の実態）に光をあてる絶好の機会であったであろうことが惜しまれる。なお、平野議員は、以上の議員のほかにも、熊代明彦、佐藤剛男、津島雄二、野田毅、持永和見、上野公成といった議員名も日精協政治連盟からの政治献金の対象者として挙げているのであり、その調査も求めているが、この点もどこまで明らかになるのか不明という状況にある。

(3)　しかし、この献金問題は、法案と日精協との密接な関係をあからさまに表面化させた点で、この法案の性格や今後のこの法律の運用、さらにはこの法案と一般精神医療改革案との関係を考える上で、理念的な宣言の背後にある、まさに日本的な現実を忘れてはならないという貴重な教訓を与えるものとなったといえよう。「金にまみれた法案」という名を冠せられても、形式的な立法理由があれば、やがて落ち着くというのであれば、それは精神障害者を含む国民を欺くことになるというべきであろう。

(4)　本法の対象者に対する医療だけが「手厚い」もので、他の精神障害者の医療が「手厚くない」という差を認めることはできないはずである。また、本法の対象者に対する医療だけが「専門的であり」、他の精神障害者の医療が「専門的でない」という区別も苦しい答弁である。「司法精神医療」という言葉が乱発されているが、その実態は不明であり、措置入院が司法精神医療でないともいえないであろう。問題は、結局、「医療」の内容にあるというよりも、「強制的な医療の確保」の必要性にあり、それは「再犯のおそれ」につながることを否定することはできないのではあるまいか。

(5)　福島議員の批判は、最初の政府案が「再犯のおそれ」を要件とし、再犯の予測が十分に可能であるとしていたことに対しては、そのまま妥当するように思われるが、修正案とその趣旨の説明が「医療の必要性」を前面に押し出し、社会復帰の必要性に重点を移してからは、論議が平行線を辿ること になったことに注意する必要がある。修正案によっても本法案の骨格と基本的な性格が変わっていないとするならば、そのことを具体的な問題ごとに立法者に確認させるという形での質問を工夫することが求められているのである。

(6)　少年法との関係については、立法者自身が、本法の手続が少年法と類似していることを自認していることを念頭におくべきである。しかし、そのような自覚にもかかわらず、感覚的にほとんど同じといった程度の認識しかないとすれば、はなはだ問題であるといわざるを得ない。とくに、修正案が「再犯のおそれ」を削除して「医療の必要性」と社会復帰の促進に傾けば傾くほど、対象者に対して出来るだけ早く適切な医療を施すことが本人の利益になるという側面が前面に出ることによって、適正手続の保障と人権保障のチェックという側面がルーズに解されるというジレンマが生じることを警戒しなければならない。少年法の分野では、捜査段階における国選弁護人制度、鑑別所送致に対する不服申立て、さらには再審に当たる非常救済制度、一事不再理効などが論議されていることにも十分留意すべきであろう（猪瀬ほか編・少年法のあらたな展開、二〇〇一年、六七頁以下参照）。

(7)　本法案の立案者は、現行の措置入院の運用上の地域差を批判して、これを国の責任において統一することを立法目的にかかげるのであるが、不思議なことに、検察官の簡易鑑定を含む事件の振り分け段階における地域差やアンバランスという点については、ほとんど問題にせず、したがって、新法の下でも、その問題性はそのまま残されることになる。しかも、処遇決定の段階における基準の不明確さは、実は、捜査段階における鑑定と起訴・不起訴の振り分けの基準の不明確さに起因しているのであって、これを放置しておくことは重大な問題であるといわなければならない。とくに、限定責任能力者に対する起訴・不起訴の基準と実態を明らかにすることが重要である。

(8)　上田部長は、半年間に半分が措置解除になったというデータから、新設の指定医療機関の必要病棟数を推計したと述べているが、問題はその指定医療機関からの退院期間と退院後の経過についての推計である。措置解除と指定医療機関からの退院が並列的な関係にあるかも問題であり、他の入院形態への移行と社会復帰調整官の観察下での通院との関係も全く明らかとはなっていない。無期限の入院からの退院がいつ、どのような状態の下で可能なのか、退院後の経過はどうなるのかについてのシュミレーションの必要性がますます高くなったというべきである。

九　参議院法務委員会の質疑（7）

第七回目の法務委員会は、二〇〇三年五月二九日の午前一〇時から午後四時二一分まで、昼の休憩をはさんで、約四時間にわたって行われた。この日の理事会で、自民党は六月三日に法務委員会で採決したいと提案した模様なので、審議は次第に緊迫する気配を見せてきていた。しかし、この法務委員会で、平野議員が発言したように、そういう対応で無理してやるのであれば、まず定足数を与党の責任でそろえてもらいたい、今日などはもうほとんど定足数ががらがらであるというのでは、すでに衆議院の法務委員会でも同様な状態にあることが一度ならず指摘されていただけに、何ともやりきれない無力感におそわれる。マスコミは、もっとこのような現状をこそ国民に知らせて、国会の審議状況を監視する必要があることを指摘しておきたい。

さて以下では、この法務委員会での質疑の内容を主要な問題別に整理した後、これに必要なコメントを加えることにする。

この法務委員会では、佐々木知子（自民党）、市川一朗（自民党）、千葉景子（民主党）、朝日俊弘（民主党）、浜四津敏子

（公明党）、井上哲士（共産党）、平野貞夫（自由党）、福島瑞穂（社民党）の八氏が質問に立ち、森山真弓（法務大臣）、増田敏男（法務副大臣）、木村義雄（厚生労働副大臣）、樋渡利秋（法務省刑事局長）、横田尤孝（法務省矯正局長）、津田賛平（法務省保護局長）、上田茂（厚労省社会・援護局障害保健福祉部長）などの政府関係者のほか、修正案の提案者である塩崎恭久（衆議院議員）も答弁に加わっている。

1. 日精協の問題

日精協政治連盟が厚労省の木村副大臣を始めとする多数の厚生労働族議員に政治献金をしていたという事実が、この法案の審議中に顕在化してからは、毎回、この法案と日精協とのかかわりが問題とされてきていたが、この法務委員会でも、井上議員のほか、とくに平野議員がほとんどの質問時間をさいてこの問題を追及した。もちろん、この問題については、与党議員からの質問は全くなく、答弁者も何とか避けたい問題であったが、法相なども初めて見るという隠れた資料も公表されたのである。

まず、井上議員は、日精協政治連盟が一九九九年から二〇〇一年の間に行った献金を調べたところ、法務大臣では、陣内孝雄氏五十万、臼井日出男氏十万、保岡興治氏百三十万、高村正彦氏六万。それから歴代の法務政務次官、副大臣では、北岡秀二氏三十万、長勢甚遠氏三百五十万。また、歴代の厚生（労働）大臣では、宮下創平氏百万、丹羽雄哉氏二百二十万、津島雄二氏百万。厚生政務次官、副大臣では、根本匠氏百二十万、南野知恵子氏は連名で十万、鴨下一郎氏二百万、木村義雄氏百七十万となっているほか、この法案の与党プロジェクトチームのメンバーでは、佐藤剛男氏百万、持永和見氏二百三十万、塩崎恭久氏二百十万、園田博之氏百万となっており、関係する与党議員や歴代の二つの省の幹部に献金が行われていることを明らかにした。そして、直接に利害関係を持つ団体から関係者にこのように広く献金が行われていることは、様々な関与があったという疑惑が出てくるのは当然であるとし、このような疑惑解明の必要性について、法相に質問した。

しかし、森山法相は、献金があっても正しく法律上の手続によって処理されていると聞いており、法案の審議が影響を受けたことはないとした上で、この法案は、国会の附帯決議に基づく国民の要請に答える意味で作られたもので、特定の一団体のために作られたものではなく、改めて調査の必要はないと突っぱねた。

井上議員は、それ以上追及しなかったが、平野議員がこの問題をさらに蒸し返して質問を続けた。平野議員は、東京都の選管に日精協政治連盟が提出した収支報告書を資料として示し、平成十年から十三年までの四年間に、総額にして一億四千七百九十六万円の政治活動費が支出されており、ほとんどが自民党の議員であるが、他党の百万円以上の献金を受けたのは公明党の冬柴幹事長、野田毅氏が保守党の党首のころ百万円、それから小泉総理も百万円の献金や陣中見舞いを受けていること、参議院よりも衆議院自民党をターゲットにしたと推測されることをあげ、これは百億の補助金に対する税金の還流ではないのか、しかもそれが合法的に行われている点に、日本の政治構造があるとし、これは政官業の癒着の典型ではないかと追及した。

これに対しても、森山法相は、この資料は初めて知ったところであるとし、この法案に対する働きかけはないものと確信していると答弁するにとどまった。しかし、平野議員はさらに、法案が準備され立案される過程に日精協側からの働きかけがあったのではないかと推測される関連事実をいくつか指摘した。たとえば、すでに平成十年の年明けには日精協は触法精神障害者対策を福祉法に入れるよう厚生省に要望し、これがうまくいかないので、その秋には恫喝する声明を出している。そして、平成十年から十一年に日精協がうるさく言いだしたときに、自民党のプロジェクトチームができている。そして、苦労して訳の分からない附帯決議になる。そして、保岡議員が私的勉強会を作る。日精協の機関誌によると、保岡法務大臣と津島厚生大臣が合同検討会を作ったとなっている。長勢議員も、法務副大臣であった平成十三年に、副大臣をやめて十日目に衆議院の法務委員会で日精協の立場で保護観察的司法制度の整備を主張している。そして、その直後に起こった池田小学校事件に日精協は悪乗りして、同年八月には重大な犯罪を犯した精神障害者の処遇に関する新たな法制度の確立について意見を表明している。小泉総理も悪乗りして、刑法を改正しろといった。そして、平成十三年の十一月に与党プロジェクトチームが法案を作るべきだという報告書を作っている。一方、法務省と厚労省の合同検討会が立ち上がったときは、法務省刑事局のメモには慎重な意見が記されており、保岡・長勢の構想、いわゆる日精協の構想には法務省はむしろ消極的であったと思うとして、刑事局長と法務大臣に質問した。

しかし、森山法相は平成十三年の四月に大臣になったので、細かいことは知らないといい、樋渡刑事局長も当時のことは知らないと答えたが、ただ、合同検討会が平成十三年一月から十月までの間に七回開催されており、関係者の意見を伺いつつ、重大な犯罪行為をした精神障害者の入退院を決定する手続、治療施設のあり方、退院後の地域社会でのケアのあり方などが議論されたという報告をしている。

質疑はこれで終わっているが、平成十三年までの献金の事実がこの法案を推進した政府与党の国会議員を中心になされており、しかもそれが今回の法案の準備と作成の過程に対応して動いているという疑惑を拭い得ないものがあるといえよう。(1)

2．原案と修正案の性格と異同

最初の政府案が、衆議院の審議の途中で突如として「修正案」に変更されたことが、この法案の性格の評価を混乱させ、きわめて分かり難いものにしたことは、これまでの国会審議の過程でもしばしば見られたところである。

この法務委員会でも、まず佐々木議員は、政府原案に「再犯のおそれ」の要件があったことで保安のための制度であるとの批判があったとし、それにもかかわらず本制度が保安のためのものでないというのであれば、第一条の「目的等」に「同様の行為の再発の防止をを図り」ということが定められている理由を明確に説明してほしいと質問した。

これに対して、樋渡刑事局長は、重大な他害行為を行った精神障害者は、精神障害の上に重大な他害行為という二重のハンディキャップを背負っているので、仮にこのような精神障害が改善されないまま同様な行為が行われることになれば、それは本人の社会復帰の大きな障害となることは明らかなので、第一条の目的中に、精神障害の改善に伴って同様の行為を行うことなくという言葉を入れたもので、衆議院において修正された要件についても同様の趣旨であると答えている。

佐々木議員はそれ以上質問を続けなかったが、すでにここには法案の性格にかかわる重大な問題が含まれている。まず、樋渡局長の答弁の中で、法案の第一条の「目的」があたかも修正案によって「要件」の修正に見合うように修正されたかのようにいわれているのは、明らかな事実誤認であって、第一条は政府原案から基本的に変更されておらず、第二項に、この法律に携わる者が社会復帰に努めるべきことを付加したに過ぎないものであることは明らかなはずである。このような無責任な答弁が、ますます本法案の性格についての混乱と疑惑を招いているといわざるを得ない[2]。

この問題性は、市川議員の質問によって、より明らかとなった。市川議員は、衆議院段階で法案が修正されたけれども、それは社会復帰の目的がより強調されたものと理解しており、政府提案の第一条そのものは変わっていないことを条文に即して再確認した上で、説得力のある、分かりやすい説明を求めたのである。しかし、樋渡刑事局長は、本法案では対象者の精神障害の改善のため、継続的かつ適切な医療等が行われる仕組みを整備することが目的であるというのみで、質問の焦点である再犯の防止の目的との関連には全く触れないままに終わっている。

そこで、市川議員も、重大な事件を起こしたために、社会復帰するためにはさらに入院治療が必要な精神障害者を対象とするということでは、むしろ本人の社会復帰は難しくなるのではないかという指摘もあって、与党という立場でそれなりの理解をしているつもりではあるが、その点に関する懸念が消えていないことを率直に認めた上で、この点が分かるように再度答弁を求めた。これに対して、樋渡局長は、政府案では「再犯のおそれ」が要件となっていたために本制度の対象者が危険人物であるという烙印を押される結果になるのではないかという問題が指摘されたので、この要件が修正され、本人の社会復帰を促進するための医療の必要性が中心的要件であることを明確化したものであると説明した。

しかし、それでも質問者の市川議員は、やはりどうも入院が制度化されると、かえって長期化するのではないか、社会復帰が促進される面もあるが、逆に大事をとることによって、どうも入院がこれまでよりも長期化するおそれがあるとし、その懸念はないと確信しているという局長の答弁でもなおおさまらず、この制度で入院の必要性がないと証明することは現実問題としてかなり難しいのではという懸念もあり、結果として入院ということになってしまう心配があることを指摘した。

これは、与党議員の質問としては、予想外の画期的なものであり、答弁者を大変手こずらせることになった。樋渡局長は、裁判官と医師との意見の一致が必要であり、意見が分かれた場合は入院の決定は出ないとして理解を求めたにもかかわらず、市川議員はなお納得せず、連合審査会で公明党の風間議員が分類した三つの判断（①入院、②通院、③不要）がどういう基準で決まるのか、余り明快ではなく、何が判断の分かれ目になるのかもケース・バイ・ケースのような感じがするとして、再度の質問をした。しかし、樋渡局長の答弁に新味はなく、結局、市川議員は、この判断にはかなり裁量の幅が広いのではないかと問題を提起したのであるが、森山法相も、そのような心配があるとしながらも、法案の定める手続に従って所定の要件に該当するかどうかを慎重に判断することになるとして、問題をもとにかえしてしまうことになった。

折角の市川議員の率直で鋭い質問の趣旨に見合うような答弁はなされないままに質疑は終わってしまったのが惜しまれるところである。(3)(4)

3．入退院の要件

入退院の要件については、政府原案が「再犯のおそれ」としていたものを、修正案が「医療の必要性」に変更したことから、その異同が繰り返し論議されてきたが、この中心的な論点についてさえ、理解は統一されないままに、この法務委員会でもなお議論の蒸し返しが続いている。これも異常な現象といわねばならない。

まず、佐々木議員は、処遇の要否と内容の決定基準に対する懸念が提起されているとした上で、政府としては修正案の要件に照らして、どのようなものが本制度の対象になるのか、具体例で示してほしいと求めた。これに対して、樋渡刑事局長は、一つには、対象行為を行った際の精神障害を改善する必要があること、二つ目には、その精神障害の改善に伴って同様の行為を行うことなく社会に復帰することを促進するため必要であることが認められる場合には、入通院の決定が行われるとした上で、具体的には、対象者の精神障害が治療可能性のない場合やその精神障害が治った場合には、第一の要件がないため本制度から外れることになり、反対にまだ治療を要するという場合でも、例えば身近に適当な看護者がいて、本人を病院に通院させ、あるいは定期的に服薬させることが見込まれるような場合、あるいは常に身近くに十分な看護能力を有する家族がいて、適切に対処することが見込まれるような場合には、第二の要件がないため本制度から外れることになると答えている。したがって、不当に長期入院させられることはないというのである。

この答弁は、きわめて楽観的な見通しを語ったものとして注目に値するが、上述したように、与党の市川議員でさえも、この制度で入院の必要性がないことを証明するのは現実問題としてかなり困難であり、長期入院になる懸念があるとしていたので、そのような著しい理解の差が果たしてどこから出てくるのかという点を検討する必要がある。(5)

この入退院の要件の変更については、朝日議員が修正案の「要件」でも、第一条の「目的」と合わせて読めば、結局は、再び同様の対象行為を行うおそれを判断することにならざるを得ないのではないかと質問した。これに対して、修正案の提案者である塩崎議員は、かつて自分も疑問に思って質問し、最終的には社会復帰の促進が目的であるというだけでは不十分だと感じて修正案を出したとした上で、衆議院における修正は、第一に、本制度の対象者が精神障害を改善するためにこの法律による医療が必要な者に限られることであり、第二に、このような医療が必要な者の中で、精神障害の改善に伴って同様の行為を行うことなく社会に復帰できるよう配慮することが必要な者だけが対象になるということで、社会復帰を促進するという目的に即した限定的なものにする趣旨であったと答えている。そして、政府案では漠然とした危険性が感じられる者にも入院を強いるのではないかという批判もあったので、修正案では、対象行為を行った際と同様の症状が再発する具体的、現実的な可能性もない場合には、それが社会復帰の妨げにはならないので、本制度の処遇は行われないことにしたと説明した。そして、「これに伴って同様の行為を行うことなく」との要件を加えた趣旨は、仮に同様の行為が行われることになれば、本法の目的である本人の社会復帰に重大な障害になってしまうということであり、第一条の精神障害の「改善」と「これに伴う同様の行為の再発の防止を図り」というのも同様の趣旨であるというのである。

しかし、この説明は、これまで繰り返し述べられてきた説明とほとんど変わるところがなく、これによって理解が容易になり、納得が得られる状態が生まれたとは到底言い難いように思われる。しかし、ここでは少なくとも、「再犯のおそれ」が全面的に削除されたのではなく、社会復帰の妨げになるかどうかという判断の中に組み込まれて判断されているということである。それが、政府原案よりも限定的であるといえるかは疑問であり、かえって社会復帰のための措置の必要性が広く認められるおそれがあるともいえよう。(6)

4. 簡易鑑定

起訴前の簡易鑑定についても、すでにその問題性が度々指摘されてきたが、この法務委員会でも、佐々木議員がこの問題をとりあげて、かなりルーズになされているのではないかという指摘があるとし、関係者の不満を解消するための方策を質した。これに対して、森山法相は、刑事事件の捜査における被疑者の精神鑑定が適切に行われることが極めて重要であるとしつつ、とくに簡易鑑定については、これまで各方面から、鑑定のための体制、鑑定を嘱託する検察官の対応、鑑定を行う精神科医側の対応等について、様々な観点から問題があるのでないかという指摘があり、鑑定をより適正に実施する上で耳を傾けるべき指摘も少なくなかったとした上で、法務省としては、その適正な運用が行われるようにすることが重要であると考え、事例の収集、分析、研修の充実等の方策を検討するとともに、司法と精神科医の連携の重要性にかんがみ、検察官と精神科医との十分な意思疎通を図るなど、改善に取り組みたいと答えている。

しかし、これはこれまでの答弁の繰り返しであって、批判は聞くが反省はしないという基本的な姿勢の変化は見られない。この問題では、朝日議員が平成十四年度の厚生科学研究の「責任能力鑑定における精神医学的評価に関する研究」報告書の早い段階での公表を求めるとともに、結論的に今回の調査によって簡易鑑定の実施状況には鑑定の精度や人権擁護の観点から無視できない地域差、精度差、個人差のあることが判明しているとして、法務省の受けとめ方を質すとともに、併せて司法精神鑑定支援センターという民主党の構想についても意見を求めた。これに対して、森山法相は、第一の研究結果については、簡易鑑定の実施状況に関する地域差とか鑑定医の個人差などが指摘され、簡易鑑定のモデルを作成する提案などが含まれていると理解した上で、これを論評する立場にはないが、批判は十分に承知しているので、一層その適正な運用を図り、安易な処理が行われないよう検討していきたいと答え、さらに第二の民主党案が、最高裁判所や最高検察庁に司法精神鑑定支援センターを設置して、精神鑑定に係る調査研究等や鑑定人候補者の選定を行うものと承知しているが、司法精神医学の向上を図ることは重要であるとしつつも、そのような研究や専門家の養成は、それを行うに相応しい専門性や中立性を備えた組織において行われるべきではないかとして、多少の疑問を感じると答弁している。

簡易鑑定については、上記の報告書によって、問題点がより具体化されることが期待されるが、その場合にも、情報の開示がなければ検察庁の裁量に任されてしまうおそれがあることをなお警戒しなければならないであろう。また、民主党の「司法精神鑑定支援センター」については、鑑定人候補者の選定を含めて、とくに起訴前鑑定の適正を保障するための提案として、独立に検討する必要があると思われる。(7)

なお、この法務委員会でも、精神保健福祉法二四条の警察官通報にからむ毎日新聞の記事の問題が蒸し返されたが、浜四津議員は、警察官による二四条通報がなされた者は本法案による新たな処遇制度の対象となるのかという点を質問した。これに対して、樋渡刑事局長は、警察官による二四条通報がなされ、措置入院等の医療を受けている者であっても、検察官が事件の送致を受け、心神喪失等の状態で対象行為を行ったと認めて不起訴処分にした場合には、検察官による申立てがなされることになり、本法案による新たな処遇の対象になり得るものであると答えている。

これは、先の連合審査会で朝日議員が質問した問題であるが、ここでは警察官通報のケースでも重大な事件はすべて検察官に送致されて本法の対象になるという簡単な答弁に終わっており、それ以上の再質問はなされていない。しかし、果たして全件が検察官に送致されているのかという平成十一年度についての毎日新聞の疑問に対する明確な答えはなされないままである。(8)

5．退院後のケア

この問題も、本法案にとって重要な論点として引き続き質疑の対象となった。

まず、佐々木議員は、地域社会における処遇を保護観察所が担うことについての懸念について、なぜ保護観察所が関与するのかと質問したが、これに対しては、津田保護局長が継続的な医療を国の責任において統一的に確保するためには保護観察所がコーディネータの役割を果たすのが最適であるというこれまでの答弁を繰り返した。そして、同議員が、七万人から十万人ともいわれる社会的入院の問題を含む精神医療一般の充実の青写真を示してほしいと要望したのに対しても、木村厚生労働副大臣は、車の両輪として進めていくべき重要な施策として、精神保健福祉対策本部を設置し、四つの重点施策をあげ、早急に具体的な検討を深め、実施可能なものから順次実施に移したいという決意を表明している。

また、浜四津議員が、保護観察所が行う精神保健観察は監視的な色彩を帯びるのではないかという危惧の声があると指摘したのに対しても、津田局長は、保護観察所が関係機関と協力しながら、誠心誠意本人の理解を求め、また家族等の働きかけを依頼したりするものであり、監視というような指摘は当たらないものであると答えている。

これでは、退院後のケアにも一見問題がないように見えるのであるが、しかし井上議員が、より具体的に、現行の措置解除者の半分が半年で措置解除になった後も、九十二名のうち七十二名は引き続き他の形態の入院が続行しているという現状の下では、本法の指定医療機関からの退院についても、地域ケアの充実がない限り、いくら重厚な医療を行う指定医療機関を作っても、結局は出ていけず、長期閉じ込めになるのではないかと質問すると、法務省の樋渡局長はそれでも入院の必要がなくなれば直ちに退院の申立てをすることができるという制度の説明をするのみであり、厚労省の上田部長は一般の精神保健福祉対策の充実強化ということで対策本部が中間報告をまとめ、今後着実に進めていきたいという一般的な答弁にとどまり、さらに本法による指定医療機関からの退院者も一般の精神病院への入院を妨げないと答えるなど、退院と地域への復帰の道筋が見えてこないという嘆きは解消されそうもないのである(9)。

以上のほか、この法務委員会では、審判手続おける適正手続の保障と付添人の権利といった問題のほか、指定医療機関における手厚い専門的な医療の内容についても質疑が行われ、さらに拘置所における医療の問題として、投薬が適正に行われなかったために自殺した患者について国賠訴訟が行われているなどの具体的なケースをあげて、その改善を迫る質問もなされている（井上議員）。

(1)　献金については、とくに平成十四年度分の開示によって、本法の立案関係者との関連がより明らかになることが期待される。木村副大臣を始めとして、森山法相も、政治献金が適正に処理されていることを強調するのであるが、平野議員の指摘するように、そのようなことが合法的に行われることの方が、より構造的な癒着をあらわすものといってよいであろう。平野議員は、道義的責任を問うたが、これさえ無視されてしまうのであれば、国民の信頼は何に依拠するということになるのか、暗澹たる心境にならざるを得ない。

なお、日精協が本法案に期待する中心的な点は、重大な他害行為を行った精神障害者は別枠にして国の責任で処理して貰い、民間病院はかかわりたくないという点にあり、法案はこの要望に答えるものとなっていることは事実である。しかも、日精協は厚労省までが社会的入院を七万二千人としてその解消を唱えること自体にも反対し、現状の入院患者の確保に固執しようとしていることにも注目しておく必要がある。

(2)　条文を見れば分かることであるが、法案第一条一項では、対象者に対して継続的かつ適切な医療並びにその確保のために必要な観察及び指導を行うことによって、その病状の改善及びこれに伴う「同様の行為の再発の防止を図り」、もってその社会復帰を促進することを目的とすると明確に規定されている。これを樋渡局長は、「精神障害の改善に伴って同様の行為を行うことなく」との言葉を入れたといい、衆議院で修正された要件も同様であるというのは、意識的な誤認ないし歪曲であるといわざるを得ない。「再犯の防止」はこの法案の目的として終始変更されていないのである。

（3）　この質問と回答の間のずれは、答弁者側が、入院の必要性を医療の必要性と社会復帰の必要性に還元したために、それは判断者が入院を必要と考えるかどうかで決まり、その必要性を判断する「基準」を欠いているのではないかという質問の趣旨に答えていないところにある。法相が「所定の要件に該当するかどうか」で決まるというのがその回答であり、その基準が、病状なのか、環境なのか、さらに再犯のおそれなのかもはっきりしないままに、社会復帰の必要性の有無をどう判断するのかという疑問がどうしても残り、それが入院に傾く懸念を払拭できないところに問題があるといえよう。

（4）　なお、本法案の必要性とその性格に関しては、とくに千葉議員が法案の立案の経緯からしても、重大な他害行為を行った精神障害者に手厚い医療と社会復帰を保障するというよりも、重大な犯罪に対する社会的影響という「衝撃」的な側面があり、池田小学校事件が法案促進の大きな起爆剤になったということと無関係ではないという点を指摘していることに注目しなければならない。それは、福島議員が、修正案は「再犯のおそれ」を削除したけれども、第一条の「目的」にある「同様の行為の再発の防止」は不変であり、修正案の要件にある「同様の行為を行うことなく」とは「再犯のおそれ」を言い換えたにすぎないものであると評価している点とも関連している。保安目的は隠しても厳然として存在しているというのである。この側面を否定し切れない点で、修正案の評価は決して単純ではないといえよう。

（5）　樋渡局長の答弁では、いかに重大な他害行為を行った者でも、精神障害が治癒すればすぐに退院となり、また身近に看護者がいれば本法の処遇から解放されるかのように解されるが、果たしてそのような場合がどの位予想されるのかが問題である。むしろ、今の精神医療の現状から見れば、市川議員の指摘するように、むしろ長期入院に傾く懸念の方がより現実的であろう。その上に、重大な他害行為を行ったという点に対する社会的影響や衝撃がそう簡単に消えると考えることもできず、一般の患者よりもより長期の入通院に傾くことはむしろ不可避であるとすらいえるように思われる。

（6）　塩崎議員は、政府原案が「再犯のおそれ」を要件にしたことが、漠然とした危険性まで含むから広すぎるというのであるが、政府がそのような趣旨の答弁をしたという証拠は存在しない。むしろそこには、再犯のおそれがない限り入院の決定はできないという意味での限定機能と身柄拘束の正当性の根拠があったのである。修正案がこれを削除して、医療の必要性と社会復帰の促進に変えたことは、むしろ社会復帰の名の下に広く処遇を認める方向に傾く可能性があり、同様の行為を行う危険がないことを立証しない限り、社会復帰のための措置が必要とされるおそれがある。それは、塩崎議員の本旨ではないかもしれないが、重大な他害行為とその再犯の危険を社会復帰の必要性（パレンス・パトリエ）に包含することはできないというべきである。さらに、塩崎議員が措置入院との合体も考えるというのであれば、措置入院の「自傷他害のおそれ」も削除されるべきであって、全体を医療保護入院に統一するという方向をとるべきであろう。

（7）　朝日議員が民主党案を提示して精神鑑定の問題を質した背景には、検察官の判断と精神医療の現場との意思疎通や相互フォローがなく、基礎データそのものが不十分であるという認識があり、その例として、ちょうどこの法務委員会の日の前日に開催されていた日本精神神経学会の理事会でも、検察官通報の問題は、検察が検察の役割を果たさず、精神医療に押しつけてきたという見解が共通認識となっていたといわれ、これではまずいのではないかという趣旨から出たものであった。その間の話し合いがないままに、司法精神医学の確立と両者の連携をうたうだけでは、相互不信が深まるだけに終わるおそれがあるといえよう。

(8)　本法の施行後は、措置入院よりも本法が常に優先するというのであれば、警察官通報によってすでに措置入院の治療中の患者でも、もう一度検察官に送致し、本法に基づく申立てによって指定医療機関への入院となる可能性があるということになる。それは、本法に「遡及効」を認めるもので、措置入院よりも「利益」な処分であるということを意味するものであろうか。本法による鑑定入院の後、入院決定がなされなかったときは、再び措置入院に移されるのであろうが、その場合の「補償」もないというのは、少年法よりもさらに「利益」処分だと考えられていることになり、適正な手続を要求することとも矛盾することになるというジレンマが存在する。

(9)　この質問は、一般の患者の退院さえ非常に困難で、七万人以上の社会的入院を含む三三万人の入院患者数がほとんどそのまま維持されているという厳しい現状の中では、とくに重大な他害行為を行ったという点でハンディを持つ本法の対象者の退院はより困難ではないかという最も基本的な認識に基づいており、反論することはきわめて困難であるといわなければならない。なお、本法の立案者は、本法の対象者の退院については、退院から通院、そして地域ケアへという道筋を考えていたと思われ、他の入院形態への移行が絡んでくると、別枠にしたことと矛盾が出てくるという問題も存在する。

一〇　参議院法務・厚生労働委員会連合審査会の質疑（2）

二〇〇三年六月三日の法務委員会で法案の採決が行われそうな会期末の慌ただしい日程の中で、その前日の六月二日に、第二回目の法務委員会と厚生労働委員会の連合審査会の予定が入り、当日の午後三時から五時二八分までの二時間半にわたって、連合審査会が開催された。

当日は、法務、厚生労働両省から、大臣と副大臣のほか、局長クラスの政府参考人が出席したが、政府与党議員の側からは質問者はなく、実際に質問したのは、朝日俊弘（民主党）、井上哲士（共産党）、森ゆう子（自由党）、福島瑞穂（社民党）、西川きよし（無所属）の五氏にとどまり、各氏ともすでにこれまで質問したことのある経験者であった。

なお、この会議の冒頭で、朝日議員が、この連合審査会には、先に献金問題で浮上した日精協の会長（仙波恒雄氏）に参考人としての出席が要望され、理事会でもその方向で検討がなされていたにもかかわらず、欠席となったのは残念であるという指摘をしていたことを記しておかなければならない。日精協をめぐる肝心の問題が回避されてしまったのである[1]。

さて、この連合審査会についても、質疑の内容を問題別に整理して紹介した上で、これに必要なコメントを加えることにする。

1．警察官通報に係わる問題

この問題は、現行の精神保健福祉法二四条の警察官通報の扱いと本法案との関係についての毎日新聞の記事（五月二十二日）をめぐる論議をさらに追及するものであった。

まず、朝日議員は、その後の調査では、平成十三年度に厚労省の側で措置通報を受けた数が三百三件となっているのに、警察庁の側からの通報数は百七十八件となっていて、すでに出発点から件数に大きな違いがあるとした上で、警察庁の調査では、捜査中あるいは検察官送致についてはフォローしてあるが、措置通報についてのフォローができていないのに対して、逆に厚労省の調査では、通報後の措置入院数や医療保護入院数など医療についてはフォローしているが、措置入院後に送検されたのかといった刑事手続上のことはフォローされていないという点に特色があり、この調査には、司法の流れと医療の流れの関係を検証するのに十分なデータがないという点を指摘し、特別研究班でも作って実態を調査すべきではないかと質した。

これに対して、森山法相は、両者は別個の問題なのでそのような調査の必要はないと答えたが、趣旨を取り違えたとして再答弁し、それぞれの措置の間に隙間や食い違いができないようにしなければならないとしたが、朝日議員は納得せず、平成十三年度のデータでも、通報数の百七十八件のうち二十二件がまだ捜査中で、十六件が不送致となっているので、検察官に送致されない限り本法の対象から落ちてしまうという矛盾をどうするのかと迫った。しかし、法相はまだ問題の趣旨がよく分からないと答弁したため、審議は一時中断するという事態に陥った。

そこで、法務省の樋渡刑事局長が答弁に立ち、二四条の警察官通報は異常な挙動等から自傷他害のおそれがあると認められる者を直ちに通報するというもので、その上で捜査に入り捜査した以上はすべて送検するという建前になっているので、不送致というのは捜査にまで及ばなかったものと解すれば矛盾はないと思うと答えた。しかし、朝日議員は、それでは不十分で、これらの数字を再調査して、その流れを確認することが、新しい制度と従来の制度との整合性を図る上で是非必要であることを強く要望した。

次に、井上議員がこの問題を受けて、警察官通報の百七十八件のうち、全件送致のはずが不送致が十六件もあるというのはやはり問題であるとした上で、法務省の資料では、平成十二年に検察官通報された千七十五件のうち、措置入院となったのは約五割強の五百九十人で、通報されても診察もされないものが千四十一件のうち約三割の三百六件もあるのはどういうことかと質問した。これに対して、厚労省の上田保健福祉部長は、保健所や精神保健福祉主管課の職員が通報された者の症状の程度、治療歴等を調査して、その結果に基づいて知事が措置診察の必要性を判断するものと答えた。

この回答は、検察官通報された場合にも、自傷他害のおそれのない場合や、現に医療機関にかかっている場合などは措置診察に至らないときがあるという趣旨のものであったが、この診察すら受けない三百六件の内訳についてまでは答えられず、事例の説明に終わった。結論的に、井上議員は、上記の不送致とともに、この不診療についても、司法からも医療からも抜け落ちていく部分があることを示しているので、入院の仕組みだけで手続が決められていくやり方には問題があると指摘した。

二四条の警察官通報については、これまでにも問題があることが指摘されていたが、今回の法案が二五条の検察官通報のルートに申立ての要件を限定したので、その限界と関連が改めて問題視されることになったのである。二四条の警察官通報は措置入院として残り、併存することになるので、この点の現状のより正確な解明が要請されるのである(2)。

2. 再犯のおそれ

これは、入退院の要件が政府原案から修正案によって変更されたことによって、「再犯のおそれ」がどうなったのかという、繰り返されてきた問題が、延々と蒸し返され状況を反映したものである。

まず、朝日議員は、前回の法務委員会で修正案の提案者が、「これに伴って同様の行為を行うことなく」との要件を加えた趣旨は、本案の第一条の精神障害の「改善」と、「これに伴う同様の行為の再発の防止を図り」というのと同趣旨であると答弁したことからすれば、やはり再犯予測の問題が修正案にもかかわらず厳然として保たれていると解さざるをえないとして、法相に対して　解釈は変わったのかと質問した。

これに対して、森山法相は、いわゆる「二重のハンディキャップ論」を展開した後、同様の行為が行われることになれば対象者の社会復帰の大きな障害になるので、第一条の「目的」の中に、病状の改善とこれに伴う同様の行為の再発の防止を図るという言葉を入れたものであり、修正案は政府案に対する批判や懸念を踏まえて、その要件を明確化し、対象者の社会復帰を促進するという目的に即した限定的なものとされたと理解していると答えている。

しかし、朝日議員は納得せず、政府原案では目的の表現と入院の要件の判断に整合性があるのに対して、修正案の提案者は、「目的」のところは変えないまま、入院の要件のところだけ変えたので不整合になったとし、修正案の提案者の意図は分かるとしても、法律の作り方と表現ぶりは極めて不明確になったので、もう一度、再犯の予測は可能かという議論をきちんとしなければならないとして、再び回答を求めた。しかし、森山法相は前の回答を繰り返すのみで、押し問答になってしまった。

そこで、朝日議員は、坂口厚労相に対して、昨年六月の衆議院法務委員会で、坂口大臣がこの法律は再犯を予防し、重大な犯罪を繰り返さないというのが大前提であると答弁しており、その後十一月に修正案が提案された以降も、重大犯罪を繰り返さないというのがこの法律の大前提という答弁には変わりがないのかと質した。これに対して、坂口厚労相は、たしかにそのように答えたかと思うが、その意味は、再び同様の行為が行われれば本制度の最終目的である本人の社会復帰にとって重大な障害になるということをいったものであると釈明した。朝日議員の再質問に対して、坂口厚労相は、この修正案によって医療の必要性が中心的な要件になったと理解しているとし、さらなる追及に対しても、どんな条件のときに入院させるかといわれれば、対象行為を行ったときと同様な症状が再発する具体的あるいは現実性が認められるときということになり、かなり限定されてきていると答えて終わっている。

この最後の質疑は、坂口厚労相自身がかつては「再犯の予防」を本法の大前提として認めていながら、それを医療の必要性を中心とする修正案の趣旨に解釈し直すという不自然な論理によって、その矛盾を何とか糊塗しようとする苦心の跡が見られるだけに、極めて重要な意味をもつものであり、政府案と修正案との真の関連を示唆したものといってよいであろう[3]。

次に、福島議員は、より直截に「再犯の予測」問題を取り上げて、新法の下で治療処分を解除するときに、精神医学的には判断の困難な精神障害者の再犯予測を精神科医は要請されるのかと質問した。これに対して、法務省の樋渡刑事局長は、退院の場合に裁判所が精神科医に命じる鑑定の内容については、修正案では、対象行為を行った際の精神障害を改善し、これに伴って同様の行為を行うことなく、社会に復帰することを促進するためにこの法律による医療を受けさせる必要があるか否かであるとなっていると答弁し、同種の行為を行うかどうかについて精神科医は判断を求められるのかという再度の質問に対しても、政府原案にあった再び対象行為を行うおそれの有無について鑑定を命じるという点が上記のように修正されたと答えるにとどまった。

そこで、福島議員は、さらに、再犯予測と同種の行為を行うかどうかは結局、同義語ではないかとした上で、同種の行為を行うかどうかについて精神科医は判断を求められるのかという質問したが、樋渡局長は、何度も答えている通り、修正案では、同様の行為を行うことなく社会復帰させることが要件であり、ワンフレーズの全体を判断することになると答え、それ以上には進まず、押し問答が終わっている。

ここでは、樋渡局長は、同様の行為を行うことの判断が独立に行われるとは決して言わず、これを医療による社会復帰の必要性の中に包含させていることが判明するが、そこに先程の坂口厚労相の答弁における矛盾を回避しようとする意図を読み取ることができるであろう。しかし、これによって、入退院の要件が「明確化」したものとは言えず、かえって複雑で分かりにくくなったという印象を与えることになったのである[4]。

3．指定医療機関における医療の体制と内容

この問題も、これまでしばしば論議されてきたところであるが、この連合審査会でも、重要な論点として質疑が続行された。

まず、井上議員は、この指定医療機関には本法の対象者以外の重症患者を入れることも可能だとした塩崎議員の答弁を踏まえて、その可能性を質したが、厚労省の上田部長は、原則として対象者以外の者を入院させることは考えていないが、将来仮に欠員が生じたような場合には有効な活用方策として検討したいと答えている。

次いで、井上議員は、この指定医療機関が、医師や看護師等の手厚い配置を前提とした重厚な医療を行うと言われなが

ら、手厚い専門的な医療に見合う人員配置や診療内容がどういうものか未だに見えてこないのは問題だとして、具体的にどの程度の水準なのかと質問した。これに対して、上田部長は、具体的な人員配置基準については現在検討中で、司法精神医学が確立して手厚い医療を実施している諸外国の例も参考としつつ、平成十五年中には適切な配置基準を定めることにしていると答え、外国の例として、イギリスの地域保安病棟における人員配置が、入院患者二十五人に対して医師が四名、看護職員については、日勤、準夜勤がそれぞれ八名、深夜勤が六名、精神保健福祉士が二名、臨床心理技術者が二名、作業療法士が二名という数字をあげた。

しかし、井上議員が現在の日本の精神科病棟における基準を質し、大学病院、総合病院では医師が十六対一、看護師が四対一であり、それ以外の病院では、医師が四十八対一、看護師が六対一であることを確認した上で、この法律に基づく新たな指定医療機関が諸外国の水準を目指すなら、かなり大幅な水準の引き上げが必要になるとし、わが国の精神医療のセンターと言われる国立精神・神経センター武蔵病院について、現状の常勤の医師の数は何人かと質問した。そして、この質問が、実に貧困な水準にあることを改めて認識させることになったのである。

厚労省の冨岡国立病院部長は、武蔵病院の精神科の医師の数は、平成十五年六月現在、二十一名で、ほかに研修医十一名、レジデント三十四名、専門修練医五名がいると答えた。しかし、井上議員は、昨年の十月現在では、常勤医師は二十五人だったということからすれば、退職や転職によって、むしろ医師の数が減少しているという事実を明らかにした。しかも、平成十三年の武蔵病院の組織図によれば、外来では、内科部長、精神科医長、神経科医長、小児科医長、外科医長などが全部欠員マークになっているが、この現状は今も同様かと質問した。冨岡部長は、欠員のマークも併任の医長を充てることになっており、組織図自体が適正さを欠いた部分もあると弁護したが、適正に充実しているとはとても言えない状態にあることが露呈されてしまった。

井上議員は、さらに看護職員の夜勤体制についても触れ、十の病棟のうち三つの病棟では配置人員の十六人のうち十人以上が月九日以内の夜勤ということになっているが、なぜこんな状況にあるのかと質問した。しかし、冨岡部長は、看護職員の充実については、最近の大変厳しい定員事情の中で、その増員を最優先の課題として取り組んでおり、今後も重点的に取り組んでいきたいと述べるにとどまっている。複数で月八日以内の夜勤という人事院の判定が出て四十年近いにもかかわらず、この国立センター病院でさえこういう事態というのは本当に驚くべき実態ではないかとして、厚労相の認識を質した。

しかし、坂口厚労相の答弁はそっけないもので、現場がどういうふうになっているかは知らないが、もしそれが仮に現実であるという前提で言えば、それは憂うべき事態だと思うとし、もう少し医師の確保等を早く積極的にやらないといけないというにとどまり、医師の欠員がなかなか埋まりにくい傾向があるという再質問に対しても、公的な病院全体を見ても、なかなか勤務して頂く医師が少ないというのは現実問題としてあるとし、とくに精神科の医師が少ないことも影響しているという現状認識に終わっている。

以上の質疑からは、おそらく本法の指定医療機関の有力候補の一つと言われている武蔵病院でさえ、このような現状であって、その改善の見込みも覚束ないという状況の下で、果たして新設の指定医療機関が本当に手厚い医療を行う体制を組むことができるのかという深刻な疑問を否定できないであろう。(5)

また、福島議員も新設の指定医療機関の設備面での体制について質問した。まず、別棟を建て、塀の内側に別の塀を立てて、敷地面積は三千から四千平方メートル、そこで急性も慢性も社会復帰病棟も含めて四十棟で個室であるといった理解でよいのかと質問したのに対して、上田部長は、現在考えているのは一病棟三十床程度ということで、これはあくまで公的な医療機関における一ユニットであるというきわめてモデストな答弁をしている。

そこで、福島議員は、あくまで別棟にこだわり、塀を立てるのか、セキュリティはどうするのかと質問したところ、上田部長は、基準の詳細については検討中で、今後、具体的に詰めていきたいと明言を避けた。そして、個室というのは独居房になるおそれはないかという質問に対しては、全員個室であるが療養環境を考えて、開放処遇という視点を考えていきたいと答えた。さらに、閉鎖病棟における開放処遇というのは矛盾ではないかという質問に対しては、入院当初の急性期には閉鎖病棟とか保護房ということもあるが、病状の改善に伴って、作業療法とかリハビリ療法とか、集団精神療法とか、できるだけ開放的な処遇を進め、運営については、安全の面も考慮しながら開放的な社会復帰を進めていきたいと答えている。

この質疑では、一病棟三十床程度の個室制度とし、安全の面を考慮しつつ開放的な処遇を行うという点のみが明らかになっただけで、これまでの措置入院を含む精神病院の体系の中における指定医療機関の位置づけ自体もいまだ具体的には明確化されるには至っていないことが判明し、そのイメージすら定かでないという実態を浮かび上がらせることになったのである。(6)

一方、指定医療機関において実施される予定の医療の内容についても、それが従来の一般の精神医療とどこが違うのかという点が議論されてきていたが、この連合審査会では、西川議員が、今後具体的にどういった手法によって水準を向上させていくのかと質問したのに対して、上田部長が以下のような形で、かなり詳しく説明しているので、「高度かつ専門的な精神医療」といわれるものの内容を紹介しておく。

指定医療機関には、一般の精神障害者よりも過敏かつ衝動的で被害意識が高まりやすく攻撃的な者も少なからず入院することが予想されることから、まず治療環境として、このような患者を適切に治療するために一般の精神障害者以上にストレスの少ない環境が必要であり、このため、全室を個室とし、十分なスペースを取った明るく開放的な医療環境とする必要がある。次に、医療スタッフについては、患者の病状悪化に伴う攻撃的な行動が生じた際に迅速かつ適切に介入できるような一般の精神科病棟よりも医療スタッフを手厚く配置し、個々のスタッフにはその前兆となる行動を事前に察知して適切に評価し、また患者が興奮した場合においても説得によってそれを鎮める技術を身に付けさせ、さらに医療スタッフがストレスによって疲労しないようにカウンセリング等の体制も整備する必要がある。さらに、退院後も視野に入れた患者に対する治療プログラムとして、他害行為の問題を認識させ、自分でそれを防止する力を高め、様々な問題を前向きに解決することを促し、被害者に対する共感を養い、多大な他害行為を行ってしまったことによる患者のトラウマを和らげるといった精神療法を実施する必要があるというのである。

ここでは、指定医療機関における「手厚い専門的な医療」の内容が、これまでよりも具体的な形で提示されている点で注目されるのであるが、ここでも一般の精神医療における医療内容自体との差というよりも、攻撃的で衝動的な他害行為の危険のある触法患者に対する安全面での対策が専門的な技術として予定されている点に注目しなければならない。ここでも、再犯防止と社会復帰との関連が問題の背景に存在するといえよう[7]。

4．社会的入院と精神病院の実態

まず、いわゆる社会的入院については、森議員が、先般の精神保健福祉対策本部の中間報告の中に、受け入れ条件が整えば退院可能な七万二千人の対策が柱の一つとして掲げられていることを確認した上で、一般社会とは隔絶されている一種の閉鎖空間である病院において長く生活してきた入院患者の多くは、自活能力も著しく減退し、今すぐに退院させることは困難であるが、どんな対策を講じていくのかと質問した。

これに対して、厚労省の上田部長は、ご指摘の通りであるとした上で、今年度から、いわゆる社会的入院の解消を目的として、作業所等の活動の場を確保し、医療機関と協力して退院訓練を行うことにより、精神障害者の自立を促進する退院促進支援事業を新たに行うことにしていると答えている。

しかし、ここでもすべては今後の課題とされているだけで、七万二千人の社会入院の解消についての具体的な見通しが語られているわけではないのである。

一方、福島議員は、精神病院入院患者の入院期間を問題とし、平成十三年六月末現在、合計で三十三万二千七百十四人のうち、二十年以上の人が四万九千七百七十七人、つまり約五万人が二十年以上の長期に及んでいるという実態について、厚労相の考えを質した。これに対して、坂口厚労相は、その五万人のすべてが社会的入院というわけではなく、やはり精神医学上どうしても帰すことのできない人達もあるのではないかとした上で、そこを区別し、帰れる人については、復帰のために、例えばグループホームを作るとか様々な制度を作って受け入れていく。そして病気の人は病院の中で様々な形の治療を受けるということになるであろうと答えている。

しかし、ここでも、五万人の内訳と社会復帰の見通しさえ具体的に語られないようでは、分類と説明と評論を試みたというにとどまり、直ちに抜本的なメスを入れるという緊迫感は全く感じとることはできないのである(8)。

5．改革の理念とスローガン

最後に、本法が精神医療一般の改革に与える影響という観点から、いくつかの論議をまとめておくことにする。

ここでは、まず西川議員が修正案の目的を質したのに対して、塩崎議員が修正案における修正点を紹介した後、とくに修正案をあえて提案した趣旨と目標を語っている部分が注目される。塩崎議員によれば、今までの措置入院の問題についても、司法と医療との間にせめぎ合いがあって、どちらかというと医療に押しつけてきたような問題があり、一方では一般の精神医療に対しては医療界でも理解が不十分で、国政の場でも行政の場でも十分ではないという状態が続いてきた。そして、おそらく一般の精神科医療の底上げによってこういった問題も本当は避けられる可能性が高くなるにもかかわらず、そこにも十分な思いが致されることなく、措置入院の不備とか、そういうものがずっと放置され、結果として隔離をされるような形で社会的入院というものがずっと続いていたとする。

そこで、塩崎議員が考えたのは、やはりこういった法律を作ることによって、これをいわば一つの起爆剤にして、一般の精神医療の底上げを図り、それからこれまで不十分だった司法精神医学もやっていかねばということであるが、結果として、再犯のおそれを見て隔離するのではないかという疑問がたくさんあり、いや社会復帰だという反論も出た。そういうことで、実は、最終的には五年後の見直しということで、われわれも本当にこれが思い切りいくかどうかをずっとウォッチし、もしうまくいかないときは、五年後に立法府の責任においていかなければならないというのである。

これは、修正案の意図をきわめて率直に語ったものとして注目されるところであるが、一方では本法案が精神医療一般の「起爆剤」として位置づけられながら、うまく行かなければその結果は五年後に見直すというのでは、きわめて政策的な立法提案であることを自認したものというほかはないであろう。隔離から社会復帰への転換も「やって見なければわからない」という危うさをかかえているといえよう[9]。

一方、森議員は、イタリアのトリエステの例がこの委員会でも披露されたとして、精神病院の廃止宣言というもののように、一つの数値目標的なスローガンをかかげて、国全体で取り組んでいく必要があるのではないかと問題提起した。

しかし、これに対しても、坂口厚労相は、社会的入院が七万二千という数字があげられているが、その皆さんを完全に受け入れていくのにはやはり十年かかると衆議院で申したら、それはかかり過ぎではないかという意見もあったとし、できるだけ早くやらねばならないと思っているとした上で、それは人材次第であるというにとどまっている。しかし、その人材の確保も一朝一夕にはできないというのであるから、結局は、堂々めぐりなのである[10]。

（1）　森議員も、その質問のはじめに、この日精協会長の出席問題に触れ、事務局長からの一通のファックスで、法務・厚生労働連合審査会の件は、公務（精神保健指定医研修会出席）のため応じられないという返事がなされただけであるという経過は、日精協の献金問題をきちんと整理することが必要であるという観点から問題ではないかとして、坂口厚労相に質問している。これに対して、厚労相は個人的なことは分からず、運営は理事会で検討されているので、返答は差し控えたいと答えたが、森議員は納得せず、日精協の主務大臣は坂口厚労相ではないかと食い下がったが、質疑はそれで終わっている。

（2）　たしかに、通報された者が診察もされないという件数が多いという点は問題であり、法は「調査」の必要があり、または自傷他害のおそれが明らかなときは、指定医に診察をさせることになっているが（精神保健福祉法二七条）、通報の手続に瑕疵がない限り、知事は指定医に診察させる義務を負うという解釈が有力なことに留意すべきである（大谷・精神保健福祉法講義、一〇五頁）。しかし、通報された者を全件送検すべきであるということになると、医療の中断や遅延が生じることになるおそれがあるので、この振り分け方には再検討が必要であろう。

（3）　ここで重要なことは、坂口厚労相が「再犯の防止」の目的という前言を決して撤回していないという点であり、そのことは、答弁の中で、新法の入院要件として、同様な症状が再発する具体的あるいは現実性が認められることを明言している点にもあらわれている。「再発のおそれ」と「再犯のおそれ」との区別にも問題があるが、ここでは将来の予測が明確に入院の要件とされているのであり、この点では、修正案の提案者が「おそれ」を独立の要件とは決して言わず、医療の必要性と社会復帰の目的に還元し包括してしまうという、きわめて慎重な手法とは明確な相違があるというべきであろう。

(4) 福島議員としては、先の坂口厚労相の答弁との関係を問題とすべきであったし、また法務省自身がいったんは政府原案に賛成しながら、修正案への変更を受け入れる過程で、この両者の要件をどのように比較検討したのか、表現のみならず、実質的にも変更があるとすれば、具体的にどこにあらわれてくるのかといった点を追及すべきであったように思われる。問われているのは、質問者による解釈ではなく、政府案の立案者側の「解釈」であって、これを正確に表現した上で、答弁の中で確認させることにあるというべきである。

(5) とくに問題なのは、坂口厚労相の答弁であって、現場のことは存じないというのは無責任の感を免れず、質問者の指摘するような事実が仮にあるとすれば憂うべき事態だとして、あたかも仮定的な問題であるかのように捉えようとするのは、事態の深刻さを真に受けとめる姿勢に欠けるものと言わざるを得ず、またもう少し医師の確保等の措置を早く積極的にというだけでは、結局は現状の追認に終わるおそれが大きいという意味で、これでは新設の指定入院機関だけが急に「手厚い医療体制」へと質的な変化を遂げるとは到底思えないという印象を強くするのである。

(6) 福島議員のいうように、指定医療機関の設備の基準が具体的に決まっておらず、どういう施設になるか分からないことを国会で審議することはできないというのは、まさに正論であって、ここにも提案者側の準備不足と無責任さが露呈しているが、逆にその点をあまり明確にしないことの方が無難であると考えられたのかも知れない。塀に囲まれた別棟というイメージは否定されたようであるが、セキュリティが従来の精神病院内の警備・安全体制とどう違うのかという点は全く明らかにされていない。個室を前提とした開放的な集団療法というスタイルも、従来の精神病院とは全く無縁な新しい試みなのかもはっきりしないのである。イギリスの地域保安病棟がモデルであるとすれば、それを参考にした設計図の具体案を提示する責任があるというべきであろう。

(7) 問題は、他害行為を行ったことによる患者のトラウマを和らげるという「精神療法」の必要は認められるとしても、それが他害行為と被害の問題を認識させ、自分で防止する力を高め、様々な問題を前向きに解決することを促すという方向とリンクすることによって、病者に対する医療と保護から積極的に責任意識の覚醒を求める方向に傾くことは、責任非難による刑罰体系との差を相対化するおそれがあることを警戒しなければならないように思われる。医療と保護が目的であって、再犯の予防はその効果であるというのが、「医療モデル」の理念というべきだからである。

(8) 福島議員は、刑罰の場合は累犯加重でも二十年以下であるから、精神病院に二十年以上が五万人というのは異常であると指摘した上で、今回の法案が民間よりも手厚い医療をするということは、この方も長期の入院になるのではないかと質問したが、上田部長は、本法案の指定医療機関での医療は、職員、医師、看護師あるいはPSW等々のスタッフを厚くして、より積極的な治療を進め、できるだけ早い社会復帰を目指して医療を進めたいと答えている。しかし、重大な他害行為を行った精神障害者が比較的短期で退院になるという保障はなく、もし本当にそうであれば、その他の精神障害者の入院期間とのバランスを失することにもなるであろう。それとも、本法案の医療による短期入院の実績が他の精神病院一般の退院の促進の「起爆剤」にでもなるというのであろうか。

(9)　修正案の社会復帰理念を説く塩崎議員自身が、七万二千人の社会的入院の解消にさえ反対する「日精協」政治連盟から献金を受けているという事実は、日本の精神医療の現状を根本的に動かすことがいかに困難であるかを象徴している。それとも、塩崎議員などの修正案の提案者達が率先して、立法府が「日精協」の要望に沿った本法案の成立をはかった見返りとして、日精協に対して社会的入院の解消に向けた方針転換を要望し、その実現に寄与するということにでもなるのであろうか。五年後の見直しが今から見通されているとすれば、その内容を明らかにすべきであろう。

(10)　森議員は、この七万二千人の社会的入院を完全にゼロにするというように、国民に分かりやすい目標を掲げて、国民の協力を得ることが必要でないかと要望して質問を終わっているが、この当然とも思える目標さえ具体的な形では宣言されないままの状態が続いている。これこそ、目標を宣言した上で、毎年見直しをしていけばよいはずである。この法案は、日精協の「金まみれの法案」といわれたのであるが、この社会入院の解消という大前提が日精協の抵抗に会うというのでは、余りにも悲劇的ではあるまいか。

一一　参議院法務委員会の質疑（８）

二つの連合審査会をはさんで、これまで七回の法務委員会が開かれてきたが、第八回目の法務委員会は、通常国会の会期末をにらんで、第二回目の連合審査会が開かれた翌日の二〇〇三年六月三日の午前一〇時から午後二時半まで四時間にわたって開催された。そして、政府与党が準備していた通り、この法務委員会の最後に質疑打ち切りの緊急動議が出されて、結局、法案は参議院の法務委員会で、与党の賛成多数で可決されるという経過を辿った。

しかし、後にも述べるように、日精協の献金問題を含めて、なお多くの調査や資料提出の要望を理事会で協議することが予定されていたにもかかわらず、いわば審議未了のまま、日程を消化するかのように、審議は終了してしまったのである。

そこで、まずは、実質的な審議の最後となったこの法務委員会における質疑の状況を、これまでと同様の手法でフォローし、これに必要なコメントを加えることにする。

この法務委員会でも、与党議員からは一人も質問者はなく、野党議員のみが質問を続行した。それは、江田五月（民主党)、朝日俊弘(民主党)、井上哲士(共産党)、平野貞夫(自由党)、福島瑞穂(社民党)の五氏であったが、答弁者の側には坂口厚労相の姿は見えなかった。

なお、この法務委員会の中でも、日精協会長を参考人として呼ぶよう要望したが実現しないのは遺憾であるという発言が繰り返しなされたことを指摘しておかなければならない(朝日、井上、平野)。そこには、法案の提出者の側に、この問題を意識的に回避しようとする意図を読み取ることができ、公明正大という観点からは、この事実だけでも本法案を継続審議にするに十分な理由があったというべきであろう。(1)

1．日精協の問題

その日精協にかかわる問題が、この法務委員会でも、法案審議の重要な前提問題として取り上げられた。

まず、江田議員は、厚労省の木村副大臣に対して、これまでの献金リストの提出問題に関して、今年の三月に出した政治資金収支報告書の基になっている資料の提出を求めたところ、木村副大臣は、日精協と日精協以外の平成十四年の献金額については、政治資金規制法に従って適正に処理しており、九月に公表されることになっているといい、再質問に対しても同じ答弁が繰り返されるのみで、要領を得ない質疑に終わってしまった。

次に、平野議員は、これまでの質問を続行する形で、本法案の立案過程における日精協の密接なかかわり合いについて、以下のような歴史的な事実をあげて鋭い追及を行った。

第一は、日精協がすでに平成十年一月という早い段階で、当時の厚生省に触法精神障害者対策について提出した「要望」書であるが、その内容は、厚労省の上田部長の答弁によれば、いわゆる触法精神障害者対策について、日本では世界の先進諸国に見られるような専門的な法制度が充実しておらず、措置入院制度での対応は限界にさらされているとして、精神保健福祉法の中に触法精神障害者に対する特別な措置入院制度を設けるほか、精神科救急医療体制の法定化や社会復帰施策の見直しなど、平成十一年に予定されていた精神保健福祉法改正に向け様々な提案を盛り込んだものである。上田部長は、この要望書が当時の小泉厚生大臣に提出されたものであったが、結局は法改正には実現しなかったと説明した。平野議員は、日精協のこの要望書が法改正のスタートであったことを確認し、この段階では厚生省を動かすには至らなかったと解している。

第二は、平成十年九月に、日精協が触法精神障害者の処遇のあり方に関して公表した「声明」であるが、その内容は、上田部長によれば、いわゆる触法精神障害者の処遇について、民間病院では限界があり、何らかの対処がなされない場合には、検察官からの通報、保護観察所の長からの通報、矯正施設の長からの通報等による措置入院患者の受け入れについて協力を見合わせることもあり得るというものであった。平野議員は、これが一種の政治的恫喝であったとし、その年か翌年には自民党の中にプロジェクトチームができ、平成十一年から日精協の政治献金が幅広く行われるようになったと分析している。

　第三は、その後の政界への影響であるが、平成十二年の総選挙をはさんで、当時の保岡法務大臣と津島厚生大臣との間で両省間の合同検討会が立ち上げられ、さらに日精協からの献金が最も多かった当時の長勢法務副大臣が、平成十三年五月の衆議院法務委員会で、この合同検討会での主題について、法務省側の答弁を不満とし、保護観察的な司法制度の中での取組も併せてやらないと国民の不安は解消されないのではないか、是非早急に解決の方向を見いだして頂きたいと強く要請しているという事実を明らかにした。

　これに対して、法務省の樋渡刑事局長は、保岡、津島両大臣の協議以前の段階から、法務、厚生労働の各事務担当部局において、平成十一年五月の精神保健福祉法の改正に際しての附帯決議を受けて、精神障害者の処遇について互いに協力し合って対応するために意見を交換し、協議、検討を始めていたという経過を説明しただけで、積極的な反論はなされないままに質疑は終わっている。

　以上のような平野議員の歴史的経過の説明は、この法案の立案から国会提出に至る過程において、いかに日精協が積極的かつ主体的にかかわってきたかを白日の下にさらす結果となったのであるが、政府側も与党側もこの問題にはできるだけ触れるのを避けて通ろうとしたことも明らかであったといえよう。不穏な爆弾をかかえながらの審議が続いたのである[2]。

2. 再犯予測の問題

　これは、本法案における入退院の要件が政府原案の「再犯のおそれ」から修正案の「医療の必要性」に変更された問題をめぐって、延々と論議されてきた問題であるが、この法務委員会の段階になってもまだ、原則的な疑問がくすぶり続けている。

　朝日議員は、修正案によっても原案にあった「再犯のおそれ」は実質上消えていないとした上で、再発のおそれではなく再犯のおそれの予測が本当にできるのかという点を改めて質問した。しかし、これに対しては、森山法相は、修正案では要件が変更されているので、対象行為を行った際の精神障害を改善し、これに伴って同様の行為を行うことなく、社会に復帰することを促進するために入院させて、この法律による医療を受けさせる必要があると認められるか否かについて、その者の精神障害の類型、過去の病歴、治療状況、予測される将来の症状、その者の生活環境等を慎重に考慮することによってこれを判断することは可能であるとし、一〇〇%

誤りはないかという再質問に対しても、一%位の可能性がないとはいえないが、そのような場合には、半年毎に審判員が判断する機会があるので、間違いをできるだけ防ぐという措置も考えられていると答えている。

ここでは、質問にあった「再犯予測」の困難性といった問題は正面から姿を消しており、病状や生活環境などの資料から入院医療の必要性を判断するという構造へと見事にすりかわっているので、もはやとりつく島がなく、多くの偽陽性が生じるという質問に対しても、一〇〇%近い確率で判断できると開き直られる始末となっている。残念ながら、この問題の質疑はこれで終わっているが、この巧みな「すりかえ」の秘密を検討し直さなければ、このような疑問を提起したことの基本的な意味が失われることになるであろう。

そして、同様な問題は、福島議員の質問の際にもあらわれている。福島議員は、精神障害者の再犯率が健常者よりも低いにもかかわらず、なぜこのような特別な法律を作る必要があるのかという原則的な疑問を提起したが、法務省の樋渡刑事局長は、本法案が再犯率の高さ低さということで危険性を考える保安処分のような制度ではなく、二重のハンディキャップを負った人達が同様な行為を行うことなく社会に復帰して頂くために治療を受けて頂こうというのが本法案の趣旨であるとの説明を繰り返し、ここでも依然として、論議は全くの平行線を辿ったままで、それ以上一歩も進まなかった。福島議員は、このような答弁を不満として、そんなに本人のためというのであれば、選択制にすればよく、意に反して拘束されるのはどんな人にとっても最大の苦痛であると反論したが、何らの回答もないまま質疑は終わっている。

以上の質疑からは、答弁者側が修正案の新しい要件によって、「再犯予測」にまつわる困難で厄介な問題を見事に回避し得たかのように見えるのであるが、それによって再犯予測の問題が解消してしまうといった単純な問題ではないことを忘れてはならない。むしろ、この段階になっても、入退院の要件の変更をめぐる問題について、なお基本的にその理解に著しい相違が続いていることは、原案と修正案の関係が依然として決定的に不分明であることをこそ示しているというべきであろう。その秘密を解く鍵がどこにあるのかという点を今一度考えてみなければならないのである。(3)

3．指定入院医療機関の設備と医療

新設予定の指定医療機関についても、度々論議されてきたが、その設備も医療内容も一向にはきりしないという状態がなお続いている。

まず、朝日議員は、制度上の問題として、指定医療機関における医療には、例えば施設基準、人員配置および患者の処遇に関する基準、行動制限とか通信、面会の自由などの問題について、現行の医療法と精神保健福祉法の適用があるのか

と質問したが、これに対して厚労省の上田部長は、医療法の適用はあるが、精神保健福祉法の適用はないと答え、本法案においても精神保健福祉法と同様に患者の人権保護に関する規定を設けていると説明した（行動制限等の基準を定めた九二条、九三条）。しかし、朝日議員は納得せず、医療法と精神保健福祉法がこの指定入院医療機関においてどこがどう適用されるのか適用されないのか、とくに精神保健福祉法と対比した比較対照表を作成してほしいと要望し、上田局長も、結局その作成を約束することになった。これは、適切な質問であり、資料の早期提出が望まれる。

次に、平野議員は、本法案の関連予算として三十六億円が計上され、そのうち三十五億円が指定入院医療機関の整備に充てられることになっていることを確認した上で、それはいくつの国立病院にいくつ増やすのかと質問した。上田部長は、国公立病院の敷地の中の一部門として病棟を整備するもので、現在は八カ所を考え、整備も平成十五年度だけでなく十六年にも及ぶと答えた。また、この病棟の作り方が重要で、どのような構想があるのかという質問に対しては、上田部長は、病棟は全部個室の閉鎖病棟であるが、療養環境ということで幅広いスペースを配慮しており、運営としてはできるだけ開放的に、当初の急性期には行動制限の部分もあるが、病状の改善に伴い、外出、面会など開放的な処遇にも心掛けながら、できるだけ早期の社会復帰を目指すと答えている。ハンセン病のように高い塀を作って隔離するという危惧はないのかという質問にも、人権は十分に尊重し、治療と安全のバランスを考えながら進めていきたいとした。

この質問は、福島議員にも受け継がれたが、そこでは昨日の連合審査会での質問にあったように、閉鎖病棟における開放処遇というのは概念矛盾ではないのかという疑問から、指定入院医療機関の処遇のあり方が問われた。これに対しても上田部長は、それぞれの国立病院等の医療施設に三十床の専門病棟ユニットを整備し、全室個室とする予定であるが、刑務所のいわゆる独居房とは異なり、患者のプライバシーを最大限尊重し、かつ快適な療養生活を送らせるために一般の病院で使われている個室と同じもので、病室に鍵はかけないと答えたが、間には塀を置くのかという質問に対しては、その点はこれから検討すると留保している。

これで、新設の指定入院医療機関内での設備のイメージがある程度分かったように思われるが、福島議員が問題にしたセキュリティの内容と、患者の人権とのバランスについてはなお不明な部分があり、長期隔離病棟になるという危惧が全く解消されたわけではないことにも留意しておく必要があるといえよう。(4)

4．不服申立ての手続

朝日議員は、本法が行政処分としての措置入院とどこが違うのか、刑事手続でないとしても、裁判所が関与するので司法処分なのかという問題を提起したが、樋渡刑事局長は、少年審判に類するもので、「司法的処分」とはいえるものではないと答えている。保安処分という意味での「司法的治療処分」とは考えていないとのことであろう。しかし、依然として、本法案の性格自体も、さらに検討を要する前提問題であることには変わりがないのである。

次いで朝日議員は、本法における不服申立て手続について、とくに措置入院制度との比較において問題があるとして質問を提起した。まず第一は、措置入院の決定に対しては各地の地方裁判所に取消訴訟ができ、さらに不服があれば高裁に抗告できるのに対して、本法案の入退院決定に対する不服申立ては全国八カ所の高裁に抗告することができるというのは不利ではないかという点である。樋渡局長は、本法案の抗告が地方裁判所が行った決定に対して高裁に抗告できるというのは、一般の刑事または民事手続と変わりなく、本制度における不服申立てが対象者にとって措置入院制度よりも不利であるとは考えていないと答えている。しかし、それが制度の違いに由来するとしても、不服申立てのチャンスという点では本法案の方が不利であるといわざるをえないであろう。

第二は、入院中の処遇改善のための訴えという点についてであるが、そこには、より実質的に重要な差が存在する。朝日議員は、措置入院中の患者ならば入院中の処遇の改善等については「精神医療審査会」に申し立てることができるが、本法の指定入院医療機関に入院中の患者は入院中の処遇の改善についてどこに申し立てできるのかと質した。これに対して、上田部長は、厚生労働大臣に対して、処遇改善のために必要な措置を取ることを命ずることを求めることができるとし、請求を受けた大臣は、社会保障審議会に対して審査を求めることになっていると説明した。しかし、朝日議員は、社会保障審議会が中央に一つしかない機関であり、八つある高裁よりもますます遠くなるのでないか、果たして社会保障審議会がそんなにきちんと機能するのであろうかという疑問を提起した。

この質疑には、二つの問題点がある。一つは社会保障審議会に事前に意見を求めたのかという質問であり、これに対して上田部長は、精神障害分会に報告したが、とくに異議はなかったとし、審議会は多岐にわたる審議事項を効率的に審議するために内部に部会や分会を作られていると答えるにとどまっている。これが官僚的な手法であることは否定できないであろう。今一つは、精神保健福祉法に基づく精神医療審査会については、別に法律が定められているのに対して、社会保障審議会についてはその仕組みも審査方法についても全く法律に定めがないのはおかしいではないかという質問であったが、上田部長は、厚生労働省設置法に基づく社会保障審議会令があり、本法案も処遇改善請求の審査について社会保障審議会の必要的付議事項としていると答えるにとどまった。これは、朝日議員のいうように、精神医療審査会法とは別次元の問題であって、回答にはなっておらず、厚生労働大臣の答えを聞きたいという捨てぜりふで質疑が終わっている。

ここでは、法案が入院中の処遇改善要求を受けとめる機関として「社会保障審議会」を充てたことは、それ以外には適当なところがなかったのであろうが、全くミスキャストといわざるを得ず、各都道府県にある精神医療審査会でさえ、その機能不全が叫ばれている現状を思えば、その機能不全がさらに危惧されるところであろう。(5)

5．精神医療の充実と社会的入院

この点もしばしば指摘され、とくに修正案が意識的に「保安処分」のイメージと「再犯のおそれ」の用語を避けて、医療の必要性と社会復帰の促進を強調するようになったので、精神医療一般の底上げと社会的入院の解消という課題が浮び上がることになった。

まず、江田議員は、木村副大臣に対して、現在の日本の精神医療の入院主義から地域ケアへの転換の必要性について姿勢と確信を質したのに対して、木村副大臣は、基本的には精神保健福祉の一般対策の総合的な底上げを図る必要があるとし、受け入れ体制の問題もあるが、精神病床の機能分化がまだ出来ていないので、重症な患者に手厚い医療を行うなど、患者の病態に応じた医療が実施されていないという問題を指摘した上で、厚労省内の対策本部がすでに五月に中間報告をとりまとめたように、精神保健福祉に関する普及の啓発、精神病床の機能の強化や地域ケアの充実などの精神医療改革、住宅の確保、雇用の支援など地域生活の支援及びいわゆる社会的入院対策という四つの柱を建てて、実施可能なものから順次実施に移したいと答弁した。

以上は、模範回答であったが、江田議員はさらに、社会的入院七万二千人を十年後のゼロにする決意があるかと質したところ、木村副大臣は、現在の状況は平成三年をピークに減少傾向にあるので、受け入れ体制や急性期医療等の充実によって、入院期間の短縮を図り、社会的入院をできるだけ減るように促したいと述べた。そこで江田議員は、坂口厚労相はゼロにする決意だといわれているので、その決意をはっきり述べるよう質したが、木村副大臣は、ゼロにするには受け入れ体制もあるので、できるだけそういう方向に近づくよう努力したいと答えるにとどまっている。(6)

一方、江田議員は、厚労省の上田部長に対して、社会的入院が五年後には半分以下になると理解してよいかと質したが、上田部長は、新しい障害者プランの目標値として、社会的入院を毎年十分の一づつ減らすことになっているので、五年間におよそ半分程度の退院を見込んでいると答えている。そして、この点は、塩崎議員も認めたのである。

次に、井上議員もこの問題を取り上げ、厚労省の対策本部の対策や新障害者プランが社会的入院の七万二千人を十年間で解消するというプランを立てたとしても、実際にはその実現が容易なものでないことは、六月一日付けの毎日新聞が行った四十七の都道府県と十二の政令都市からの回答から見ても、七割の自治体の担当者はこの十年間で解消するという目標の達成は厳しいという回答を寄せており、その理由として予算と人材の不足をあげているという現状をどう受けとめるか質問した。これに対して、上田部長は、社会的入院を十年で社会復帰させるという目標には種々の困難もあると思うが、厚労省としては省をあげて全力で取り組んでいく所存であるので、各自治体にも理解と協力を求めたいと述べている。しかし、理解と協力を得るために各自治体の意見を聞いたのかという質問に対しては、会議等で意見を聞いた上で、適切な施策の推進を図っていきたいというにとどまっている。

井上議員は、具体的な例として退院促進支援事業を取り上げ、国の補助金が少なく一部の地域に限られていることを指摘して改善を迫ったが、上田部長は、今年からスタートしたもので全国に広げていきたいと答えるにとどまっている。また、二十四時間相談体制についても整備状況を質したが、現在十七の都道府県、指定都市で実施されており、拡充に努めるという回答がなされている。さらに井上議員は、障害者対策の中でも精神障害者対策への予算の配分が非常に少なく、精神障害者の授産施設でいえば、人数はほぼ五割なのに予算は一割にも満たないという状況があり、精神障害者の社会復帰施設等の市町村別の設置状況は全国で一〇％程度しかなく、大きな役割を果たしている民間の共同作業所が全国で六千カ所以上あるのに、一カ所当たりの補助金はわずか百十万円で、今年は減額されたという状況を指摘し、現状の改善を要望した。これに対して、上田部長は、閣議了解で予算の削減は生じているが、小規模通所授産施設の運営費は三百九十七カ所増しの六百三十七カ所で、三十五億を確保しているなど、努力していると答えている。

以上のような実態資料は、厚労省が省をあげて取り組むという社会的入院の解消のための受け皿作りという地味で困難な課題であるだけに、その全容を可能な限り明らかにした上で、諸外国がなし遂げた抜本的な入院者数のドラスティックな減少をわが国でも実現しなければならないことを自覚させる契機にしなければならない。(7)

6．人格障害者の問題

いわゆる人格障害者の問題は、最も解決困難な課題であることが自覚されながら、本法の直接の対象者ではないとして、あまり論議されることはなかった。

朝日議員は、この問題を取り上げて、この法案ではいわゆる人格障害者は責任能力があるとして本法の対象にはならないという説明でよいのかと質問した。これに対して、法務省の樋渡刑事局長は、原則的にはそうだが、妄想等の精神症状が著しい場合には、心神喪失または心神耗弱と認められる場合もあると考えられ、その場合は新たな処遇制度の対象になり得ると答えている。

次いで朝日議員は、そもそもこの法律はいわゆる人格障害による累犯の傾向のある人を対象としたものではないのかと質問したが、樋渡局長は、そうではないと否定した。しかし朝日議員は、問題が心神耗弱にあるとした上で、人格障害の傾向をもった人で若干の精神病的状態が加わった人が心神耗弱の状態でこの法律の対象になってくる可能性はかなり高いのではないか、しかしその場合、刑の執行が優先される場合もあるので、どうなるのかと質問した。樋渡局長は、心神耗弱は責任能力が完全に否定されるわけではないので、心神耗弱の状態で重大な他害行為を行った者の中には起訴されて有罪判決を受けることになる者もあるが、しかしその中で、執行猶予に付された者については本法案の対象者になり、実刑判決を受けた者は刑の執行が行われ、心身に疾患があれば刑務所において必要な医療が行われることになると答えている。

そこで、朝日議員は、場合によっては刑の執行が優先されてしまって、本来その人がそのときに適切な医療を受けるべき事例も、刑務所に送られてしまうこともあるのかと質問したが、樋渡局長は、服役した場合でも、刑務所において必要に応じて精神医療が行われることになると説明して、この質疑は終わっている。

ここでの問題は、人格障害者が心神耗弱と認められた場合に、起訴されれば刑務所において刑罰が執行され、不起訴になるか無罪または執行猶予になれば本法案の対象として指定入院医療機関に収容されることになるが、その振り分けの基準は何かという点にある。それは精神病的症状の如何と程度にかかっており、それが不起訴の根拠である場合には、本法案の対象になるというべきであろう。しかし、限界は微妙であって、どちらが対象者にとって利益かも実はまだ明確ではないという問題をかかえているのである(8)。

（1）　日精協会長の仙波恒雄氏は、すでに本法案の衆議院での審議の際に、二〇〇二年七月九日の法務・厚生労働委員会連合審査会に、参考人として出席して、意見を述べていたことが想起される。仙波氏は、本法案が現状解決のための一歩前進であるとして賛成し、その成立に期待するとの態度を示していたが、その理由として、精神医療一般の底上げでは触法問題を解決することは無理であること、措置入院には不備があって限界にきていること、現在は司法から医療に事件が丸投げされ、医師に過剰な負担が負わされていること、医療と司法を相互補完する制度が必要であることなどをあげ、また再犯の予測は長年措置入院においてやってきており、問題はないとしていたのである。それは、民間病院の立場を代弁したもので、重大な触法患者の処遇を国の責任で処理してもらえば、一般病院の開放化につながり、一般病院の底上げにも影響するという実務的な感覚があり、さらに新たな手を打たなければ池田小学校のような事件が発生することは避けられないという現状認識があったことにも注目しておく必要がある（本書二九頁）。

（2）　ここで重要なのは、上田部長の答弁の中にもあらわれているように、この法案の立法化の出発点として、常にあげられる平成十一年五月の精神保健福祉法改正時の国会における「附帯決議」についてである。たしかに、これは触法精神障害者の対策を将来の課題とする趣旨のものであるが、なぜこの時期にあえてこのような附帯決議が行われたのかという点の検討がなお残されている。平野議員は、すでにその前年に日精協の「要望」が出ていたことを指摘しているので、この附帯決議自体の背景まで探ってみる必要があるというべきである。それは、この法案が、法務・厚生両省のイニシアチブではなく、むしろ日精協の要望を受けた国会と国会議員によって推進されたという事情とも関連する重要なポイントでもあるといえよう。

（3）　森山法相の答弁の中にも、過去の病歴や現在の病状だけでなく、「予測される将来の病状」が判断の資料に入っており、これは「再発の予測」から「再犯の予測」につながる要素を含んでいる。また、本法は本人のための利益処分かという質問に対しても、利益でもあるが「自由の拘束」も含む不利益処分であるから適正手続が必要であるとも答えられており、決して医療の必要性と社会復帰に一元化され得るようなものではないことは明らかである。「同様な行為を行うことなく」という文言が存在するだけでなく、法案第一条が「同様の行為の再発の防止」を本法の「目的」にかかげていることは原案以来変わっていないこともしばしば指摘されているのである。検討すべき問題は、法案が「重大犯罪」に限定したことの理由、および入院強制の「正当根拠」をどこに求めているのかという点にあるといえよう。

（4）　プライバシーの保障された鍵のない個室と、必要ならば他の病棟の患者との交流も面会も自由な「快適な療養環境」の中で最新の司法精神医学に基づく「手厚い専門的な医療」が提供されるものだとすれば、閉鎖病棟や「保護房」などの支配的な現在の精神病院の内部では、重大犯罪をおかした者だけが受ける「特権的な処遇」ではないかという皮肉も出てくるであろう。社会復帰の中に隠蔽されている「保安」目的を否定し去ることが果たしてできるのであろうかという疑問が残るのである。なお、最初の急性期の行動制限の後、徐々に開放処遇に移していくという手法は、すでに一般の精神科医療でも行われいるのであって、本法の指定入院医療機関に特有のものではないともいえるので、新設の指定入院医療機関の特色は、やはりそのセキュリティとマンパワー、および医療内容が一般の病棟とどこが違うのかという点にあるというべきであろう。

（5）　社会保障審議会というのは、その名の通り、一定の審議事項を審議するための機関であって、それが精神医療の現場で起きた個々の問題の解決の当否を審査していくという行動性と恒常的な対応性を備えた機関であるとはとても思えないというのが一般的な理解であろう。本来ならば、精神医療審査会に対応するような、そして本法案が真に手厚い専門的な医療を保障するというのであれば、患者の人権擁護の面においても、現行の措置入院制度を上回るような独立の審査会を用意するのが筋であろう。保護観察を流用したように、精神医療審査会を流用するというようなことも筋が通らないというべきである。

(6)　木村副大臣が、ゼロ宣言についての明確な決意を渋るのはなぜであろうか。あえて忖度するとすれば、本当に受け入れ体制が困難なので努力しても自信がないという率直な気持ちとともに、もしかすれば社会的入院の解消に反対し、三万人程度の減少しか認めようとしない「日精協」との関係が意識されているのかもしれない。なお、木村副大臣は入院患者数が最近減少していると繰り返し述べているが、たしかにピークは平成七年の三六万人であるものの、最近はほとんど横ばいであって、目立った減少傾向などは見られないのである。

(7)　ここで示されたのは、わが国の精神医療の実態をあらわすごく一部に過ぎず、その多くの部分、とくに精神病院内の実態については、いまだ深い闇につつまれているといってもよいであろう。二十年以上の入院者が五万人（それは刑務所人口全体に近い）もいるという事実だけでも驚くべきものであり、しかもそれを解決する道が見いだせないというのはもっと悲劇的である。改革のための人材の不足が嘆かれているが、この法案自体が現在の精神医療に従事している貴重な人材（精神科医、看護師、精神医療福祉士など）の理解と協力の上に成り立ったものとはいえず、むしろ国会の専門家参考人の間からも批判的な意見が多く出ていたことが忘れられてはならない。日精協の献金問題などを放置したままで、現場に理解と協力を期待することができるのであろうかという疑問が残るのである。

(8)　本法案の対象となる重大犯罪（殺人、強盗、強姦、放火、傷害等）についても、起訴猶予の余地は、実はかなり存在するので（殺人は約五％、強盗は約三％、強姦は約七％、放火は一五％、傷害は約三〇％。平成十六年版・犯罪白書、四二〇頁）、心神耗弱として起訴猶予になる可能性は存在するが、かつての保安処分論に見られたように、ここでも刑罰と医療処分のいずれを優先すべきかが問題となり、一方では一般予防と贖罪の観点から刑罰優先の観点が、他方では特別予防と医療保障の必要から処分優先の観点が主張されることになるであろう。しかも、刑罰が定期で処分が不定期であるとすれば、処分における早期退院または長期入院は、刑罰とのアンバランスを生じるというジレンマも存在するのである。

あとがき

すでに紙数がつきているので、「あとがき」では、法案のその後の成立経過をフォローした後、この参議院の質疑全体のまとめとして特徴的な点をいくつか指摘し、最後に今後の課題を付け加えておきたいと思う。

1．法案成立の経過

法案は、二〇〇三年六月三日の参議院法務委員会で強行採決の末、与党三党の多数で可決、六月六日の参議院本会議で可決され、法律番号の公布日を変更する一部修正のため衆議院に送付された。七月八日の衆議院法務委員会では、民主、共産、社民の三党は、法案自体の問題点のほか、衆参両院にわたる強行採決や日精協政治連盟から木村副大臣への献金問題をあげて反対を表明し、自由党は、献金問題を理由に賛成しかねるとしながら、衆院で賛成した経緯から、やむを得ず賛成する立場をとった。

質疑では、厚労省の上田障害保健福祉部長が、今後十年間で達成する七万二千人の社会的入院の解消に向け、今年度中に年次計画を策定する考えを示した。一年目となる今年度の成果についても、年度末に検証する方針を表明した。また、法案成立後の施行状況の国会報告を五年ではなく一年ごとにすべきとの質問に、森山法相は、その趣旨に努力し、国会の要請があれば一年ごとの報告も可能と答弁した。

こうして、法案は、七月十日に衆議院本会議で可決・成立し、七月十六日に公布された（公布日より二年以内に施行）。

2．参議院の質疑の特色

衆議院の審議は、第一五四回臨時国会と第一五五回通常国会の二回にわたって行われたが、第一五五回国会の冒頭に突如として提出された「修正案」の内容が、「再犯のおそれ」の要件を「医療の必要性」に変更するという法案の根幹にもかかるものであったため、その後の審議はこの修正案をめぐる質疑に集中していったように思われる。

このような状況は、第一五六回通常国会の参議院の審議にも持ち越されたが、すでに国会の会期末までの成立を目指して、かなり過密な審議日程が予定されていた。そして現に、五月六日から六月三日までの約一カ月間に、八回の法務委員会と二回の法務・厚生労働委員会連合審査会が連続して開かれ、約三〇時間の審議が行われた。

法案の問題点については、修正案の性格が「再犯のおそれ」の要件の削除をめぐって常に意識されていたほか、司法関与と審判手続、指定入院医療機関の設備と医療内容、精神鑑定とくに簡易鑑定、退院後のケア等の問題が繰り返し質疑の対象となったが、とくに修正案が対象者の社会復帰の促進を強調したこともあって、精神医療一般の現状とその改善方策をめぐる問題に力点がおかれる状況が見られたといえよう。

その上に、法案の審議中に、日精協政治連盟から木村厚生労働副大臣に政治献金がなされたという報道があり、それ以降は、いわゆる日精協問題がしばしば質疑に登場して、この法案に「金まみれ」という暗い印象を与えることになった。政府与党側は黙認による鎮静化に努め、法案自体はようやく成立したが、「日精協」との関係は今後も後味の悪いものとして残るであろう。

3．今後の課題

法案は成立したが、施行は二年以内とされ、提案者が約束した体制が実際にできるのかという点がまず問われることになる。しかも、それは現在の精神医療ともリンクしているので、精神医療一般に与える影響も試されることになる。真先に問われるのは、いわゆる社会的入院の解消であり、本法案の成立した最終の答弁で、厚労省の担当部長が、社会的入院七万二千人を十年間で解消するための年次計画の策定と一年毎の成果の検証を約束しているので、この課題の実現に注目しなければならない。

この法案が「隠れた保安処分」として、重大な他害行為を行った精神障害者を長期に隔離する方向に運用されていくという危惧は、「再犯のおそれ」の要件とともに、なお決して消えたわけではないが、この法案が少なくとも対象者に対する手厚い医療と社会復帰の促進を保障するとしている以上、その課題を実現するという重荷を背負ったものであることは事実である。批判的な観点からの分析を継続しつつも、とくに現場の意見が反映されるような運用になることを絶えず求めながら、フォローを続行して行きたい。

なお、法案の審議過程に現れた主要な問題点ごとの総括的な検討、および法務・厚生労働省の対応、精神医学界および法学界などの対応、さらには精神医療の現場への影響などの問題については、稿を改めて論じたいと思う。

若干の補足

本書の「あとがき」は、法案が二〇〇三年七月に成立した後、二年後の施行に至るまでの時期に書かれたものである。施行前の二年間には、本法の施行規則（最高裁判所規則）が制定されたが、肝心の指定医療機関の建設が大幅に遅れ、全国八ヶ所の予定のうち、わずか一ヶ所（武蔵病院）が完成しただけというのでは誰の目にも全くの準備不足であって、本法の施行は延期されるべきであるとする意見が強く主張されたにもかかわらず、当局はあえて施行に踏み切ったのである。

しかも、最初に触れたように、予想に反して、施行当初から、本法に基づく検察官による裁判所への申立て件数は全国的に数多く発生しているので、早晩、収容施設不足との矛盾は避けられないであろう。その上に、本法に関与する付添人(弁護士)が、一般の事件以上に本法の新しい手続に関心を示し、触法精神障害者の人権擁護のために、熱心な弁護活動を組織的に展開することが期待されているので、今後、多くの問題が、鑑定を含む審判手続についてのみならず、入退院の基準、さらには入院・通院中の医療の保障や社会内処遇と社会復帰上の問題についても、次々に掘り起こされ、論議を呼ぶことが予測されよう。そして、そのような実践の中でこそ、本法の理念と性格が試されることになるのであり、本書が、その際に何らかのお役に立てれば幸いである(二〇〇五年九月一九日現在)。

著者紹介

中　山　研　一（なかやまけんいち）

1927年　滋賀県に生まれる
1968年　京都大学法学部教授
1982年　大阪市立大学法学部教授
1990年　北陸大学法学部教授
1998年　退職
京都大学・大阪市立大学名誉教授
法学博士（京都大学）

著　書

ソヴェト刑法（同文書院　1958年）
ソビエト法概論・刑法（有信堂　1966年）
因果関係（有斐閣　1967年）
現代刑法学の課題（日本評論社　1970年）
現代社会と治安法（岩波新書　1970年）
増補ソビエト刑法（慶応通信　1972年）
刑法総論の基本問題（成文堂　1974年）
口述刑法各論（成文堂　1975年）
ポーランドの法と社会（成文堂　1978年）
刑法の基本思想（一粒社　1979年）
刑法各論の基本問題（成文堂　1981年）
刑法総論（成文堂　1982年）
刑法各論（成文堂　1984年）
選挙犯罪の諸問題（成文堂　1985年）
刑法（全）（一粒社　1985年）
大塚刑法学の検討（成文堂　1985年）
刑法改正と保安処分（成文堂　1986年）
アブストラクト注釈刑法（成文堂　1987年）
脳死・臓器移植と法（成文堂　1989年）
争議行為「あおり」罪の検討（成文堂　1989年）
概説刑法Ｉ（成文堂　1989年）
概説刑法II（成文堂　1991年）
刑法の論争問題（成文堂　1991年）
脳死論議のまとめ（成文堂　1992年）
口述刑法総論（第三版）（成文堂　1994年）
刑法入門（成文堂　1994年）
脳死移植立法のあり方（成文堂　1995年）
刑法諸家の思想と理論（成文堂　1995年）
ビラ貼りの刑法的規制（成文堂　1997年）
安楽死と尊厳死（成文堂　2000年）
臓器移植と脳死（成文堂　2001年）
判例変更と遡及処罰（成文堂　2003年）
新版口述刑法総論（成文堂　2003年）
新版口述刑法各論（成文堂　2004年）
心神喪失者等医療観察法の性格（成文堂　2005年）

現住所　〒617-0841　京都府長岡京市梅ヶ丘2-60

心神喪失者等医療観察法案の国会審議
—法務委員会の質疑の全容—

刑事法研究　第11巻

2005年11月10日　初　版　第１刷発行

著　者　中　山　研　一

発行者　阿　部　耕　一

〒162-0041　東京都新宿区早稲田鶴巻町514

発行所　株式会社　成　文　堂

電話 03(3203)9201（代）　Fax 03(3203)9206

http://www.seibundoh.co.jp

製版・印刷　シナノ印刷　製本　佐抜製本　**検印省略**

☆乱丁・落丁はおとりかえいたします☆

ISBN4-7923-1699-5 C3032

定価（本体3800円＋税）